GESTION DES APPROVISIONNEMENTS ET DES STOCKS

GESTION DES APPROVISIONNEMENTS ET DES STOCKS

Robert Prévost   Alain Vervaet

GUÉRIN

DOSSIERS
COLLÉGIAUX

Dépôt légal, 4ᵉ trimestre 1995

ISBN 2-7601-3921-2

Bibliothèque nationale du Québec
Bibliothèque nationale du Canada

IMPRIMÉ AU CANADA

Maquette de couverture: Steve Huard
Révision linguistique: Marie-Josée Guy

Plusieurs parties du **chapitre 3** sont tirées du texte du cours *Gestion des approvisionnements et des stocks*, Robert Prévost, Centre collégial de formation à distance du collège de Rosemont. Ces extraits ont été utilisés avec l'approbation de cet organisme.

TABLE DES MATIÈRES

CHAPITRE 1
INTRODUCTION

CHAPITRE 2
LE SERVICE DES APPROVISIONNEMENTS

CHAPITRE 3
QUALITÉ ET ANALYSE DE LA VALEUR

CHAPITRE 4
CLASSIFICATION

CHAPITRE 5
LA DEMANDE INDÉPENDANTE

CHAPITRE 6
LA DEMANDE DÉPENDANTE

CHAPITRE 7
LA DÉCISION D'ACHETER

CHAPITRE 8
LES RELATIONS AVEC LES FOURNISSEURS

CHAPITRE 9
VÉRIFICATION ET CONTRÔLE

CHAPITRE 10
TRANSPORT ET ENTREPOSAGE

CHAPITRE 11
L'ÉVALUATION DE LA FONCTION «APPROVISIONNEMENTS»

CHAPITRE 12
L'ÉVOLUTION DE LA GESTION DES APPROVISIONNEMENTS

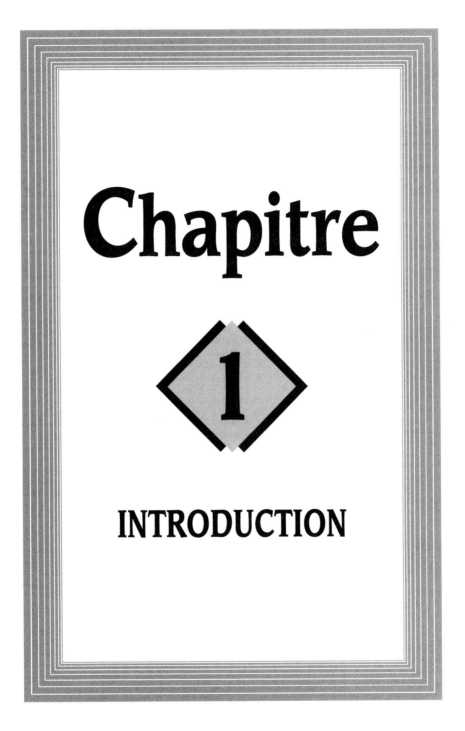

Chapitre

1

INTRODUCTION

OBJECTIFS

Ce chapitre a pour but de présenter les éléments et le contexte de la gestion des approvisionnements et des stocks. Il définit les principaux termes utilisés dans ce manuel de même que les différents types de stocks. Ce chapitre énumère et explique également les objectifs de la fonction « approvisionnement ». Il précise enfin l'importance financière de ces approvisionnements et de ces stocks.

OBJECTIFS D'APPRENTISSAGE

À la fin de ce chapitre on pourra :

✓ définir les principaux termes de la fonction « approvisionnement » ;

✓ énumérer les objectifs de cette fonction et les décrire ;

✓ définir les principaux types de stocks ;

✓ décrire les types de décisions reliés à la gestion des stocks ;

✓ décrire l'importance financière des stocks et des approvisionnements et l'illustrer par des exemples.

A PRÉSENTATION

Tout individu ou toute entreprise a besoin de ressources pour fonctionner, consommer, produire, survivre, construire, revendre. On achète d'abord ces ressources afin de combler des besoins immédiats. Ensuite on fait des provisions en se procurant une certaine quantité de ressources en surplus.

Historiquement, les organisations, les premières entreprises se procuraient ce dont elles avaient besoin à mesure que ces besoins se manifestaient et selon les moyens du bord.

Le pharaon, pour la construction de ses pyramides, envoyait des esclaves chercher les pierres aux différentes carrières sur le territoire de son État. Le marchand d'épices finançait des caravanes et des équipages pour se procurer des denrées rares. L'approvisionnement était risqué, mais rapportait bien.

Les premiers artisans et les premières manufactures se procuraient les biens et les matières selon les disponibilités et entreposaient ce qui leur était nécessaire. La gestion des achats a donc changé au rythme de l'évolution des besoins des entreprises, mais elle a pris plus de temps que les autres fonctions pour se faire reconnaître. Les fonctions nobles étaient la production, le marketing (ou les ventes) et la finance. Plus tardivement la gestion des ressources humaines a aussi acquis ses lettres de noblesse.

Les exigences des consommateurs pour des produits de qualité, les associations de protection desdits consommateurs incitant à responsabiliser les entreprises, la notion de qualité totale à l'intérieur de l'entreprise, l'insistance sur le contrôle de tous les coûts; tous ces éléments ont propulsé au premier plan la gestion des approvisionnements et des stocks.

1. LES RESSOURCES

Sans l'apport externe de nombreuses ressources, aucune entreprise ne peut survivre. Dans le système « entreprise », ces ressources sont les intrants dont la qualité et la disponibilité, au moment voulu, permettent le fonctionnement.

Les ressources dont l'entreprise a besoin sont multiples et diverses :

humaines : employés compétents, motivés et en nombre suffisant ;

financières : sommes d'argent nécessaires au fonctionnement ;

informationnelles : processus, systèmes, méthodes, brevets, connaissance de l'environnement ;

physiques : terrains, bâtisses, outillage, matériel, fournitures, biens, produits et matières premières.

2. ACQUISITION DES RESSOURCES

On pourrait, à la limite, regrouper les activités permettant d'obtenir tous ces genres de ressources. Cependant ces ressources sont suffisamment différentes entre elles pour être traitées spécifiquement.

On a coutume de parler de dotation lorsqu'il s'agit de se procurer les ressources humaines, afin d'obtenir le personnel nécessaire. C'est alors le service des ressources humaines, en collaboration avec les services qui ont besoin d'employés, qui va gérer la sélection et l'engagement des personnes.

De même les ressources financières sont sous la responsabilité d'un vice-président des finances. On les obtiendra de différentes façons : émission d'actions, emprunts, subventions et ventes.

Les ressources informationnelles demeurent intangibles. Les informations de base sur l'organisation et le fonctionnement d'une entreprise proviennent des différents écrits sur le sujet. Les autres informations sont le résultat de recherches commerciales, économiques, industrielles ; on les retrouve également dans les revues spécialisées, et les gestionnaires en recueillent aussi lors de leurs nombreuses rencontres.

Les ressources physiques sont louées ou achetées auprès des fournisseurs.

Au lieu d'acquérir et d'utiliser directement des ressources pour effectuer telle ou telle opération, pour obtenir telle ou telle information, pour sélectionner le personnel, etc. on peut recourir à des entreprises externes pour le faire. On parle alors de services : services d'entretien, services de gardiennage, consultants en tout genre.

Dans ce volume on se limitera à l'acquisition de ressources physiques. Celles-ci sont réparties en deux catégories :

❖ les immobilisations ;

❖ les marchandises, matières premières, composants et fournitures.

La première catégorie comprend tous les biens que l'entreprise se procure pour son fonctionnement et qui ont une durée de vie supérieure à 1 an.

On y retrouve les terrains, bâtiments, outillages, équipements et matériels divers.

La seconde catégorie comprend les produits achetés directement pour la revente, ou utilisés dans la fabrication d'un produit fini ou dans les opérations courantes de l'entreprise. Lors de leur acquisition jusqu'à leur disposition, ces produits seront considérés comme des stocks.

En termes comptables les immobilisations figurent sous ce titre au bilan et constituent un actif à long terme. On les amortit selon l'une ou l'autre méthode connue.

Les stocks sont destinés à être vendus, convertis en produits finis, ou consommés à l'intérieur des opérations. Ils paraissent dans l'actif à court terme et y sont inscrits à leur coût.

3. DÉFINITIONS

a) Approvisionnement

L'approvisionnement est l'ensemble des opérations qui consistent : à déterminer la quantité et la qualité des biens nécessaires et le moment de les acheter ; à fixer le prix à payer ; à choisir le fournisseur ; à acheter les biens et à en contrôler l'acheminement et la réception.

Tableau 1.1

Les phases de l'approvisionnement

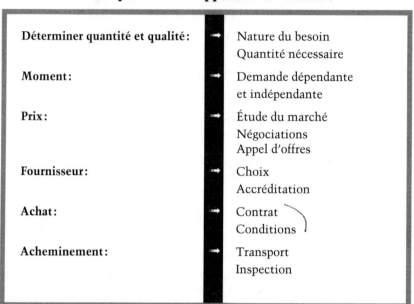

Déterminer quantité et qualité: ➡	Nature du besoin Quantité nécessaire
Moment: ➡	Demande dépendante et indépendante
Prix: ➡	Étude du marché Négociations Appel d'offres
Fournisseur: ➡	Choix Accréditation
Achat: ➡	Contrat ⎞ Conditions ⎠
Acheminement: ➡	Transport Inspection

L'approvisionnement est donc une opération globale qui ne se limite pas à faire des achats. Il débute au moment où le besoin d'un bien ou d'un service se manifeste et prend fin lorsque le bien ou le service est livré à celui qui en a fait la demande (rayon, atelier ou service).

b) Achat

L'achat est l'action de se procurer, par contrat et moyennant compensation, les biens et les services dont l'entreprise a besoin. C'est une des phases de l'approvisionnement.

Les achats de biens sont de quatre types:

* ❖ les matières (métal, farine, tissu, plastique, produits chimiques, etc.) et les composants servant à la fabrication;

* ❖ les marchandises destinées à la revente;

* ❖ les différentes fournitures servant à l'entreprise pour ses opérations (pièces d'entretien, sacs d'emballage, huiles et graisses, cartouches d'imprimante, etc.);

* ❖ les immobilisations (machinerie, véhicules, mobilier, etc.).

Les stocks sont composés des biens obtenus à l'aide des trois premiers types d'achats.

On peut aussi classer les achats selon leur fréquence.

Achats répétitifs : Ce sont des achats courants qui se répètent généralement avec peu de modifications, comme dans l'achat des matières premières ou des composants que l'industrie utilise quotidiennement. Par exemple, les barils de produits pétroliers pour une raffinerie, le papier pour un quotidien ou un hebdomadaire, de même que la plupart des produits vendus par les commerces de détail.

Achats semi-répétitifs : Des achats qui se répètent à intervalles irréguliers ou à intervalles éloignés. L'achat de moteurs d'avion ou l'achat de décorations de Noël.

Achats ponctuels : Des achats uniques qui ne devraient pas se répéter, comme la plupart des achats d'immobilisations et d'équipements. C'est le cas d'achats dus à des circonstances exceptionnelles, par exemple une entreprise qui, à la suite de problèmes de fabrication, achèterait un composant qu'elle a coutume de fabriquer.

La nature particulière des achats dans une entreprise : L'individu qui a besoin d'un produit à un moment donné peut toujours se précipiter chez le dépanneur du coin ou attendre au lendemain. Les conséquences en sont généralement minimes. De même, on peut stocker pendant un certain temps une marchandise offerte à bas prix ; les coûts ainsi générés ne mènent pas l'individu à la faillite.

Pour l'entreprise c'est une autre affaire. Dès qu'un bien, matière première ou outillage, fait défaut c'est l'ensemble de l'entreprise qui est perturbé. Le commerce qui n'a pas renouvelé son stock de bière, la veille d'une longue fin de semaine, perd des ventes qu'il ne reprendra jamais. À l'usine, s'il manque telle ou telle matière, c'est peut-être toute une ligne de production qui est immobilisée, des employés qui sont payés à ne rien faire, des clients mécontents qui n'auront pas leur livraison à temps et que l'entreprise risque de perdre.

Les achats d'une entreprise ont des caractéristiques propres. Fréquemment les ressources requises sont d'une nature particulière et le volume commandé est important. Le marché est plus souvent qu'autrement imparfait : peu de fournisseurs, peu d'acheteurs. À tel point qu'à l'occasion, les décisions d'achat d'une entreprise influencent les décisions de production d'un fournisseur et même sa survie.

Voici, dans le tableau suivant, le produit le plus acheté en 1992 dans le cas de trois compagnies américaines de fabrication automobile :

Tableau 1.2

Principal achat

Compagnie	Produit
FORD	Acier
GM	Composants électroniques
CHRYSLER	Sièges

Les procédures d'achat, que nous verrons plus en détail au chapitre 2, ont des caractéristiques communes d'une entreprise à l'autre, mais elles ont aussi des particularités. Pour un achat répétitif par exemple, l'acheteur connaît généralement le marché et les fournisseurs. Pour l'achat d'un nouvel outillage, ce même acheteur devra probablement faire beaucoup de recherches avant de trouver le produit répondant aux spécifications de l'entreprise et offert à un prix acceptable.

c) Les stocks

Toute entreprise possède des stocks. Certaines en ont pour une valeur et un volume considérables, d'autres peuvent en avoir très peu. Les stocks sont de différents ordres. Les plus importants comprennent des marchandises ou des produits finis destinés à la vente. Ils constituent aussi tous les éléments incorporés aux produits. On compte aussi parmi les stocks, les matières périphériques consommées lors de la production et de la vente.

Voici leur description détaillée :

Les produits finis pour l'entreprise de fabrication sont, comme leur nom l'indique, les produits complétés rendus à la fin de la ligne de production, résultats ultimes des transformations et des opérations de fabrication. Ces produits sont des stocks bien distincts, destinés à la vente aux grossistes, aux distributeurs, aux détaillants ou même aux consommateurs.

Dans les entreprises commerciales, ces produits finis représentent les marchandises destinées à la vente.

Les matières premières sont les matériaux qui entrent dans la fabrication d'un produit et qui généralement sont à l'état brut ou ont subi très peu de transformations. On trouve ces matières premières au sein des entreprises industrielles. Il peut s'agir de métal en feuilles pour un fabricant de réfrigérateurs, de blé pour un meunier, de houblon pour un brasseur, de bauxite pour un fabricant d'aluminium, de minerai pour un affineur, etc.

Sauf dans de très rares cas d'intégration verticale très poussée, l'entreprise se procure ces matériaux d'un fournisseur externe. Puisqu'il s'agit d'éléments de base de la production, l'alimentation en sera continue. L'entreprise en commande habituellement de grandes quantités qu'elle se fait livrer périodiquement. Les caractéristiques et les exigences sont connues et un petit nombre de fournisseurs voit à les satisfaire.

Les composants représentent également des matériaux qui entrent dans la fabrication d'un produit, qui y sont intégrés. Cependant ces matières, ayant déjà un certain degré de complexité, ont subi une première transformation. On peut penser, par exemple, à un relais pour un téléviseur, à une roue pour une automobile, à une carte graphique pour un micro-ordinateur, à des préparations chimiques, etc. En ce qui concerne les stocks, ils ont le même statut que les matières premières.

Les produits en cours comprennent toute la production commencée, mais non terminée. Ils ne sont plus des matières premières, mais pas encore des produits finis. Ils ne sont ni achetés directement ni offerts à la vente. Ces produits sont semi-finis et rendus à un stade de leur fabrication.

Certains produits en cours peuvent être destinés à un usage particulier. Par exemple, un écran de télé couleur 24" ou une tablette de chocolat qui n'a pas encore été garnie de son caramel. D'autres produits en cours peuvent être intégrés à des produits différents. On peut par exemple ajuster un dérailleur aussi bien sur une bicyclette de femme que d'homme.

Les stocks E.R.O.: on désigne sous le nom de stocks E.R.O. (**e**ntretien, **r**éparation et **o**pérations), tous les matériaux consommés pendant la production ou la vente, mais qui ne sont pas incorporés au produit.

Pour l'entreprise de fabrication, on trouve par exemple dans ces E.R.O. tous les lubrifiants, huile, graisse, etc., qui servent aux opérations. (Voir aussi les produits servant à mesurer, à touiller, etc., qui sont rejetés immédiatement après usage.)

Pour l'entreprise commerciale, ces E.R.O. peuvent être l'emballage, l'étiquette, etc.

On trouve aussi des fournitures : papier, disquettes, etc.

Les rebuts et les déchets sont également considérés comme des éléments du stock.

Tableau 1.3

Distribution des types de stocks

	TYPES DE STOCKS					
Types d'entreprises	Matières premières Composants	Produits en cours	Produits finis	Fournitures	E.R.O.	Rebuts et déchets
Vente de biens			✓	✓	✓	
Vente de services				✓	✓	
Fabrication	✓	✓	✓	✓	✓	✓

On doit noter qu'un produit fini pour une entreprise peut devenir une matière première ou un composant pour une autre.

4. UNE NOTE DE COMPTABILITÉ

Les produits finis incorporent dans leur coût la matière première et les composants utilisés ainsi que les frais de main-d'œuvre, directe et indirecte et les frais généraux de fabrication. Les produits en cours sont comptabilisés de la même façon.

La valeur des stocks augmente à mesure qu'on y incorpore du travail, qu'on les transforme. Les stocks valent donc beaucoup plus que le simple prix d'achat. L'acheteur doit alors tenir compte de la facilité avec laquelle une matière (ou un article) pourra être traitée par le service de la production. Le coût total dépend du travail incorporé en plus du coût initial de la matière.

Les produits E.R.O. sont enregistrés à leur coût d'achat, et ensuite imputés au coût de fabrication.

La plupart des entreprises industrielles répartissent dans leurs états financiers la valeur des stocks en les classant de la manière suivante : matières premières (incluant les composants) ; produits en cours ; produits finis et fournitures (incluant E.R.O.).

Tableau 1.4

Répartition des stocks

En milliers de dollars ($)	
Matières premières	25 814
Produits en cours	51 330
Produits finis	72 670
Fournitures	10 968

Domtex Rapport annuel 1993

B GESTION DES STOCKS

La gestion des stocks est l'ensemble des activités se rapportant à la planification et à la tenue des stocks.

Ces activités doivent permettre d'atteindre les objectifs pour lesquels l'entreprise maintient des stocks.

Le motif principal de la gestion des stocks consiste à répondre aux besoins de l'entreprise afin qu'elle puisse subvenir sur-le-champ aux demandes de ses clients ou aux demandes de ses propres services. L'objectif idéal serait d'obtenir immédiatement les biens dont l'entreprise a besoin sans avoir à les stocker. C'est un objectif difficile à atteindre.

Voici un exemple simple de la vie quotidienne au Québec qui illustre bien ces propos : la fabrication d'armoires sur mesure directement chez le détaillant en meubles. Le détaillant fabrique des armoires au fur et à mesure que la demande se manifeste. Ainsi le fabricant n'accumule pas de stocks; il risque peu de perdre des ventes ou de vendre à rabais.

Mais le détaillant doit agir autrement avec des tables. Il lui en faut une certaine quantité en magasin ou dans les entrepôts, car il ne peut faire venir la marchandise à la dernière minute ni demander à son fournisseur de lui en livrer d'heure en heure; les coûts de transport seraient prohibitifs.

Les stocks demeurent donc nécessaires pour l'entreprise commerciale dans le cas de produits de consommation courante. Pour certains produits, la commande pourra être prise et livrée plus tard par le manufacturier. C'est ce dernier alors qui maintient un certain niveau de stocks.

Pour l'entreprise industrielle les stocks de matières premières et de produits en cours lui sont indispensables pour subvenir aux besoins de la production.

Le responsable de la gestion des stocks fait face à plusieurs contraintes : d'une part, il ne contrôle ni les demandes des clients ni celles des services de l'entreprise; il ne contrôle pas non plus les livraisons des fournisseurs.

D'autre part, il doit éviter les ruptures de stocks, occasionnant des retards de production ou la perte de clients, et chercher en même temps à réduire le coût des stocks.

Les stocks servent en fait de marge de sécurité; il faut en posséder pour y puiser si la demande de produits dépasse la capacité d'obtenir immédiatement ces produits.

Le gestionnaire doit contrôler les flux et les niveaux en tenant compte des délais incontournables. Ce contrôle des flux consiste à acheminer adéquatement, et au moment voulu, la bonne quantité de matières ou de produits aux différents postes où ils sont requis.

> **Message :** L'approvisionnement et la gestion des stocks sont intimement reliés. La quantité livrée et le moment de livraison doivent être coordonnés entre ces deux instances. L'équilibre des coûts dépend de cette relation.

Comme les stocks occasionnent des coûts, le gestionnaire a la responsabilité d'établir et de maintenir un équilibre entre les coûts de stockage et ceux découlant d'une pénurie.

Le niveau des stocks à maintenir diverge selon les points de vue dans une entreprise. Certains services en veulent toujours plus; le marketing ne veut pas risquer de perdre une vente et la production ne veut pas manquer de matières premières, l'acheteur veut profiter des remises sur quantité. Par contre le magasinier ne veut pas encombrer l'espace disponible, et le directeur des finances voudrait toujours réduire les sommes immobilisées dans les stocks.

C PROCESSUS ADMINISTRATIF

1. LE MODÈLE PODC

La gestion des approvisionnements et des stocks répond comme toute gestion au processus administratif PODC.

Il s'agit donc de **p**lanifier, **o**rganiser, **d**iriger et **c**ontrôler l'ensemble des activités reliées au flux des matières, depuis la définition du besoin jusqu'à la distribution ou la consommation du produit fini.

On va maintenant intégrer ces différentes opérations afin d'illustrer ce propos à mesure que l'on examinera comment atteindre chacun des objectifs d'approvisionnement et de stockage.

Voici une brève description de ces quatre opérations:

Planification: Processus par lequel on définit les objectifs. On détermine ainsi les moyens à prendre pour les atteindre. (La majeure partie de ce volume traitera de cet aspect de la gestion des approvisionnements et des stocks.)

Organisation: Processus par lequel on coordonne les tâches et les activités. (Voir en particulier le chapitre 2.)

Direction: Processus de communication du gestionnaire avec ses subordonnés incluant la motivation. (Non traité spécifiquement dans ce volume.)

Contrôle: Processus par lequel on compare les opérations et leurs résultats avec les objectifs prévus afin de déterminer les actions à prendre. (Voir chapitre 11.)

Toutes ces opérations interagissent continuellement et ne peuvent être isolées les unes des autres.

2. LA DÉCISION

Parmi toutes ces activités, le rôle principal du gestionnaire sera de prendre des décisions, c'est-à-dire de faire des choix entre plusieurs possibilités d'intervention. On ne parle pas de décision lorsque l'action à entreprendre, le geste à poser sont automatiques. Il faut absolument qu'il y ait un choix possible pour qu'intervienne une décision. C'est toute la différence entre le rôle d'un gestionnaire et celui d'un exécutant, voire d'un robot.

Les situations de décision sont extrêmement variées. Tant l'objet de la décision que son impact et sa nature peuvent être multiples. Voici une liste non exhaustive de questions demandant une décision.

Quoi? (Quel produit? Quelle qualité?)

Combien? (Quelle quantité? Comment la répartir?)

Quand? (Livraison immédiate, à mesure de nos besoins.)

À quel prix?

De qui acheter? (Un ou plusieurs fournisseurs? Le ou lesquels?) Comment? (Acheter ou fabriquer, mode de transport, mode d'entreposage.)

Stock de sécurité ou pas?

Négocier le prix ou aller en appel d'offres?

Quel mode de vérification?

Quoi faire des rebuts?

Certaines de ces décisions sont capitales et engagent l'avenir; comme le choix du mode d'approvisionnement: acheter ou fabriquer? D'autres décisions demeurent moins importantes à long terme: quelle quantité acheter? (on peut toujours faire une commande additionnelle, même si cela occasionne des coûts).

On divisera les décisions en trois types, selon leur impact dans le temps.

❖ À long terme (décision dite stratégique): décision d'acheter ou de fabriquer; de s'associer un fournisseur; de se donner une image de marque, de qualité.

❖ À moyen terme (décision dite organisationnelle): répartition des tâches dans le service des approvisionnements; décision d'aller en appel d'offres.

❖ À court terme (décision dite routinière): achats ordinaires; bons de commande; rejeter ou accepter une livraison.

a) Modèle général

Voici le modèle le plus couramment utilisé de prise de décision:

❖ identifier le problème;

❖ déterminer les critères de solutions;

❖ concevoir les hypothèses;

❖ analyser et évaluer ces hypothèses;

❖ faire un choix.

Le gestionnaire fonctionne toujours dans un environnement particulier, interne et externe, qui évolue constamment. Toute décision se prend donc dans un contexte d'incertitude plus ou moins poussée. Le choix d'un fournisseur peut avoir été précédé d'une analyse très serrée des conditions offertes, mais le gestionnaire n'est pas à l'abri d'une grève ou d'une rupture d'approvisionnement chez ce fournisseur.

Dans ce processus le gestionnaire se base sur les éléments suivants:

❖ Les informations sur l'environnement: elles sont soit directement offertes comme souvent les quantités à commander ou le genre de produit à se procurer; soit à rechercher, comme les prix demandés par les fournisseurs et les délais de livraison. Ces informations sont modifiables : ce ne sont pas toujours les mêmes qui sont offertes. Il arrive aussi que certaines informations demeurent fragmentaires et ne peuvent être complètement précisées.

❖ Les objectifs et les politiques déterminés par l'entreprise : ils constituent un corridor plus ou moins large à l'intérieur duquel le gestionnaire devra fonctionner. Ce sont des objectifs de qualité, de prix, de rapport qualité-prix et de sécurité d'approvisionnement.

b) Modèle pour les décisions en situation d'incertitude

Le défi du gestionnaire des approvisionnements et des stocks consiste à prendre des décisions dans un contexte d'incertitude. L'incertitude est surtout liée à la demande, elle est fonction aussi de la fiabilité du fournisseur.

Au lieu de tirer à pile ou face afin de prévoir l'avenir, on tentera d'associer une probabilité à chaque possibilité. On pourra, par exemple, en fonction de l'expérience passée, accorder une probabilité de 0,70 à la possibilité que le fournisseur livre à la date prévue, une probabilité de 0,20 qu'il soit en retard de 2 jours ou moins, et de 0,10 qu'il soit en retard de plus de 2 jours.

L'utilisation de ces probabilités, selon un modèle précis, aidera à prendre une décision plus éclairée.

1) LA VALEUR ESPÉRÉE

La valeur espérée est une valeur mathématique qui correspond à ce qu'on peut raisonnablement espérer d'une situation selon les diverses possibilités. Elle se calcule en multipliant le résultat prévu par la probabilité qu'il se matérialise.

Par exemple, si on estime à 0,60 la probabilité d'obtenir un retour de 50 000 $ sur un investissement, on calculera la valeur espérée ainsi :

$$0,60 \times 50\,000\ \$ = 30\,000\ \$.$$

Lorsque plusieurs résultats sont possibles, dans une situation donnée, avec chacun leur probabilité, la valeur espérée globale est la somme des valeurs espérées de chacune des possibilités.

Exemple : Si on a 0,70 de probabilité d'avoir une livraison dans 15 jours et 0,30 de probabilité de l'avoir dans 20 jours, le temps espéré de la livraison est alors de 0,70 × 15 + 0,30 × 20 soit 16,5 jours.

2) L'ARBRE DE DÉCISION

La méthode utilisée pour aider le gestionnaire à prendre une décision, dans le cas où plusieurs éventualités sont possibles, s'appelle « arbre de décision ». L'arbre de décision est la représentation graphique des choix possibles et des éventualités découlant de chacun de ces choix. Les branches de l'arbre représentent ces choix et ces éventualités.

Voici un arbre simple :

Figure 1.1

Arbre de décision

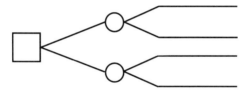

Le carré représente une décision à prendre. Les branches partant de ce carré illustrent les choix possibles. Autant de choix possibles, autant de branches. (Au moins deux évidemment.) Chaque cercle représente un nœud d'éventualités, celles-ci étant les branches originant du cercle. Ce sont les divers résultats possibles découlant de la décision prise et en tenant compte des circonstances aléatoires comme le comportement du marché, celui des clients, celui des concurrents. À chaque résultat, on associe une probabilité.

Voici la façon de procéder :

❖ on calcule la valeur espérée de chaque branche découlant d'une éventualité ;

❖ pour chaque éventualité on additionne les valeurs espérées de toutes les branches qui en ressortent ;

❖ on associe le total ainsi trouvé à la branche menant à cette éventualité ;

❖ à chaque carré de décision, on choisit la branche la plus avantageuse (moindre coût, meilleur rendement, etc.).

Exemple : La société Bellevue inc. doit choisir entre deux fournisseurs P et O. On a établi pour ces deux fournisseurs les probabilités suivantes :

	Coût de la commande	Probabilité
Fournisseur P	4 500 $	0,60
	4 000 $	0,40
Fournisseur O	5 000 $	0,80
	3 800 $	0,20
Solution		

Figure 1.2

Calcul d'un arbre de décision

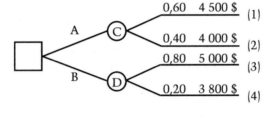

La branche 1 vaut   0,60 × 4 500 soit 2 700 $

La branche 2 vaut   0,40 × 4 000 soit 1 600 $

La branche 3 vaut   0,80 × 5 000 soit 4 000 $

La branche 4 vaut   0,20 × 3 800 soit   760 $

Au nœud C, on a le total des branches 1 et 2 soit 4 300 $

Au nœud D, on a le total des branches 3 et 4 soit 4 760 $

Au point de décision on choisit la branche la plus avantageuse. Puisqu'il s'agit d'un coût, on prendra la branche ayant la valeur la moins élevée ; c'est la branche A.

Plusieurs points de décisions peuvent apparaître à la suite de plusieurs nœuds d'éventualités. On calcule toujours les valeurs des branches en commençant par la droite.

◆ D ▶ OBJECTIFS DE LA FONCTION « APPROVISIONNEMENT »

L'approvisionnement, tel qu'on l'a défini, englobe donc toutes les opérations reliées à une ressource ou à un produit, de la manifestation du besoin dans l'entreprise jusqu'à sa satisfaction. Ces opérations doivent s'inscrire à l'intérieur des objectifs généraux de l'entreprise : rendement sur l'investissement, efficacité, qualité, survie, image, etc.

L'achat et la gestion des ressources physiques répondront aux objectifs généraux précités s'ils visent et atteignent un équilibre et un mélange harmonieux des cinq objectifs particuliers suivants :

La fonction « approvisionnement », vise à ce que la marchandise soit : de qualité satisfaisante ; offerte en quantité suffisante ; au bon endroit ; en temps voulu et à un prix optimal. D'autres objectifs s'y rajoutent ou en découlent, tels que la nécessité d'avoir des relations harmonieuses avec les vendeurs et les fournisseurs ; de limiter le plus possible les coûts administratifs des approvisionnements.

Tableau 1.5

Les cinq objectifs particuliers de la fonction « approvisionnement »

QUALITÉ SATISFAISANTE
QUANTITÉ SUFFISANTE
PRIX OPTIMAL
DISPONIBILITÉ EN TEMPS VOULU
DISPONIBILITÉ AU BON ENDROIT

1. QUALITÉ SATISFAISANTE

Chaque individu perçoit la qualité d'un produit selon des besoins spécifiques. Ainsi l'opinion publique classe rapidement les produits selon une série allant du bas de gamme au haut de gamme en passant par plusieurs niveaux intermédiaires. Tel ou tel appareil électronique ou tel ou tel article de sport est considéré meilleur ou pire qu'un autre. Mais tout le monde ne se procure pas et même, ne désire pas, toujours le produit de meilleure qualité.

La bicyclette, pour les simples randonnées estivales, n'a pas à être d'une qualité équivalente à celle du coureur cycliste du Tour de France. La bicyclette sera satisfaisante si elle permet des randonnées agréables et qu'elle est facile d'entretien.

L'entreprise doit définir la qualité des ressources qu'elle se procurera. Cette définition découle du rôle que ces ressources doivent jouer, du besoin qu'elles doivent satisfaire. Si un emballage qu'un individu veut étanche l'est effectivement, il le considérera comme un emballage de qualité. Si tel boulon résiste à la pression prévue, ce sera un boulon de qualité.

La fonction d'un produit peut être assumée de diverses façons. Par exemple, il est inutile de se procurer une poutre capable de soutenir une pression de 5 000 k/cm^2 si une poutre deux fois moins épaisse peut aussi faire l'affaire.

La qualité des matières premières ou des composantes, que l'entreprise se procure, se répercute automatiquement sur la qualité des produits qu'elle offre ensuite à ses clients. Dans une période où le consommateur est de plus en plus exigeant, où l'entreprise doit offrir une garantie de plus en plus globale et de plus en plus prolongée, elle doit d'abord s'assurer, dès le départ, de la qualité des éléments qui entrent dans la fabrication de son produit. La mondialisation des marchés, ces dernières années, n'a fait que confirmer ces exigences et y rajouter.

De plus une qualité inférieure de matière première peut nuire considérablement à la production. Une pièce qu'il faut retravailler parce qu'elle ne s'emboîte pas bien dans un assemblage, une huile qui ne lubrifie pas adéquatement peuvent occasionner des dommages et des retards dans la production, et en augmenter considérablement les coûts.

Les responsables des achats et des approvisionnements n'assurent pas uniquement la fonction de commis aux commandes. Afin qu'il y ait conformité entre les besoins à satisfaire et les produits achetés, ces responsables doivent savoir à quoi les normes de qualité exigées correspondent. Ils doivent également connaître la fonction du produit et comprendre l'utilité et la pertinence de chacune des pièces ou composantes qu'ils se procurent. Il suffit souvent d'une petite pièce, qui semble anodine, pour favoriser ou au contraire empêcher le fonctionnement d'un assemblage souvent très complexe.

2. QUANTITÉ SUFFISANTE

L'expression « quantité suffisante » réfère au nombre de pièces ou de composantes demandées par la production ou par un autre service.

L'entreprise commerciale doit posséder des produits en quantité suffisante pour répondre aux demandes des clients.

L'entreprise de fabrication doit avoir suffisamment de produits finis pour satisfaire à la demande de sa clientèle; elle doit, de plus, faire face à la demande du service de production pour les composants et les matières premières nécessaires.

L'entreprise de service de même que les deux entreprises précédentes doivent aussi pouvoir compter continuellement sur les fournitures nécessaires afin d'assurer leur fonctionnement.

On peut sans doute tolérer un produit de qualité légèrement inférieure, mais on ne peut pas vendre un produit que l'on ne possède pas ni fabriquer sans matière première. Toute rupture de stocks a des conséquences directes et néfastes sur les ventes et sur la production.

Le gestionnaire des achats demeure donc responsable de la planification et de la prévision des quantités nécessaires. Mais pour satisfaire les besoins sans cesse grandissant, il n'est pas question de parer à toute éventualité en commandant d'avance des quantités astronomiques de produits divers.

Une quantité **suffisante** ne signifie pas nécessairement une très grande quantité; elle ne signifie certainement pas une trop grande quantité. Cette quantité comprend des stocks de sécurité et est déterminée par des méthodes de prévision. Elle implique aussi les coûts de stockage qu'il faut tenter de réduire au minimum.

3. PRIX OPTIMAL

L'acheteur ne peut pas se procurer des produits, quelle que soit leur qualité, sans se préoccuper en même temps du coût de ces produits. Aucun acheteur n'a la liberté d'action lui permettant de se procurer ce qu'il veut à n'importe quel prix. Il devra donc obtenir ce qu'on appelle un prix optimal.

Le prix optimal d'un produit constitue le plus bas prix possible permettant d'obtenir un produit de qualité satisfaisante, en quantité suffisante, livré dans les délais requis et comportant la garantie d'un bon service.

La notion de qualité ne peut être dissociée de celle de coût. Il est important, à cet effet, de bien identifier les objectifs que l'on cherche à atteindre. Si l'on achète une lampe uniquement pour s'éclairer, on peut en trouver une à très bon prix. Si l'on désire aussi qu'elle soit décorative et à la toute dernière mode, on devra alors payer plus cher.

Ainsi, quand il s'agit d'un produit hautement sophistiqué, exigeant une performance sans faille et une précision micrométrique, l'acheteur devra accepter de payer le gros prix pour obtenir ce qu'il désire.

Il faut constamment rétablir un équilibre entre la qualité d'un produit et son coût. L'expression qui revient le plus souvent dans la publicité et dans les commentaires des analystes, c'est le rapport qualité-prix. Pour un individu, il est relativement facile de modifier ses exigences pour tenir compte du budget dont il dispose. Pour une entreprise, l'opération est autrement plus difficile, car les besoins des clients, de la production ou des services ne peuvent être modifiés aussi facilement à la baisse afin qu'ils correspondent au budget établi de l'entreprise.

Autrement dit le rapport qualité-prix doit respecter à la fois la qualité et le prix : est-ce le produit que l'on désire ?
peut-on se le permettre ?

4. DISPONIBILITÉ EN TEMPS VOULU

La fonction « approvisionnement » vise à assurer un flot ininterrompu de matières et de pièces en fonction de la demande. Il faudra donc obtenir les approvisionnements au moment nécessaire pour la vente, la fabrication ou l'utilisation.

Le gestionnaire déterminera le moment où le produit doit être offert, il en déduira, en fonction du temps de livraison ou de fabrication, le moment de passer la commande et s'assurera par la suite que le délai requis est respecté.

Il ne s'agit pas avant tout d'obtenir des délais très courts, mais plutôt de s'assurer que les fournisseurs respectent les délais prévus lors des commandes. Un délai de livraison trop long oblige à faire des prévisions prématurées. Par contre un délai plus court que celui prévu entraîne la possession inutile de stocks et les coûts superflus qui en découlent.

5. DISPONIBILITÉ AU BON ENDROIT

Les matières, les pièces, les fournitures doivent être acheminées au bon endroit, c'est-à-dire à l'endroit où elles sont demandées. Par exemple, la marchandise doit être envoyée à l'atelier qui en fait la demande et non remisée au fond d'un entrepôt; être bien en vue sur les tablettes du magasin et non pas à l'abri chez le distributeur ou dans le camion du grossiste. On aura beau obtenir les biens voulus, aux prix les plus équitables et dans les délais requis, s'ils ne sont pas livrés au bon endroit, ce sera pratiquement comme si on ne les avait jamais reçus.

Pour atteindre cet objectif il faut des procédures d'acheminement précises. On indiquera aux fournisseurs les endroits précis où livrer la marchandise : telle porte d'entrée, tel quai de déchargement. À l'interne, dès réception et inspection, l'acheminement du produit vers son lieu de stockage ou d'utilisation sera prévu; le lieu de stockage devra être bien identifié et le transfert de ce lieu de stockage au lieu d'utilisation prévu devra s'effectuer facilement.

6. COROLLAIRE : LE CHOIX D'UN FOURNISSEUR ADÉQUAT

Les ressources nécessaires doivent être acquises auprès d'un fournisseur. Parfois, c'est l'entreprise elle-même qui fabrique certaines ressources dont elle a besoin.

Mais pour la plupart des ressources requises et pour la très grande majorité des entreprises, ce sont des fournisseurs extérieurs qui constituent la principale source d'approvisionnement, sinon l'unique.

La qualité du produit, la quantité livrée et le moment de la livraison dépendent donc du fournisseur. Un fournisseur avec lequel, évidemment, on aura convenu d'un prix.

Le gestionnaire des approvisionnements est responsable de choisir le fournisseur. La fiabilité est la première qualité qu'il recherchera. Cette fiabilité signifie une marchandise de qualité dont la quantité et les délais de livraison prévus sont respectés. Il faut aussi s'assurer que le fournisseur sera en mesure de remplir les commandes prévues et que son volume de production est suffisant pour répondre aux besoins exigés.

La fiabilité signifie également qu'un fournisseur ne modifie pas les conditions sans préavis. Advenant une difficulté, il avisera promptement le gestionnaire afin qu'il puisse prendre les décisions qui s'imposent.

La fiabilité inclut aussi le service après-vente; à la fois la qualité de ce service et la disponibilité du fournisseur.

Il y aura toujours un choix à faire entre s'adjoindre un fournisseur attitré ou faire l'appel à plusieurs fournisseurs. En choisissant un seul fournisseur, on peut s'assurer un service sûr, mais on risque de payer un peu plus cher. La concurrence entre plusieurs fournisseurs peut faire baisser les prix, mais au détriment de la fiabilité.

De plus en plus on réalise que la meilleure façon d'obtenir des produits de qualité ce n'est pas tellement de profiter de la concurrence entre les vendeurs, mais plutôt de « développer de bons fournisseurs », c'est-à-dire de travailler en étroite collaboration avec eux pour les aider à améliorer la qualité de leurs produits et à fabriquer des biens qui répondent aux exigences de la clientèle.

Cette démarche en est une de longue haleine. Le gestionnaire doit connaître le fournisseur, c'est-à-dire vérifier sa fiabilité; pouvoir discuter avec lui des besoins de l'entreprise et s'assurer qu'il sera en mesure d'y répondre. Le gestionnaire agira de connivence avec son fournisseur.

Il y a certaines règles à respecter si on désire traiter avec des fournisseurs compétents. On doit: développer une image de bon client; bien préciser ses attentes; ne pas modifier ses commandes sans préavis; et payer dans les délais prévus. Il faut que les fournisseurs soient intéressés à faire des affaires avec l'entreprise.

Conclusion:

Ces objectifs peuvent, à l'occasion, paraître contradictoires. Par exemple, un fournisseur, qui est en mesure de fournir à l'entreprise la quantité demandée, peut ne pas offrir la qualité désirée et le meilleur prix.

Le gestionnaire des approvisionnements doit pondérer ces éléments selon leur importance et établir une priorité entre eux, tout en tenant compte des objectifs de l'entreprise.

Parmi ces objectifs, on n'a pas spécifié la **meilleure** qualité et le **meilleur** prix. Mais, même en parlant de qualité **satisfaisante**, de prix **adéquat** il n'est pas toujours facile pour le gestionnaire de parvenir à un équilibre efficace et rentable entre les éléments.

E ◆ IMPORTANCE FINANCIÈRE

À première vue, on soupçonne peu l'importance financière des approvisionnements. On n'en a que pour les ventes et pour l'augmentation de l'efficacité. Il suffit cependant de jeter un coup d'œil sur certains aspects financiers des entreprises liés aux coûts découlant des approvisionnements et aux stocks, pour voir à quel point cette dimension de l'entreprise est majeure.

On examinera plus loin les moyens de réduire ou de limiter les coûts. Cependant, on peut dès maintenant étudier brièvement les effets, sur certains états financiers et sur certains ratios, d'une diminution des coûts d'approvisionnement et d'une diminution de la valeur du stock.

1. L'ÉTAT DES RÉSULTATS

Dans beaucoup d'entreprise, le montant des achats (à l'exclusion des immobilisations) peut varier de 20 % à 60 % du chiffre d'affaires et peut même atteindre 75 % de ce montant. Dans une entreprise commerciale, le coût des marchandises achetées va facilement au-delà de 50 % de l'ensemble des dépenses.

Pour l'entreprise de fabrication, la part des achats dans l'ensemble des dépenses varie grandement selon le secteur. Une entreprise fortement automatisée, comme l'industrie automobile, dépense proportionnellement beaucoup plus en achats qu'une entreprise où la main-d'œuvre constitue le principal facteur de fabrication.

Dans les services, le coût des achats est généralement moins élevé. Par exemple, un bureau d'avocats limite généralement ses achats aux fournitures et au matériel de bureau alors que les employés représentent une portion majeure de ses frais d'exploitation.

Tableau 1.6
Achats annuels de trois compagnies américaines

Le plus gros montant d'achats :
GM 53 700 000 000 $

Le plus fort pourcentage du chiffre d'affaires :
Ford 51 000 000 000 $ 58 %

Le plus fort pourcentage du coût total de production :
Westinghouse 6 297 000 000 $ 73 %

Tableau 1.7
Achats de deux compagnies québécoises

1. Univa : part du coût des marchandises vendues par rapport aux ventes nettes (en millions de dollars) :

Ventes	6 702
Autres dépenses (y compris l'impôt)	846
Coût des marchandises vendues	5 824
Bénéfice net	32

2. Domtex : part des matières premières dans les ventes nettes :

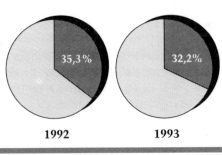

1992	1993
35,3 %	32,2 %

En plus du coût proprement dit des achats, il faut aussi tenir compte des charges qui y sont liées telles que le personnel, le loyer, les amortissements et les frais administratifs.

Puisque la fonction «approvisionnement» s'inscrit dans la stratégie globale de l'entreprise, chaque dollar économisé en approvisionnement ou en stockage, a un impact sur les résultats globaux.

2. LE BILAN

Les stocks constituent un élément d'actif pour l'entreprise. Ils apparaissent dans l'actif à court terme puisque généralement ils seront vendus ou utilisés dans l'année qui vient. Selon le type d'entreprise, ils peuvent représenter une part plus ou moins grande de l'actif.

Voici deux exemples de l'importance des stocks, tirés du rapport annuel de deux compagnies québécoises.

Domtex: Stocks   160 782 000 $

Actif total   1 329 112 000 $

Les stocks représentent 12 % de l'actif

Domtex, rapport annuel 1993

Domtar Stocks   284 000 000 $

Actif à court terme   663 000 000 $

Les stocks représentent 43,5 % de l'actif à court terme

Domtar, rapport annuel 1993

L'analyse financière d'une entreprise se fait en grande partie à l'aide de ratios dont plusieurs incorporent la valeur des stocks. En voici deux en particulier:

❖ Le ratio du fonds de roulement:

$$\frac{\text{Actif à court terme}}{\text{Passif à court terme}}$$

❖ Le rendement sur le capital investi:

$$\frac{\text{Bénéfice net}}{\text{Total de l'actif}}$$

Dans le premier ratio la valeur du stock fait partie du numérateur, dans le second ratio, elle fait partie du dénominateur.

3. IMPACT DE CHANGEMENTS

a) Diminution des coûts d'achats

Pour améliorer le bénéfice brut d'une entreprise, on peut, entre autres, augmenter les ventes ou réduire le coût des achats. Si l'augmentation de la valeur des ventes provient de l'augmentation du volume des ventes, seule une partie du dollar additionnel des ventes se retrouvera dans le bénéfice accru. Puisqu'il a fallu payer les produits additionnels que l'on a vendus, la marge bénéficiaire brute augmente seulement d'un pourcentage de l'augmentation du chiffre d'affaires. Le pourcentage du bénéfice brut relié aux ventes totales demeure le même.

Quant à une augmentation de la valeur qui serait due à une augmentation des prix sans augmentation concomitante des coûts cela est le rêve de toute entreprise. Mais une telle augmentation du pourcentage du bénéfice brut est plutôt rare de nos jours.

D'autre part, tout dollar économisé pour l'approvisionnement se reflète directement dans le bénéfice. Il y a généralement un effet de levier important sur le bénéfice net de toute diminution des coûts d'achats.

> **Remarque:** L'effet de levier permet un résultat plus important que l'investissement que l'on a fait.

De plus, il est généralement plus facile de faire baisser les prix d'un fournisseur (faire jouer la concurrence, obtenir des remises de quantité) et de réduire les frais administratifs que d'augmenter le chiffre d'affaires. L'entreprise a avantage à concentrer ses efforts dans ce domaine.

Voici un premier exemple simple :

Une entreprise vend actuellement 15 $, un produit qu'elle paie 9,40 $. Son volume de vente est actuellement de 15 000 unités.

La marge brute actuelle est de 84 000 $

Calcul :

Marge unitaire : 15,00 $ − 9,40 $ = 5,60 $

Marge totale :   15 000 × 5,60 $ = 84 000 $

ou

Ventes :   15 000 × 15,00 $ = 225 000 $

− Coût des marchandises :   15 000 × 9,40 $ = <u>141 000 $</u>

                                          <u>84 000 $</u>

En pourcentage la marge brute est de 37,33 % : $\dfrac{84\,000\ \$}{225\,000\ \$}$

Si l'entreprise consacrait tous ses efforts à une augmentation de 10 % de son volume des ventes, la marge brute, qui lui est directement reliée augmenterait donc de 8 400 $.

$$84\,000\ \$ \times 10\,\% = 8\,400\ \$$$

On note que le pourcentage de marge brute demeure le même. Ni le prix de vente (15,00 $) ni le coût de la marchandise (9,40 $) n'ayant été modifiés.

Si, par contre, l'entreprise réussit à diminuer ses coûts d'achats de 10 %, elle économisera alors 14 100 $.

$$10\,\% \times 141\,000\ \$ = 14\,100\ \$$$

Cette diminution du coût des achats se traduit par une augmentation équivalente de la marge brute. En pourcentage cette augmentation est alors de 16,79 %.

$$14\,100\ \$ / 84\,000\ \$ = 16,79\,\%$$

Donc, on constate, dans ce cas-ci, une modification à la baisse de 10 % au niveau des achats qui se traduit par une augmentation de 16,79 % au niveau de la marge brute. Il existe alors un effet de levier qu'on ne retrouvait pas dans la situation d'augmentation du chiffre d'affaires.

Voici un tableau résumant la comparaison:

Tableau 1.8

Effet de changements

	Changement	Changement de la marge brute	Effet de levier
Ventes	10 %	10 %	1
Achats	10 %	16,7 %	1,679

Le même impact se produirait si on comparaît une diminution des ventes de 10 % avec une augmentation du coût des achats de 10 %.

Dans cet esprit le tableau précédent est valable que le changement s'effectue dans un sens ou dans l'autre.

On peut aussi conclure qu'il faut une augmentation des ventes de 16,79 % pour avoir le même effet sur la marge brute qu'une diminution du coût des achats de 10 %.

Note 1: L'effet sur le bénéfice net peut aussi être calculé, mais comme y entrent alors des dépenses de tout ordre, le résultat est beaucoup moins significatif. La marge brute dépend directement de la valeur des ventes et du coût des achats.

Note 2: Cet exemple ne doit pas faire croire qu'une augmentation des ventes ou qu'une diminution des achats sont des opérations simples. Il faut également tenir compte des dépenses liées à la recherche de nouveaux marchés ou à la recherche de meilleurs produits à meilleurs prix.

b) Modification du stock au bilan

La valeur du stock au bilan peut être diminuée en jouant sur deux de ses composantes: le volume et le coût unitaire. Voici certains éléments des états financiers d'une entreprise fictive:

Stock: 3 M$

Actif à court terme incluant les stocks: 5 M $

Actif total: 8 M$

Passif à court terme: 3,5 M$

Bénéfice net: 1,2 M$

Si l'on calcule les deux ratios suivants :

Ratio fonds de roulement :

$$\frac{\text{Actif à court terme}}{\text{Passif à court terme}} = \frac{5\text{M \$}}{3,5\text{ M \$}} = 1,43$$

Rendement du capital investi :

$$\frac{\text{Bénéfice net}}{\text{Total de l'actif}} = \frac{1,2\text{ M \$}}{8\text{ M \$}} = 15\,\%$$

Si l'on suppose, dans cet exemple, une diminution de 25 % de la valeur des stocks, soit 75 M $, provenant d'une gestion plus serrée de l'approvisionnement, et une diminution équivalente (en valeur) des comptes-fournisseurs, les nouveaux montants seraient les suivants :

Stocks : 2,25 M $

Actif à court terme : 4,25 M $

Actif total : 7,25 M $

Passif à court terme : 2,75 M $

Les nouveaux ratios s'expriment alors comme suit :

Ratio du fonds de roulement : 4,25/2,75 = 1,55

Rendement du capital investi : 1,2/7,25 = 16,55 %

On constate ici que les modifications sont moins brutales que dans le calcul de la marge brute. Elles demeurent intéressantes puisque, souvent, elle font la différence entre une entreprise sous surveillance ou pas (par exemple, si le ratio du fonds de rendement limite est de 1,5) ou encore entre une entreprise qui attirera des investisseurs ou pas (par exemple, si le taux minimum de rendement exigé par les investisseurs est de 16 %).

4. UN COROLLAIRE COMPTABLE

Le gestionnaire des stocks, on l'a vu, doit tenir compte des flux d'intrants et d'extrants de produits. Le gestionnaire financier doit considérer aussi les flux d'intrants : les paiements des clients et les flux d'extrants : les paiements aux fournisseurs.

D'une part, chaque entreprise vise à retarder, le plus longtemps possible, les versements aux fournisseurs tout en incitant ses clients à payer, eux, le plus rapidement possible. À la limite, la situation idéale pour une entreprise serait de percevoir son argent avant d'avoir à payer ses fournisseurs. Alors elle n'aurait pas d'investissement réel dans ses stocks.

D'autre part, si les stocks bougent peu et sont considérables, l'entreprise supporte complètement tous les coûts qui y sont associés. Dans toute négociation d'achat, la date et les modalités de règlement des achats demeurent importantes ; souvent presque autant que le prix lui-même.

Résumé

La gestion des approvisionnements et des stocks constitue un élément majeur de la gestion globale d'une entreprise ; elle permet de répondre aux besoins de ressources des différents services.

La mission principale du gestionnaire des approvisionnements est d'obtenir des ressources de qualité satisfaisante, en quantité suffisante, à un coût optimal, au moment et à l'endroit voulus.

La poursuite simultanée de ces objectifs requiert des gestionnaires avertis, conscients des interrelations entre ces objectifs, et désireux d'établir le meilleur flux possible des matières dans les départements et les ateliers de l'entreprise.

L'impact financier des coûts d'achats et des coûts de maintien en stock est important et exerce un effet considérable tant sur l'état des résultats que sur plusieurs ratios d'analyse financière.

QUESTIONS DE RÉVISION

1. Énumérez les principaux types de ressources dont a besoin une entreprise ; nommez les ressources dont s'occupe la fonction « approvisionnement ».

2. Faites la distinction entre achat et approvisionnement. p. 5-6

3. Nommez cinq éléments de « l'acte d'approvisionner ». p. 6

4. Quelles sont les différentes sortes de biens qui sont considérées comme des stocks (les catégories de stocks)? p. 8-9-10

5. Identifiez dans votre entourage une entreprise de fabrication, une entreprise commerciale et une entreprise de service. Pour chacune, nommez une catégorie de produits qu'elle maintient en stock.

6. Pourquoi une entreprise maintient-elle des stocks ? pp. 7

7. Énumérez cinq questions d'approvisionnement sur lesquelles peuvent porter les décisions du gestionnaire. p. 14

8. Quels sont les cinq objectifs de la fonction « approvisionnement ». p. 19

9. L'entreprise doit-elle toujours se procurer la meilleure qualité ? Dites pourquoi.

10. Qu'est-ce que la « qualité satisfaisante » ? besoin du client ou consommateur

11. Le gestionnaire doit-il toujours chercher à obtenir les délais de livraison les plus courts ? Expliquez. p. 23

12. Démontrez, en quelques mots, l'importance d'avoir recours à un ou à plusieurs fournisseurs compétents. p. 24

Problème solutionné

Une entreprise de fabrication vient d'engager un nouveau directeur des approvisionnements qui a vite remanié le service. Entre autres, il a fait faire une analyse de valeur et a pu ainsi modifier des pièces pour en diminuer le coût en moyenne de 20 %.

De plus, grâce à une politique dynamique d'achats, il a obtenu, en général pour les autres pièces, une diminution des coûts de base et de transport se chiffrant en moyenne à 5 % du coût des marchandises achetées.

a) Le coût total des achats annuels se chiffrait à 8 M$. Si 15 % des pièces ont été modifiées, déterminez l'argent ainsi économisé par le nouveau directeur.

Solution:

$$8 \text{ M\$} \times 15\% \times 20\% = \quad 240\ 000 \text{ \$}$$
$$8 \text{ M\$} \times 85\% \times \ 5\% = \quad 340\ 000 \text{ \$}$$
$$\textbf{Total:} \quad \underline{580\ 000 \text{ \$}}$$

b) Si le chiffre d'affaires était de 15 M$ et la marge brute de 30 %, déterminez de quel pourcentage il aurait fallu augmenter les ventes, pour augmenter le profit d'une somme équivalant au montant économisé.

Solution: Bénéfice brut: $15 \text{ M\$} \times 30\% = 4\ 500\ 000 \text{ \$}$
Pourcentage d'augmentation du bénéfice brut:

$$\frac{580\ 000}{4\ 500\ 000} = 12,9\%$$

En ne jouant que sur le volume des ventes, il faudrait augmenter ce dernier du même pourcentage, soit 12,9 %

AUTRES PROBLÈMES

1. Une entreprise commerciale vous présente son bilan où vous constatez que les stocks représentent 8 M$ sur un actif total de 20 M$. D'autre part, l'état des résultats montre un coût des marchandises vendues de 30 M$ et un bénéfice net de 3,8 M$.

Les actionnaires insistent beaucoup pour obtenir le taux de rendement sur l'actif le plus élevé possible. De quel pourcentage pouvez-vous augmenter ce taux de rendement :

   a) si vous diminuez la quantité du stock de 12 % ?

   b) si vous diminuez le coût des achats de 4 % ?

   c) si vous diminuez à la fois la quantité du stock et le coût des achats ?

2. L'entreprise LAMBIDON vend des appareils électroniques dont la fonction est de prévoir l'avenir. Elle voudrait bien connaître son avenir financier. Actuellement son chiffre d'affaires est de 2 millions de dollars et elle réalise une marge bénéficiaire brute de 35 %.

La direction se demande si elle doit faire un effort supplémentaire pour augmenter le chiffre d'affaires ou si elle doit plutôt tenter de diminuer le coût de ses achats. Elle considère qu'elle peut augmenter ses ventes de 8 % en engageant des frais additionnels de 20 000 $ (en plus du coût des nouvelles marchandises vendues).

Par contre, elle pourrait réduire de 4 % le coût des marchandises achetées, mais il lui en coûterait 15 000 $ en frais de recherche et de salaires supplémentaires d'acheteurs.

   a) Laquelle de ces deux solutions est préférable ?

   b) Si l'entreprise avait la possibilité d'investir les 35 000 $ pour appliquer les deux solutions simultanément, quelle serait l'augmentation du bénéfice net ?

Cas : La soumission traquenard

La compagnie HONN-AITE a établi une nouvelle politique qui oblige son service des approvisionnements à proposer une offre publique d'achat pour toute commande évaluée à plus de 100 000 $. Cette politique comporte implicitement l'obligation d'accorder le contrat au plus bas soumissionnaire.

Pour l'achat de 5 000 petits moteurs électriques, la compagnie a reçu cinq soumissions. Deux d'entre elles ont été rejetées parce qu'elles n'étaient pas conformes au devis ; voici les trois autres :

Compagnie ABC	130 000 $
Compagnie JKL	140 000 $
Compagnie XYZ	138 000 $

La compagnie XYZ a été, depuis plusieurs années, le fournisseur attitré de l'entreprise HONN-AITE. Elle est reconnue pour sa fiabilité et a collaboré étroitement, à maintes reprises, avec HONN-AITE. L'acheteur de cette dernière entretient régulièrement des contacts avec le vendeur de XYZ.

La compagnie ABC est bien connue dans le milieu et jouit d'une bonne réputation. Elle n'a jamais fait d'affaires avec HONN-AITE et on ne sait pas si son prix correspond à ses coûts réels ou si elle a soumissionné ainsi pour tenter d'évincer XYZ.

Le responsable du service des approvisionnements se demande si pour la différence de 8 000 $ on peut se permettre de laisser tomber un fournisseur qui a rendu de bons services. Il se demande aussi s'il doit se conformer entièrement à la nouvelle politique de l'entreprise.

a) Indiquez les avantages et les inconvénients de chacune des décisions possibles.

b) Quelle serait votre décision ? Justifiez-la.

c) Devrait-on modifier la politique ? Dites pourquoi.

Chapitre

2

LE SERVICE DES APPROVISIONNEMENTS

OBJECTIFS

Dans le premier chapitre nous avons vu les principaux termes utilisés conformément à la fonction « approvisionnement ». Nous avons également démontré l'importance de cette fonction et les types de décisions qui y sont reliés. Dans le présent chapitre, nous situerons les approvisionnements au sein de l'entreprise et nous étudierons plus en détail la structure organisationnelle qui supporte cette fonction. Nous examinerons plus particulièrement la distinction entre un service des approvisionnements et la fonction « approvisionnement », la place qu'occupe celle-ci à l'intérieur de l'entreprise, ses interrelations avec les autres fonctions ainsi que les politiques et procédures d'approvisionnement.

OBJECTIFS D'APPRENTISSAGE

À la fin de ce chapitre on sera en mesure de :

✓ distinguer les notions de fonction et de service ;

✓ comprendre le système « entreprise » et l'appliquer à la fonction « approvisionnement » ;

✓ percevoir l'importance de l'environnement interne et externe de la fonction « approvisionnement » ;

✓ saisir l'importance des relations de la fonction « approvisionnement » avec les autres fonctions dans l'entreprise ;

✓ identifier les étapes de la planification des approvisionnements ;

✓ connaître les politiques et les procédures relatives aux approvisionnements ;

✓ décrire l'organisation et la structure des approvisionnements ;

✓ définir les tâches de l'acheteur et les connaissances requises pour remplir ce poste.

A ▸ CONTEXTE

1. LA FONCTION ET LE SERVICE

Dans toutes les entreprises, on retrouve la « fonction » approvisionnement, mais ce ne sont pas toutes les entreprises qui possèdent un « service » des approvisionnements. Pour comprendre ceci, il est important de bien saisir la différence entre un service et une fonction.

Une fonction peut être définie comme un ensemble de tâches ou d'opérations répondant à un besoin spécifique. Aucune entreprise, qu'elle soit commerciale, industrielle ou de services ne peut opérer sans s'approvisionner, et c'est en ce sens que l'on peut affirmer que la fonction « approvisionnement » existe dans toutes les entreprises.

Un service, en contrepartie, représente une entité administrative chargée spécifiquement d'une fonction particulière ou d'un ensemble de fonctions semblables. C'est ainsi que le service des ventes assumera les tâches rattachées à la fonction « vente » et que le service des finances sera responsable du financement des opérations et de la gestion des fonds de l'entreprise. Quant à la fonction « approvisionnement », elle peut être remplie par différents services ou relever spécifiquement d'un service des approvisionnements ; tout dépend de la structure administrative de l'entreprise. Toutefois, la fonction sera assumée de façon beaucoup plus rationnelle si elle relève d'un service spécifique. En revanche dans certaines entreprises, la fonction « approvisionnement » pourrait ne pas être suffisamment importante pour justifier le coût de la mise en place d'un service des approvisionnements.

Dans un premier temps, on examinera la fonction elle-même sans se préoccuper du fait qu'elle relève ou non d'un service spécifique des approvisionnements. Par la suite, on observera plus en détail la structure d'un service des approvisionnements.

2. LE SYSTÈME « ENTREPRISE »

Le système « entreprise » permet de mieux décrire une fonction en l'examinant en tant que système. On donne souvent à cette approche le nom de « systémique », c'est-à-dire par système. Étant donnée cette approche, on considérera les termes fonction et système comme interchangeables.

Un système peut être défini comme un ensemble d'éléments et d'opérations qui se coordonnent en vue d'atteindre un objectif que l'on appelle la mission. On peut schématiser ce système de la façon suivante :

Figure 2-1

Les composantes d'un système

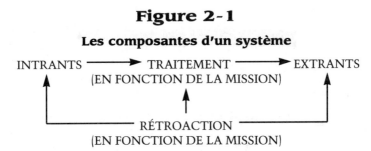

Un système est essentiellement composé des cinq éléments suivants :

les intrants comprennent des éléments corporels ou incorporels qui entrent dans un système ;

le traitement représente l'ensemble des opérations que l'on fait subir aux intrants ou que l'on effectue à l'aide de ceux-ci ;

les extrants comportent tout ce qui sort d'un système à la suite du traitement appliqué aux intrants ;

la mission englobe les objectifs visés par le système ;

la rétroaction compte l'ensemble des réactions découlant de l'information sur les extrants. Ces réactions prennent parfois la forme d'ajustements, de corrections ou d'améliorations que l'on apporte aux intrants et au traitement en vue de maintenir ou d'améliorer la réalisation de la mission d'un système.

Voici comment s'organisent ces cinq éléments dans la fonction « approvisionnement ».

a) Les intrants de la fonction « approvisionnement »

Comme pour la plupart des fonctions, les intrants de la fonction « approvisionnement » comprennent des éléments corporels et des éléments incorporels. Les intrants corporels incluent l'équipement, le matériel et les fonds utilisés pour garantir l'approvisionnement et pourvoir ainsi aux besoins du personnel qui effectue les tâches relevant de cette fonction. Les principaux intrants incorporels de la fonction comprennent : la demande en approvisionnement des différents secteurs de l'entreprise ; les contraintes budgétaires imposées à la fonction ; les réseaux de fournisseurs et l'information sur les biens et les services offerts sur ces réseaux. Certains intrants proviennent de l'extérieur de l'entreprise alors que d'autres sont d'origine interne. On peut résumer le tout à l'aide du tableau suivant :

	Intrants provenant de l'intérieur	Intrants provenant de l'extérieur
Éléments corporels :	– Équipement et personnel – Sommes consacrées aux approvisionnements	
Éléments incorporels :	– Demande en approvisionnement – Contraintes budgétaires imposées à la fonction	– Réseaux de fournisseurs – Information sur les biens et les services offerts

b) Le traitement dans la fonction « approvisionnement » *Cycle*

Le traitement comprend toutes les opérations relatives aux approvisionnements. Ces opérations sont, entre autres :

❖ le traitement des demandes de biens et de services nécessaires aux opérations de l'entreprise ;

❖ la recherche des fournisseurs les plus aptes à procurer les biens et les services demandés dans les délais requis ;

❖ la négociation auprès des fournisseurs des conditions d'achats, de livraison, de garanties, de réclamations et des retours éventuels de marchandises;

❖ la vérification du respect des délais de livraison prévus;

❖ la réception des biens et des services;

❖ la vérification des biens et des services reçus afin de s'assurer qu'ils correspondent à la quantité et à la qualité demandées;

❖ le retour aux fournisseurs des articles livrés en trop, ou dont les spécifications ne répondent pas à ce qui a été demandé;

❖ l'acheminement auprès de fournisseurs des demandes de réclamations ou de correctifs relatifs à tout article défectueux ou à tout service inadéquat;

❖ le stockage des biens reçus.

Dans certains cas, l'approvisionnement est assuré par l'entreprise elle-même qui produit une partie des biens ou des services requis et qui, de ce fait, n'a pas à recourir à un fournisseur externe. Par exemple, un fabricant de machines qui extrait et transforme lui-même le minerai utilisé pour la fabrication de ses produits. Dans de tels cas l'aspect traitement demeure essentiellement le même.

c) Les extrants de la fonction « approvisionnement »

Ces extrants se rapportent d'abord aux articles et aux services obtenus. Il s'agit, non seulement des articles et des services reçus, mais également des articles retournés aux fournisseurs.

Ils comprennent également les décisions prises à la suite du traitement appliqué sur les intrants. Il est question notamment du choix des fournisseurs; du choix entre louer ou acheter; du choix entre produire soi-même ou commander à l'extérieur; ainsi que de tous les choix relatifs à la fréquence des commandes et au mode de livraison des articles commandés.

Ces extrants englobent finalement un ensemble d'informations obtenues à la suite du traitement appliqué aux intrants. Ce sont, entre autres, le taux de rejet des articles livrés, le taux de retard dans les livraisons, le taux de satisfaction concernant les services fournis, ou encore les statistiques relatives à l'usage des différents articles ou services.

d) La mission de la fonction « approvisionnement »

Cette mission consiste à fournir aux autres fonctions les biens et les services requis tout en respectant les cinq objectifs de la fonction « approvisionnement » qui sont, rappelons-le :

* ❖ la **quantité suffisante** ;

* ❖ la **qualité satisfaisante** ;

* ❖ le **prix optimal** ;

* ❖ la **disponibilité en temps voulu** ;

* ❖ la **disponibilité au bon endroit**.

Pour bien remplir la mission de la fonction « approvisionnement », on doit viser l'atteinte « optimale » de l'ensemble de ces cinq objectifs sans en négliger aucun. Par exemple, obtenir des délais de livraison très courts moyennant un prix exorbitant n'est certes pas une décision recommandable.

e) La rétroaction dans la fonction « approvisionnement »

La rétroaction de la fonction « approvisionnement » comprendra, s'il y a lieu, les ajustements ou les correctifs suivants : changements dans le choix des fournisseurs ; changement dans le choix des produits ; réajustement du processus d'acheminement des demandes de biens et de services ; réajustement des modalités de passation des commandes ; renégociation des conditions et des garanties offertes par un fournisseur ; modification des contraintes budgétaires de la fonction. La rétroaction pourra également comporter une confirmation ou un renforcement des éléments ayant produit des extrants conformes aux objectifs. Le prolongement d'un contrat d'approvisionnement et l'adoption d'un produit pris à l'essai en sont deux exemples.

Pour obtenir une rétroaction utile et efficace, il faut pouvoir mesurer précisément le degré d'atteinte des objectifs. Il est donc essentiel de les définir clairement et en fonction de critères que l'on puisse facilement mesurer. Un objectif dont on ne peut mesurer la réalisation est tout simplement inutile. Cela peut paraître évident et pourtant, on retrouve de tels objectifs dans bien des entreprises. Par exemple on établira, comme objectif important, l'approvisionnement de l'entreprise auprès de fournisseurs qui offrent un délai fiable sans définir les barèmes permettant de déterminer ce qu'est un délai fiable. Un objectif semblable, mais mesurable, serait par exemple de s'approvisionner auprès de fournisseurs dont le taux de retard dans les délais de livraison ne dépasse pas 2 %.

3. L'ENVIRONNEMENT DE LA FONCTION « APPROVISIONNEMENT »

Tout système se situe dans un environnement à la fois déterminant et contraignant. La fonction « approvisionnement » ne fait pas exception à cette règle. De plus, comme plusieurs autres fonctions de l'entreprise, elle se retrouve dans un environnement à la fois interne et externe.

On entend par « environnement interne », l'ensemble des éléments influents se situant à l'intérieur de l'entreprise et sur lesquels cette dernière peut exercer un certain contrôle. Ces éléments sont :

❖ les autres fonctions dont l'influence se manifeste par les relations qu'elles entretiennent avec la fonction « approvisionnement ». Certaines de ces fonctions dépendent quotidiennement des extrants de la fonction « approvisionnement » ; c'est le cas des fonctions « marketing » et « production ». D'autres fonctions par contre entretiennent la relation inverse et ce sont elles qui fournissent une partie des intrants de la fonction « approvisionnement » ; on peut mentionner ici les fonctions « finances » et « ressources humaines » ;

❖ les grands objectifs de l'entreprise. Par exemple, atteindre le grand public en offrant un bien de qualité acceptable au prix le plus bas du marché ;

❖ la culture organisationnelle de l'entreprise (structure hiérarchique ; degré d'autonomie des gestionnaires ou centralisation des décisions ; sentiment d'appartenance ; encouragement à l'innovation ou au conservatisme ; tolérance ou aversion au risque).

L'environnement externe, au contraire, est composé d'éléments se situant à l'extérieur de l'entreprise et sur lesquels celle-ci n'a, la plupart du temps, que très peu de contrôle. Ces éléments comprennent :

❖ les fournisseurs dont l'entreprise dépend pour assurer ses approvisionnements. Il s'agit du principal élément de l'environnement externe.

Il comprend également plusieurs autres facteurs dont la fonction ne dépend pas directement, mais qui conditionnent tout de même son fonctionnement de façon notable. Ces facteurs d'environnement sont :

❖ les réglementations nationales et internationales en matière de commerce telles que les règles douanières, les lois sur la concurrence, les réglementations sur les produits toxiques, les lois fiscales, les règles monétaires, les accords internationaux comme ceux du GATT (Accord général sur les tarifs douaniers et le commerce), de l'*Uruguay Round* ou, plus près de nous, ceux du libre-échange ;

❖ le contexte politique national : les politiques d'augmentation de l'emploi et de réduction du déficit ;

❖ le contexte politique international : l'ouverture des pays de l'Est et de la Chine ;

❖ le contexte économique : crise économique ou reprise, inflation, taux d'intérêt, marché de l'emploi ;

❖ les développements technologiques ;

❖ l'amélioration des moyens de transport et de communication ;

❖ le contexte social : culture, langue de travail, courants syndicaux, scolarisation, préoccupations relatives aux droits de la personne et à l'environnement.

Il est important pour l'entreprise de bien distinguer son environnement interne de son environnement externe. En effet, les gestionnaires doivent être conscients que l'entreprise peut, selon ses besoins, modifier les éléments de son environnement interne alors qu'elle n'a que peu d'influence sur son environnement externe. En fait les fournisseurs choisis par l'entreprise constituent le seul élément d'environnement externe sur lequel l'entreprise peut vraiment exercer un certain contrôle.

B LES RELATIONS AVEC LES AUTRES FONCTIONS DE L'ENTREPRISE

Comme on vient de le mentionner, les autres fonctions de l'entreprise représentent un élément important de l'environnement interne de la fonction « approvisionnement ». Il est donc essentiel de bien identifier les relations qui les lient.

1. LES INTERRELATIONS AVEC LA FONCTION « PRODUCTION »

Dans les entreprises manufacturières, la fonction « production » demeure, sans contredit, celle qui a le plus recours à la fonction « approvisionnement ». Elle en est, pourrait-on dire, le principal « client ». En effet, dans ce type d'entreprise, la majeure partie des approvisionnements est constituée de matières et d'équipement utilisés pour la fabrication. Sans ces approvisionnements, la fonction « production » ne pourrait tout simplement pas accomplir sa tâche. Il est donc essentiel d'établir et de maintenir, entre ces deux fonctions, une interrelation très étroite. C'est en fait à partir des besoins de la production que s'établit la majorité des approvisionnements à assurer. Les deux fonctions doivent par conséquent bien synchroniser leur planification. Les responsables de la production doivent communiquer aux responsables des approvisionnements toutes les données relatives à leurs besoins en matières directes et indirectes ainsi qu'en équipement et ce, dans un délai qui permet à ces derniers d'y répondre dans un laps de temps qui ne compromet pas le calendrier de production. Ces données doivent être précises et complètes. Elles doivent inclure les points suivants :

❖ la quantité requise ;

❖ les particularités requises telles que la qualité, le modèle, la couleur ou toute autre spécification nécessaire ;

❖ la date et le lieu où l'on prévoit utiliser les biens requis.

La fonction « approvisionnement » doit, quant à elle, répondre le mieux possible à toutes ces spécifications. Il est essentiel de bien comprendre que le non-respect de l'une d'entre elles compromet la production et, partant les revenus même de l'entreprise. On peut noter toutefois que la fonction « production » doit, dans ses demandes de matières, tenir compte des contraintes auxquelles la fonction « approvisionnement » est soumise, que ce soit sur le plan des limites budgétaires ou sur celui des délais d'approvisionnement. Les responsables de la production doivent donc éviter d'exiger des matières d'un coût excessif ou des délais nécessitant un envoi par exprès avec les coûts qui en découlent. Dans les cas où les besoins et les contraintes des deux fonctions entrent en conflit, ce sont les hauts dirigeants de l'entreprise qui devront trancher. Ce serait le cas, par exemple, d'une commande nécessitant des matières exceptionnellement coûteuses ou comportant un délai de livraison particulièrement court. Il appartient alors aux dirigeants d'autoriser la fonction « approvisionnement » à dépasser les limites des coûts préétablies ou de refuser la commande si celle-ci comporte des coûts trop élevés.

Ces observations permettent de constater qu'une entreprise ne peut fonctionner efficacement sans une communication et une coordination constantes entre les deux fonctions. De plus, l'interrelation doit être équilibrée afin d'assurer autant que possible le respect des priorités et des contraintes relatives à ces fonctions.

En pratique, une telle interrelation ne pourra s'établir sans la mise en place d'un système ordonné d'acheminement de demandes d'achat précises et détaillées.

2. LES INTERRELATIONS AVEC LA FONCTION « MARKETING »

Dans les entreprises manufacturières, l'interrelation entre la fonction « marketing » et la fonction « approvisionnement » est plutôt indirecte. Le service du marketing intervient d'abord auprès du service de la production pour obtenir les articles permettant de répondre à la demande des clients. À partir de cette demande, le service de la production évalue les besoins de matières et d'équipement et les communique, comme on vient de le voir, au service des approvisionnements. L'interrelation entre la fonction « marketing » et la fonction « approvisionnement » s'établit donc surtout par l'intermédiaire du service de la production.

Dans les entreprises commerciales, c'est-à-dire celles qui revendent tels quels les biens qu'elles achètent, la relation entre la fonction « marketing » et la fonction « approvisionnement » est beaucoup plus directe. En effet, dans ce type d'entreprise, la fonction « production » n'existe pas et les responsables du marketing négocient directement avec ceux des approvisionnements. L'interrelation entre les deux fonctions est de fait similaire à celle que l'on a décrite entre les fonctions « production » et « approvisionnement » d'une entreprise industrielle.

Les responsables du marketing doivent donc évaluer clairement et précisément la quantité, les spécifications qualitatives et le calendrier d'utilisation des marchandises requises et communiquer directement leurs informations aux responsables de l'approvisionnement qui ont eux-mêmes pour tâche de combler les besoins ainsi manifestés. Tout comme dans le cas de l'interrelation production-approvisionnement, on doit tenir compte des contraintes auxquelles est soumise la fonction « approvisionnement ».

Ici encore, il faut insister sur l'importance d'un système efficace et rapide d'acheminement des demandes d'achat précises et détaillées.

3. LES INTERRELATIONS AVEC LA FONCTION « FINANCE »

La relation que la fonction « approvisionnement » entretient avec la fonction « finance » est, pourrait-on dire, l'inverse de celle qu'elle entretient avec les fonctions « production » et « marketing »; alors que ces dernières font appel à la fonction « approvisionnement » pour répondre à leurs besoins, la fonction « finance », au contraire, cherche à répondre aux besoins de la fonction « approvisionnement » (ce n'est évidemment pas sa seule tâche). C'est, en effet, elle qui fournit les sommes nécessaires pour l'acquisition des matières, des marchandises et de l'équipement. C'est elle également qui établit les normes budgétaires auxquelles la fonction « approvisionnement » est soumise.

L'interrelation entre les deux fonctions s'organise donc à deux niveaux. D'une part, la fonction « finance » agit comme bailleur de fonds de la fonction « approvisionnement » tout en respectant des limites budgétaires préétablies. Afin de s'assurer que ces limites soient réalistes et qu'elles n'empêchent pas d'effectuer les approvisionnements nécessaires dans les meilleures conditions, elles doivent être établies à la suite d'une concertation étroite entre les deux fonctions.

D'autre part, la fonction « approvisionnement » doit communiquer à la fonction « finance » toute l'information permettant de faire les calculs et les analyses nécessaires à une gestion efficace des fonds alloués. Il s'agit principalement des calculs et des analyses portant sur les points suivants :

❖ coûts d'entreposage ;

❖ niveau optimal des stocks ;

❖ niveaux ou délais de réapprovisionnement ;

❖ taux de rotation des stocks ;

❖ coût de pénurie ;

❖ comparaison entre les conditions offertes par les divers fournisseurs (escomptes d'usage, rabais de gros, ristourne de quantité, retours sur achats, conditions de livraison, conditions de paiement et escomptes de caisse) ;

❖ traitement des retours sur achats et de toute autre réclamation auprès des fournisseurs ;

❖ évaluation et contrôle des stocks ;

❖ acquisition d'outillage et d'équipement ;

❖ études comparative des coûts d'acquisition et de location d'équipement.

Comme le rôle de la fonction « finance » consiste, en bonne partie, à gérer les fonds de la façon la plus rentable qui soit tout en cherchant à réaliser les meilleures économies possibles, elle cherchera à faire maintenir les stocks à leur niveau le plus bas (si possible aucun stock) et à prolonger au maximum les délais de paiement des fournisseurs. Pour tout achat nécessitant un stockage important, les gestionnaires de l'approvisionnement devront ainsi faire la démonstration qu'un investissement dans les stocks est plus avantageux pour l'entreprise que d'autres opportunités d'investissements à court terme. Ils devront également démontrer l'importance de payer les fournisseurs dans les délais prévus afin de maintenir la fiabilité des approvisionnements et de bénéficier de conditions d'achat avantageuses.

Ici encore, on constate qu'une communication étroite et constante entre les deux fonctions demeure indispensable. Sans cette communication, la poursuite des objectifs, à première vue divergents, des fonctions « finance » et « approvisionnement » conduira à d'interminables confrontations.

4. LES INTERRELATIONS AVEC LA FONCTION « GESTION DES RESSOURCES HUMAINES »

Les interrelations qui lient la fonction « gestion des ressources humaines » aux autres fonctions sont pratiquement les mêmes d'une fonction à l'autre. Chaque fonction de l'entreprise, y compris la fonction « approvisionnement », requiert du personnel compétent et bien formé, encadré et soutenu efficacement, rémunéré équitablement et évalué régulièrement. Le rôle de la fonction « gestion des ressources humaines » consiste à répondre à ces besoins. Pour qu'elle puisse le faire adéquatement, il faut que chaque fonction lui transmette ses besoins tant sur le plan des effectifs nécessaires que sur celui des compétences et de l'expérience requise. Les autres fonctions devront également lui fournir une description des tâches reliées à l'emploi en question. À partir de ces exigences, le service de gestion des ressources humaines effectuera le recrutement et l'embauche du nombre requis d'employés, et assurera, si nécessaire, leur formation préalable et établira leurs conditions d'emploi.

Naturellement ces tâches doivent s'accomplir en collaboration avec la fonction requérante. Il ne saurait être question, par exemple, d'embaucher un acheteur sans une entrevue préalable avec le gérant des achats.

Le service des ressources humaines interviendra également, de concert avec les responsables de la fonction concernée, dans tous les problèmes importants concernant les relations de travail.

C ▸ LA PLANIFICATION DES APPROVISIONNEMENTS

Il existe plusieurs façons de définir la planification. Celle que l'on retiendra est des plus succinctes :

> **planifier** *c'est fixer des objectifs et choisir les moyens de les atteindre.*

Cette définition signifie que les objectifs fixés deviennent les points de référence permettant de juger du bien-fondé des décisions. Et pour s'assurer que celles-ci sont prises conformément aux objectifs fixés, il faut établir un ensemble de politiques et de procédures qui assurent leur respect. Sans la mise en œuvre de politiques claires et de procédures précises, les décisions ont de fortes chances d'être prises à l'aveuglette au détriment des intérêts de l'entreprise, alors qu'elles devraient toujours viser ultimement la rentabilité à long terme de cette dernière ainsi que le maintien et, si possible, l'amélioration de sa situation financière.

L'objectif premier de la fonction « approvisionnement » est de satisfaire au mieux les besoins des fonctions « production » et « marketing » (fonctions dont on a déjà identifié les besoins dans la partie B de ce chapitre) tout en assurant l'allocation la plus judicieuse possible des ressources financières et humaines consacrées à cette fin. Les politiques et les procédures d'approvisionnement doivent par la suite être choisies à la lumière de cet objectif.

Avant d'examiner les politiques et les procédures en question, il serait bon de définir ces termes.

> Une **politique** est *l'ensemble des directives générales et des règles d'action régissant les décisions et les gestes à l'intérieur de l'entreprise et concourant à la réalisation des objectifs qu'elle s'est fixés* (on en revient toujours aux objectifs).

> Une **procédure**, c'est *la marche à suivre, c'est-à-dire la façon précise de procéder, pour atteindre un but.*

Il y a donc, dans ce domaine, un ordre d'importance à respecter. On peut le représenter comme suit:

Figure 2-2:

La planification des approvisionnements

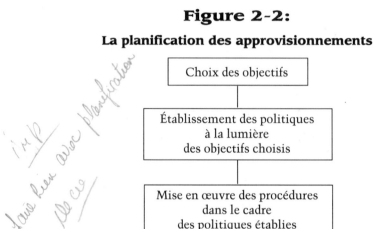

Une planification sera efficace si tous les agents internes et externes de l'entreprise se sentent concernés par l'atteinte des objectifs fixés. Un tel état d'esprit s'installera beaucoup plus facilement si la planification résulte d'une action concertée, grâce à la participation de tous les gestionnaires, plutôt que de l'initiative exclusive de la haute direction ou de l'une des fonctions. Il est également essentiel que les acteurs externes (en l'occurrence les fournisseurs) soient clairement informés des politiques et des procédures de l'entreprise et de l'importance du respect de celles-ci. Il faut souligner aussi l'importance de consulter, au préalable, toutes les parties qui seront soumises aux politiques et aux procédures et de les faire participer (du moins pour les parties internes) à l'élaboration de celles-ci.

1. LES POLITIQUES D'APPROVISIONNEMENT

Les politiques d'approvisionnement peuvent être regroupées de la façon suivante:

a) Les politiques relatives à la quantité

Ces politiques concernent les points suivants:

❖ Le volume et la fréquence des commandes. Plusieurs choix sont possibles:
  ◆ commander en quantité fixe et à intervalles fixes;
  ◆ commander en quantité fixe, mais à des intervalles variables;
  ◆ commander en quantité variable et à des intervalles variables;
  ◆ établir des ententes de «juste à temps»[1].

❖ Le niveau de réapprovisionnement.

❖ Le niveau minimal et maximal du stock.

b) Les politiques relatives au choix des fournisseurs

Ces politiques portent sur les aspects suivants:

❖ Le nombre, plus ou moins grand, de fournisseurs auprès desquels on désire s'approvisionner. Certaines entreprises établissent des contrats d'exclusivité avec les fournisseurs; d'autres préfèrent fonctionner avec un large éventail de fournisseurs.

❖ La préférence accordée ou non aux achats locaux. Cette préférence peut résulter de politiques gouvernementales d'encouragement aux achats locaux; d'une concertation du milieu des affaires ou du désir de créer l'image d'une entreprise soucieuse du développement économique régional.

❖ Le choix entre acheter auprès de fabricants ou acheter auprès d'intermédiaires (grossistes ou détaillants).

❖ Le choix entre petits, moyens ou gros fournisseurs. Les petits fournisseurs feront montre de moins d'indépendance et il sera souvent plus facile de leur faire accepter les exigences relatives au produit ou aux délais de livraison. Par contre, il se peut que

---

1. Il s'agit d'une entente selon laquelle on établit avec un fournisseur un processus de livraison permettant de renouveler les stocks de façon immédiate et continue au fur et à mesure qu'ils sont utilisés par l'entreprise.

seuls des fournisseurs importants soient à même de répondre à ces exigences d'approvisionnement de l'entreprise, soit sur le plan de la quantité, soit sur celui des spécifications techniques.

❖ Les directives concernant les appels d'offre et la sélection des soumissions.

c) Les politiques relatives aux conditions d'achat

Ces politiques concernent les points qui suivent:

❖ Le prix. Doit-on opter pour le prix le plus bas ou pour le meilleur rapport qualité-prix? Ainsi le bois le moins cher, peu importe sa qualité, pourrait convenir à la fabrication des allumettes ou des cure-dents.

❖ Les conditions d'escomptes.

❖ Les conditions de livraison.

❖ La sécurité des approvisionnements.

❖ Les modalités de retour aux fournisseurs. Par exemple, certains magasins scolaires refusent de négocier avec des maisons d'édition qui n'acceptent pas de retours au-delà d'un faible pourcentage.

d) Les politiques relatives à la qualité des biens acquis

Ces politiques serviront à déterminer les choix suivants:

❖ exiger la meilleure qualité;

❖ opter pour une qualité moyenne;

❖ se satisfaire d'une qualité inférieure.

On peut également ranger dans cette catégorie les politiques relatives à l'environnement telles que le choix de produits non polluants, biodégradables, recyclés, récupérables ou dont l'utilisation permet des économies d'énergie.

On a parfois tendance à croire que le choix de la meilleure qualité constitue la meilleure politique, alors que dans bien des cas, un tel choix peut entraîner un gaspillage. Par exemple, une huile de très basse qualité (et donc d'un coût peu élevé) peut très bien convenir au chauffage des serres (on se sert habituellement d'huile de vidange pour ce type de chauffage).

On peut, en fait, établir la règle suivante : la **qualité idéale pour l'entreprise** *est celle qui, moyennant le coût le moins élevé, permet de répondre de façon pleinement satisfaisante aux besoins des fonctions requérantes et à ceux des clients.*

e) Les politiques relatives aux relations entre les fournisseurs et l'entreprise

Les fournisseurs doivent être avisés clairement de ces politiques et accepter de les respecter : elles comportent les éléments suivants :

❖ Les personnes habilitées à négocier et à transiger avec les fournisseurs ainsi que l'étendue des prérogatives qui leur sont assignées.

❖ Les règles visant à empêcher les conflits d'intérêts. On pourrait notamment interdir à un acheteur de négocier avec un fournisseur dont il est actionnaire ou administrateur ou auquel il est lié par des liens familiaux.

❖ Les règles interdisant à un fournisseur d'influencer indûment un acheteur par des cadeaux ou par des frais de représentation exagérés.

❖ L'obligation communiquée aux fournisseurs de transmettre à l'entreprise les informations suivantes :

  ◆ toutes les données nécessaires à l'utilisation des biens fournis ;
  ◆ toute nouveauté aussitôt offerte ;
  ◆ tout changement économique les concernant et toute modification de leurs propres politiques et procédures qui pourraient affecter les décisions d'opération de l'entreprise.

❖ La mise en commun des efforts de recherche et de développement qui pourraient servir aux deux parties.

f) Les politiques relatives à l'autonomie accordée aux gestionnaires et aux employés et au degré de responsabilité qui leur est attribué

Il s'agit ici de déterminer le degré plus ou moins élevé de centralisation (ou à l'inverse, le degré plus ou moins élevé de décentralisation) des décisions concernant les approvisionnements ainsi que les règles d'imputation des coûts qui découlent de ces décisions.

Voir aussi en page 69 pour compléter info

2. LES PROCÉDURES D'APPROVISIONNEMENT

On peut regrouper les procédures d'approvisionnement en les rattachant aux étapes du cycle des achats. Ce cycle débute lorsqu'un besoin est identifié et se termine lorsqu'il est comblé et que toutes les ressources nécessaires à sa satisfaction ont été utilisées. En voici les différentes étapes et les procédures qui s'y rattachent.

a) L'identification et la communication du besoin

Le recours à la fonction « approvisionnement » découle des besoins qui se manifestent dans l'entreprise. Dans chaque service, on doit d'abord identifier les besoins puis les communiquer aux responsables des approvisionnements. On a déjà insisté fortement sur la nécessité de fournir à ces derniers une description précise et complète des biens demandés (quantité, qualité et date d'utilisation). Une demande est transmise au service des approvisionnements au moyen d'un document que l'on appelle une **demande d'achat** et qui doit faire état de toutes les spécifications relatives aux articles concernés.

b) La vérification du besoin

Avant d'entreprendre une démarche en vue d'un achat, il faut s'assurer que l'article demandé n'est pas déjà en stock ou en attente de livraison. Il faudrait également voir si un produit de substitution ne pourrait pas convenir. S'il y a lieu d'acheter un produit, on examinera le marché pour avoir une bonne idée de la quantité disponible et des prix. On déterminera alors à quel moment et de quelle façon il convient le mieux de passer la commande. Peut-on la regrouper avec des commandes semblables et y a-t-il lieu de la retarder (sans compromettre les délais d'utilisation) ou au contraire de la devancer ? Est-on en mesure de choisir le moment où les prix sont au plus bas ? Ce sont des avantages que seule une bonne planification permet de maximiser.

On doit finalement s'assurer que les demandes d'achat identifiées comme urgentes le sont effectivement. On ne doit jamais perdre de vue que les achats effectués rapidement et assortis d'un délai de livraison très court impliquent presque toujours des coûts supplémentaires importants. Les responsables de l'approvisionnement devraient donc se demander quelles seraient les conséquences d'un prolongement du délai demandé et s'assurer que la mention « urgent » n'est pas simplement un moyen pour le demandeur de se prémunir contre les retards éventuels. (« Demandons pour demain ; nous serons sûrs de l'avoir la semaine prochaine ».) Plus les retards sont fréquents, plus les demandeurs auront recours à de tels subterfuges.

c) La recherche et le choix d'un fournisseur

Il s'agit ici de déterminer la meilleure source d'approvisionnements. Une entreprise peut parfois produire elle-même une bonne partie de ses approvisionnements; on peut citer à titre d'exemple le cas des aciéries qui exploitent aussi une mine ou celui des scieries qui détiennent une exploitation forestière. Cependant, dans la plupart des cas, l'entreprise doit recourir à un fournisseur externe. Le fournisseur choisi devrait être celui qui se montre le plus apte à fournir le bien requis tout en offrant les meilleures conditions d'achat et d'escompte ainsi qu'une excellente fiabilité dans le respect des spécifications et des délais de livraison. De plus, il devra satisfaire les politiques établies par l'entreprise. Pour trouver le bon fournisseur, l'entreprise peut procéder de trois façons :

❖ choisir parmi les fournisseurs avec lesquels elle a déjà fait des affaires et dont elle connaît déjà les conditions et la fiabilité;

❖ effectuer une prospection du marché pour trouver le fournisseur adéquat;

❖ procéder par appels d'offres et choisir la soumission la plus conforme à ses exigences.

d) L'élaboration d'un contrat d'approvisionnement

Après avoir choisi un fournisseur, on établira avec ce dernier une entente contractuelle sur les quantités à fournir, les conditions de livraison, le prix, les modalités de paiement et les ajustements du contrat qui pourraient être requis par la suite. Il s'agit d'une entente de base à laquelle on se référera pour les commandes à venir. Cette entente assurera à l'entreprise la sécurité de ses approvisionnements et, au fournisseur, la régularité de la demande.

e) La passation d'une commande

Au fur et à mesure que les besoins sont identifiés, il faut transmettre au fournisseur les demandes pour obtenir la livraison des articles nécessaires. En pratique, cette demande revêt la forme d'un document qu'on appelle **bon de commande**. Ce dernier doit comporter toutes les spécifications utiles : description de l'article, quantité demandée, prix et conditions de livraison. La figure 2-3 en présente un modèle.

Figure 2-3

Bon de commande

BON DE COMMANDE   N° 5687

Fabrication Riverain inc.
3756 Saint-Laurent
Belleville (Québec) J3X 4R7

Téléphone : (514) 388-5446   Télécopieur : (514) 388-5444

Date de commande : _____

À : _____   Livraison requise pour le : _____

_____   Transporteur : _____

_____   Conditions de paiement : _____

_____

Veuillez nous expédier :

Quantité	Description et spécifications	Prix	Total
		CDN funds	
		US funds	

Signature : _____

Directeur des achats, Fabrication Riverain inc.

---

f) Le suivi et la relance de la commande

· Pour éviter les malentendus et les retards, on doit s'assurer que le fournisseur a bien reçu le bon de commande et qu'il en accepte les conditions. Par la suite, il faudra vérifier, auprès de ce dernier, où en est rendue la commande. Si l'importance de la commande le justifie, l'acheteur se rendra chez le fournisseur pour en vérifier l'acheminement.

g) La réception et la vérification des articles livrés

Dès la réception des articles, il faut en vérifier la conformité en examinant les spécifications inscrites sur le bon de commande. On doit, en fait, s'assurer de recevoir exactement ce que l'on a commandé. Cette vérification complétée, on achemine les articles au magasin ou directement à la personne qui en a fait la demande. Si la vérification révèle un problème, on doit aviser immédiatement le fournisseur qui agira en conséquence. Une trace documentaire de la réception d'un produit et de sa vérification est habituellement établie au moyen d'un document qui porte le nom de **bon de réception**.

h) La vérification et le règlement de la facture

Cette étape relève du service de la comptabilité qui doit s'assurer d'avoir en main la facture du fournisseur, une copie de la demande d'achat, une copie du bon de commande et une copie du bon de réception. À partir de ces documents, le service appliquera la procédure suivante :

❖ vérification de la concordance entre les documents ci-dessus mentionnés ;

❖ préparation et approbation des documents de paiement ;

❖ règlement de la facture dans des délais assurant le maintien de bonnes relations avec le fournisseur et l'obtention des escomptes pour paiement rapide.

i) La fermeture du dossier et la mise à jour des registres comptables

Un fois les étapes précédentes complétées, on fermera le dossier. Le service des achats prendra note de toute l'information permettant de maintenir à jour un dossier sur le fournisseur (fiabilité et respect des échéances, ou problèmes ayant pu survenir et mise en garde pour les prochaines commandes). Le service de la comptabilité procédera, de son côté, à l'enregistrement de l'achat et de son règlement ainsi qu'à la mise à jour des registres concernés.

D L'ORGANISATION DES APPROVISIONNEMENTS

Pour une entreprise, le terme **organisation** désigne *la mise en œuvre rationnelle des moyens de production, de gestion et de coordination entre les différents organes et services de l'entreprise.*[2]

Toute organisation repose sur une structure, c'est-à-dire, un agencement déterminé des unités de travail et des centres décisionnels. Pour que l'organisation soit efficace, il faut que la structure qui la sous-tend le soit également. On examinera ici trois aspects structurels reliés aux approvisionnements : la place de la fonction « approvisionnement » au sein de la structure globale de l'entreprise ; la structure interne d'un service d'approvisionnement ; la centralisation ou la décentralisation des approvisionnements.

1. LA PLACE DE LA FONCTION « APPROVISIONNEMENT » AU SEIN DE LA STRUCTURE GLOBALE DE L'ENTREPRISE

La place d'une fonction dans l'organigramme d'une entreprise détermine son degré d'autonomie et l'importance qui lui est accordée. La fonction « approvisionnement » peut soit relever d'un service distinct placé directement sous la responsabilité de la haute direction (président ou directeur général), soit être placée sous la responsabilité d'une autre fonction. Essayons de déterminer les avantages et les inconvénients respectifs de ces aménagements et d'identifier l'aménagement qui a le plus de chances de favoriser l'atteinte des objectifs globaux de l'entreprise (rentabilité et situation financière saine).

2. Tiré du *Dictionnaire de la comptabilité et des disciplines connexes*, Louis Ménard, ICCA, Toronto, 1994.

a) Le service relève directement de la haute direction

Dans ce cas, la fonction « approvisionnement » se voit accorder la même importance et la même autonomie que les autres grandes fonctions. Les décisions prises par cette fonction sont par conséquent moins soumises aux pressions de l'une ou l'autre de ces grandes fonctions car elle traite avec celles-ci sur un pied d'égalité. Comme il bénéficie de son propre budget, le service des approvisionnements est en mesure de définir ses priorités et de planifier ses activités. De plus, étant donné sa plus grande autonomie, il peut répondre de façon plus impartiale aux besoins de toutes les fonctions sans en favoriser l'une plus que l'autre. Finalement, le fait d'être sous la responsabilité directe de la haute direction rend les gestionnaires plus attentifs au respect des objectifs globaux de l'entreprise. Dans la plupart des cas, c'est ce type d'aménagement que l'on devrait favoriser.

b) Les approvisionnements relèvent d'une autre fonction

Dans certaines entreprises, les approvisionnements sont assurés par un service placé sous la responsabilité d'une autre fonction. Il peut s'agir de la fonction « finance », de la fonction « production » ou, dans le cas des entreprises commerciales, de la fonction « marketing ».

Un tel aménagement peut certes comporter certains avantages. Ainsi en plaçant les approvisionnements sous la direction de la fonction « finance », on obtient une meilleure assurance du respect des contraintes budgétaires. Cela permet également de simplifier la transmission des données nécessaires aux analyses financières et aux enregistrements comptables relatifs aux approvisionnements. Par contre on risque fortement de minimiser l'importance de cette fonction et de mettre l'emphase sur le contrôle des coûts au détriment des besoins des autres fonctions. Un tel aménagement n'est pas recommandable ; il n'est, en fait, valable que dans des situations très particulières où une gestion très serrée des finances devient la priorité de l'entreprise.

Dans le même ordre d'idées, placer le service des approvisionnements sous la responsabilité de la production ou du marketing peut sans doute permettre de mieux répondre directement aux besoins de ces fonctions. Mais cette manière de procéder risque encore d'accorder trop peu d'importance à la fonction « approvisionnement » pour ainsi enlever aux gestionnaires l'autonomie leur permettant de gérer les approvisionnements de la façon la plus efficace et la plus rationnelle possible. Cette subordination administrative à la production et au marketing n'est, à la limite, acceptable que dans les entreprises au sein desquelles ces fonctions sont presque les seules à avoir recours au service des approvisionnements.

On peut finalement souligner que la communication entre les différents services et le service des approvisionnements devient plus difficile lorsque celui-ci est placé sous la tutelle d'une autre fonction, puisque c'est par l'entremise de cette dernière que les requérants devront faire leurs demandes.

2. LA STRUCTURE INTERNE DU SERVICE DES APPROVISIONNEMENTS

À l'intérieur même du service des approvisionnements, il est important d'avoir une structure appropriée. Dans bon nombre d'entreprises, cette structure consiste à subdiviser le service en services spécialisés afin d'améliorer son efficacité. Divers critères peuvent servir de base à cette subdivision. Les plus courants sont :

> **les types d'achats :** fournitures, immobilisations, matières, services ;
>
> **la situation géographique du fournisseur :** fournisseur local, national ou international ;
>
> **l'importance des sommes impliquées**, par exemple, achats inférieurs à 1 000 $, achats entre 1 000 $ et 5 000 $, achats de 5 000 $ et plus.

Le meilleur choix sera celui qui permet le mieux de regrouper les procédures semblables et d'exploiter au maximum les compétences du personnel œuvrant au service des approvisionnements.

3. LA CENTRALISATION OU LA DÉCENTRALISATION DES APPROVISIONNEMENTS

La **centralisation** est *l'action de tout réunir (ressources, compétences, informations, supervision, décisions, procédures et opérations) sous un centre unique d'action ou d'autorité.* La **décentralisation** représente l'action inverse, c'est-à-dire, *répartir en plusieurs centres d'action ou d'autorité.* Le choix entre une structure centralisée ou décentralisée des approvisionnements dépend de plusieurs facteurs, notamment la taille de l'entreprise, son style de gestion, la diversité des produits utilisés, le degré de complexité de ces produits, la situation géographique des fournisseurs et la localisation des centres de production.

Pour faire un choix éclairé entre ces deux options, il faut connaître leurs avantages respectifs. Le tableau qui suit présente un bon résumé de ces avantages.

Avantages de la centralisation	Avantages de la décentralisation
– Standardisation des produits achetés et meilleure assurance d'une qualité commune.	– Plus grande autonomie des gestionnaires.
– Avantages reliés au regroupement des achats semblables de plusieurs services : rabais de gros (sur les grandes quantités), et économie sur les frais de commande et de livraison.	– Plus grande rapidité à répondre aux besoins, particulièrement les besoins urgents.
– Plus grande rigueur dans l'analyse et le choix des fournisseurs et des conditions d'achat.	– Meilleure coordination avec les services requérants.
– Pouvoir d'achat renforcé permettant un meilleur pouvoir de négociation avec les fournisseurs.	– Service plus direct et plus personnalisé avec les fournisseurs.
– Meilleure coordination et meilleur contrôle des procédures d'achat.	– Meilleure utilisation des sources d'approvisionnements locales.
– Capacité d'achat accrue due au regroupement des ressources.	

L'entreprise aura avantage à centraliser ses achats dans les situations suivantes: les articles requis par les différents services sont du même type ou sont offerts sur des marchés similaires; les installations (usines, ou succursales) sont de taille modeste; les établissements de l'entreprise sont regroupés dans une même région.

Inversement l'entreprise devrait opter pour une décentralisation dans les cas où: les types de biens requis sont d'une grande variété; l'entreprise compte plusieurs établissements de grande taille; les établissements sont considérablement éloignés les uns des autres; chaque établissement répond à des besoins qui varient d'un endroit à l'autre.

E ► L'ACHETEUR

Traditionnellement, on définit l'acheteur comme une personne qui, dans une entreprise ou un organisme, est responsable de l'acquisition des biens et des services. Cette définition demeure incomplète car elle omet de décrire les différentes responsabilités rattachées à ce poste. En effet, le rôle de l'acheteur ne se limite pas à passer les commandes requises. Son travail comporte, au contraire, une grande variété de tâches dont l'accomplissement nécessite une solide formation (au moins d'ordre collégial et souvent d'ordre universitaire) ainsi qu'une très bonne connaissance dans plusieurs domaines. Le tableau ci-dessous résume ces tâches et les connaissances qu'elles impliquent.

Tâches	Connaissances requises
1. Étude des besoins de la production	— Connaissance des produits fabriqués et des processus de fabrication.
2. Étude des besoins du service des ventes	— Connaissance des exigences et des goûts de la clientèle.
3. Choix des fournisseurs	— Connaissance des marchés sur lesquels se négocient les approvisionnements requis.

4. Négociation des contrats d'approvisionnement et d'achat	— Connaissances juridiques suffisantes pour assurer la compréhension complète des clauses des contrats et leurs effets.
5. Détermination du moment et du volume des commandes	— Connaissance des outils d'analyse et des calculs nécessaires à un choix rationnel (calcul du niveau de réapprovisionnement, détermination de la quantité économique des commandes, établissement des modalités).

Un bon acheteur possède également certaines qualités indispensables à son rôle au sein de l'entreprise. Il a l'esprit d'équipe et la facilité de communication permettant la concertation indispensable avec les services requérants. Il possède un esprit d'analyse rigoureux permettant de choisir les meilleurs fournisseurs et les conditions d'achat les plus profitables. C'est un fin négociateur qui assure à l'entreprise l'octroi de contrats d'achat avantageux.

Voir page 71 pour compléter caractéristique d'un acheteur

ASPECT COMPTABLE

Un des rôles du service de la comptabilité est d'établir un système efficace de **contrôle interne** et de vérifier son application. On entend par contrôle interne, *la structure administrative de l'entreprise et tous les systèmes coordonnés que la direction met en place en vue d'assurer, dans la mesure du possible, la conduite ordonnée et efficace de ses affaires: notamment la protection de ses biens, la fiabilité de ses livres et documents comptables et la prompte préparation d'une information financière fiable*[3].

Dans le cas des approvisionnements, les procédures de contrôle interne sont les suivantes:

Contrôles relatifs aux stocks:

❖ tous les stocks doivent être contrôlés par un magasinier;

❖ tous les stocks doivent être protégés de façon adéquate (contre le vol, le feu ou toute autre détérioration);

❖ tous les stocks doivent être inscrits dans un registre des stocks;

❖ les inscriptions relatives aux achats et à l'utilisation des articles en stock doivent être faites promptement;

❖ les registres des stocks doivent être hors de la portée du magasinier et des préposés à la réception ou à la livraison;

❖ un système approprié des coûts doit être établi;

❖ un décompte physique doit être fait périodiquement;

❖ le taux de rotation des stocks doit être établi fréquemment et suivi de près;

❖ le pourcentage du bénéfice brut doit être calculé périodiquement et comparé à celui des périodes précédentes.

Contrôles relatifs aux achats, aux comptes-fournisseurs et aux décaissements:

❖ les demandes d'achat doivent être adéquatement remplies et signées (comme preuves d'autorisation) par un responsable du service requérant;

---

3. *Manuel de l'I.C.C.A. (Institut canadien des comptables agréés),* par. 5200.05.

Politiques ou procédure

- ❖ un bon de commande doit être préparé pour tous les achats;
- ❖ les bons de commande doivent être prénumérotés et on doit rendre compte de tous les numéros;
- ❖ les factures d'achats doivent être vérifiées; quant à la quantité inscrite (comparaison avec les bons de commande et les bons de réception); quant aux prix indiqués (comparaison avec les bons de commande); quant à leur exactitude arithmétique; quant à leur imputation aux bons comptes;
- ❖ les factures d'achats doivent être approuvées par un responsable autorisé;
- ❖ les factures réglées doivent être annulées de façon à éviter qu'elles ne soient présentées plus d'une fois pour paiement;
- ❖ les acquisitions importantes telles que les immobilisations doivent être suffisamment documentées et approuvées par une personne autorisée.

Résumé

La fonction « approvisionnement » est l'ensemble des tâches et des opérations répondant aux besoins de l'entreprise en matières et composants, en marchandises, en fournitures et en immobilisations. Parfois ces tâches relèvent d'un service distinct des approvisionnements, parfois elles sont sous le contrôle d'une autre fonction.

L'approche systémique permet de mieux comprendre les opérations reliées à la fonction « approvisionnement » en identifiant ses intrants, le traitement qu'elle applique, les extrants qu'elle produit et ses possibilités de rétroaction, en situant ces éléments dans le cadre de sa mission.

Il est important de percevoir l'influence de l'environnement externe et interne, des approvisionnements. Cet environnement, qui conditionne toutes les opérations d'approvisionnement, est constitué, sur le plan interne, des grands objectifs de l'entreprise, de sa culture organisationnelle et de l'influence des autres fonctions; l'environnement externe comprend les réglementations en matière de commerce, le contexte politique local ou extérieur, la conjoncture économique, le développement des moyens de transport et de communication et le contexte social.

La fonction « approvisionnement » agit continuellement en relation avec les autres fonctions; soit qu'elle réponde à leurs besoins, comme c'est le cas pour les fonctions « productions » et « marketing » soit qu'elle requière leurs services, ce qui est le cas pour les fonctions « finances » et « ressources humaines ». Son rôle ne sera bien rempli que si elle tient compte, dans ses décisions et ses opérations, des besoins et des contraintes des autres fonctions.

Pour être efficace une fonction doit d'abord faire l'objet d'une planification, c'est-à-dire, définir ses objectifs et choisir des moyens pour les atteindre. Afin d'atteindre les objectifs fixés, les responsables de l'approvisionnement doivent d'abord définir des politiques en ce qui concerne le choix des fournisseurs, les conditions d'achat, la quantité, la qualité, les relations avec les fournisseurs et le degré d'autonomie et de responsabilité à accorder aux gestionnaires et aux employés. Pour s'assurer du respect de ces politiques, les responsables établissent des procédures relatives à l'identification et à la communication du besoin, à sa vérification, à la recherche et au choix des fournisseurs, à l'élaboration des contrats d'approvisionnement, à la passation des commandes, à leur suivi et à leur relance, à la réception et à la vérification des articles livrés, à la vérification et au règlement des factures d'achats et finalement à la fermeture des dossiers et à la mise à jour des registres.

L'organisation des approvisionnements comprend d'abord la place que ceux-ci occupent au sein de la structure globale de l'entreprise : cette organisation relève-t-elle directement de la haute direction ou d'une autre fonction ? L'organisation des approvisionnements, comporte aussi une structure interne. Il peut y avoir centralisation ou décentralisation de cette structure avec les avantages et les inconvénients qui accompagnent chacun de ces choix.

L'acheteur est le principal acteur de la fonction « approvisionnement ». Dans l'entreprise moderne son rôle ne se limite plus à effectuer des achats, mais comporte plusieurs tâches nécessitant une solide formation et de nombreuses connaissances. Outre la passation des commandes, ces tâches comprennent l'étude des besoins de la production et des ventes, le choix des fournisseurs, la négociation des contrats d'approvisionnement et la détermination du moment et du volume des commandes.

QUESTIONS DE RÉVISION

1. Quelle est la différence entre la fonction « approvisionnement » et le service des approvisionnements ?

2. Définissez les cinq composantes d'un système.

3. À quelle composante du système « approvisionnement » peut-on rattacher les points suivants :
   - le choix de louer un photocopieur plutôt que de l'acheter ;
   - les contraintes budgétaires imposées à la fonction ;
   - la décision de changer de fournisseur ;
   - la décision relative au choix d'un fournisseur ;
   - les demandes de matières transmises par la production ;
   - l'entreposage des biens reçus ;
   - le gestionnaire assigné à la fonction « approvisionnement » ;
   - le matériel de bureau utilisé par le service ;
   - les matières remises au service de la production ;
   - la modification des procédures de commande ;
   - la négociation du prix d'achat d'un fournisseur ;
   - la préoccupation d'obtenir le prix le plus équitable ;
   - la passation d'une commande ;
   - la renégociation des conditions d'achat ;
   - la responsabilité d'obtenir les biens en quantité suffisante ;
   - le taux de rejet calculé pour les articles reçus ;
   - la vérification de la quantité reçue ?

4. Voici une liste d'entreprises faisant des affaires au Québec. Compte tenu de ce que vous savez du domaine respectif dans

lequel elles évoluent, indiquez pour chacune le ou les types d'achats importants qu'elles effectuent. Inscrivez ⊡ pour les marchandises, ⊡ pour les fournitures, ⊡ pour l'outillage et ⊡ pour les matières premières et les pièces.

☐ Banque de Montréal

☐ Pharmacies Jean Coutu

☐ Copie Express (centre de reprographie et d'imprimerie)

☐ Air Liquide Canada ltée

☐ Toyota

☐ Samson Bélair-Deloitte et Touche (bureau de comptables)

5. Quels éléments doivent d'abord être définis avant de passer au choix des procédures d'approvisionnement?

6. Indiquez pour les éléments suivants, s'il s'agit d'un objectif, d'une politique ou d'une procédure.

   – Accorder la préférence aux achats locaux. *Politique*

   – Assurer le mieux possible l'allocation des ressources consacrées aux approvisionnements.

   – Commander en quantité fixe et à intervalles fixes. *Politique*

   – Comparer les biens reçus avec le bon de commande émis. *Procédure*

   – Donner la préférence aux fournisseurs avec lesquels on fait déjà des affaires. *Procédure.*

   – Établir le niveau de réapprovisionnement. *Objectif*

   – Faire approuver les contrats d'approvisionnement par un dirigeant. *Politique*

   – Satisfaire au mieux les besoins des autres fonctions. *Objectif*

   – Vérifier le besoin communiqué. *Procédure*

7. Énumérez six tâches qui relèvent d'un acheteur et indiquez pour chacune d'elles les connaissances requises.

Voir page 66

8. Indiquez quels problèmes peuvent survenir si les approvisionnements relèvent:

a) du service de la production;

b) du service des finances.

Page 63

ÉTUDE DE CAS

1. Le nouveau service des achats

Jacques Lalonde vient d'être engagé par la compagnie Les Prétechniques Excelsior comme responsable du service des achats. C'est un tout nouveau service. Les personnes qui s'occupaient auparavant des achats, (trois acheteurs expérimentés, un technicien et deux agents de bureau) travaillaient au service administratif et relevaient directement du responsable de ce service.

La compagnie fabrique des manomètres. Elle prévoit une expansion importante d'ici deux ans. Son président, qui a suivi un séminaire avancé en gestion, décide qu'un service des achats est nécessaire.

Jacques apprend que, puisque l'augmentation du volume d'achat de matières est liée à la production accrue, son nouveau service sera sous la responsabilité hiérarchique du directeur de la production. La compagnie considère que pour les achats relevant des autres services (fournitures, entretien, etc.) un des acheteurs devrait demeurer en liaison avec le directeur des services administratifs.

Jacques apprécie le fait d'être au cœur de l'action avec le service de production et il envisage avec enthousiasme la possibilité de gérer à sa guise ce nouveau service. Toutefois, en y pensant bien, il entrevoit certaines difficultés.

Évaluez la situation. Quelles sont ces difficultés? Comment Jacques peut-il y faire face à court terme? Que devrait-il envisager à long terme? Selon la solution que vous préconisez développez en quelques lignes l'argumentation que Jacques devrait utiliser pour faire valoir son point de vue.

2. Un retour difficile

Marie Laurencelle a été nommée vice-présidente aux achats de la compagnie Acier Duroc inc. Elle a travaillé comme acheteuse pendant plusieurs années chez Duroc, puis elle a occupé, quelques années, un poste de responsable adjointe des achats chez une entreprise concurrente.

Pendant ces quelques années d'absence, les choses ont bien changé chez Duroc; prise d'une frénésie de développement, l'entreprise a relâché quelque peu ses procédures et ses contrôles; de plus le vice-président du marketing et celui de la production sont de nouveaux venus que Marie ne connaît pas.

Sitôt arrivée à son nouveau bureau, Marie reçoit la visite de Jérôme Taillefer, un des acheteurs chevronnés de l'entreprise. Le service de production, et particulièrement la directrice adjointe, Luce Charbonneau, a travaillé avec un fournisseur, la compagnie Duchemin, pour améliorer une pièce couramment utilisée. Luce a alors transmis une commande pour 5 000 de ces pièces à Jérôme en précisant qu'elle a promis à la compagnie Duchemin qu'elle obtiendrait cette commande. Elle a mentionné la qualité de la collaboration entre son service et ce fournisseur et la nécessité de préserver cette collaboration pour l'avenir. En revanche, Jérôme prétend que c'est le service des achats qui a la responsabilité de choisir les fournisseurs. Il est d'autant plus mécontent que, dans ce cas-ci, il pense trouver facilement un autre fournisseur qui livrerait la pièce en question dans les délais requis et probablement à un meilleur coût.

Marie ne veut se mettre à dos ni le service de production ni son collaborateur immédiat, qu'elle sait expérimenté, mais prompt à la bouderie.

a) Quelles sont les principales causes des difficultés évoquées ?

b) Que devrait faire Marie Laurencelle face à ces difficultés ?

Chapitre

3

QUALITÉ ET ANALYSE DE LA VALEUR

OBJECTIFS

Nous développerons dans ce chapitre, tous les aspects de la qualité. Nous présenterons de façon détaillée ce qu'elle représente et nous décrirons ensuite les différentes manières de la caractériser: normes, spécifications, design, etc. Nous poursuivrons avec la description de l'analyse de la valeur en énonçant ses objectifs et ses méthodes. Finalement nous situerons la place de la qualité d'un produit dans l'environnement de la qualité totale d'une entreprise.

OBJECTIFS D'APPRENTISSAGE

À la fin de ce chapitre, on pourra:

✓ définir la qualité et en donner des exemples;

✓ énumérer les modes de description de la qualité;

✓ décrire les différents types de spécifications;

✓ définir la standardisation et ses modalités d'application;

✓ définir l'analyse de la valeur et en énoncer les objectifs;

✓ décrire les différentes étapes de l'analyse de la valeur;

✓ relier la qualité d'un produit à la notion de la qualité totale dans une entreprise.

A LA QUALITÉ

On a vu dans le premier chapitre, qu'un des principaux objectifs de la fonction « approvisionnement » est de fournir un produit de qualité satisfaisante. En fait, ce principal objectif de la mission de l'approvisionnement est primordial et les autres y sont subordonnés. Si le produit ne répond pas à des normes de qualité ni à la fonction prévue, il est inutile d'en avoir en quantité au bon endroit et au bon moment. Inutile aussi de payer peu un produit qui ne sert pas.

La prédominance que l'on accorde à cet objectif ne doit pas nuire aux autres. Un produit de qualité inabordable qu'on ne possède pas en quantité suffisante, qui n'est pas disponible au moment voulu et en un lieu adéquat, ne rend pas service à l'entreprise.

Il faut retenir d'entrée de jeu que la qualité satisfaisante dépend de la nature de la fonction du produit, selon les besoins et les moyens des clients ou selon les besoins et les moyens des services concernés de l'entreprise. Il faut comprendre qu'une qualité supérieure aux besoins réels est un signe d'inefficacité ; les coûts sont plus élevés que nécessaire.

On va examiner d'une part comment déterminer de façon spécifique la qualité exacte requise, et d'autre part comment cette précision sert à la fois l'utilisateur du produit, l'acheteur et le fournisseur.

1. DÉFINITION

> **Qualité :** ensemble des propriétés et des caractéristiques d'un produit ou d'un service, qui lui confèrent l'aptitude à satisfaire les besoins exprimés ou implicites de la clientèle.

La qualité d'un produit se définit d'abord par son adéquation à une fonction. Un produit doit correspondre à une fonction qui répond aux besoins du client ou du service concerné. Un produit est de qualité s'il répond avant tout à la question suivante :

Remplit-il la fonction prévue? Par exemple, une montre mesure-t-elle le temps avec précision? Un four à micro-ondes cuit-il les aliments adéquatement? les dégèle-t-il?

Donc on ne définit pas la fonction d'après le produit. On ne trouve pas un rôle à un produit, mais on trouve un acteur (le produit) pour un rôle (la fonction).

À la fonction de base d'un produit s'ajoutent très souvent des fonctions connexes ou supplémentaires.

Voici ces différentes fonctions:

La fonction d'estime se rapporte souvent à l'image véhiculée par le produit. Par exemple, une montre peut être en or, plate, ronde et à la mode; un vêtement porter une griffe particulière; une voiture être peinte d'une couleur spéciale; un objet être muni d'un gadget inutile, mais très à la mode.

La fonction accessoire: une montre peut aussi indiquer la date; une voiture offrir du confort; un vêtement être chaud tout en ayant des poches.

La fonction de manufacturabilité ou de construction: les matières premières et les composants que se procure une entreprise industrielle doivent pouvoir être modifiés, transformés, intégrés à un produit de façon simple. Il faut s'assurer que le produit s'intègre facilement dans le processus de fabrication.

Voici des produits qui ne respectent pas cette fonction: une peinture qui couvre bien, mais qui prend trop de temps à sécher; une colle efficiente, mais qui s'applique mal; un composant trop friable; une pièce qui se manipule difficilement.

La fonction de fiabilité: le produit remplira-t-il sa fonction lorsqu'on en fera la demande? Pour combien de temps? Combien de fois? Quelle est la probabilité qu'il remplisse bien sa fonction.

Dans le cas de produits complexes, comprenant plusieurs composants, la fiabilité du produit global ne sera pas supérieure à la fiabilité du composant le moins fiable.

La multiplication des composants entraîne vite la possibilité qu'au moins un d'entre eux ne soit pas performant et que, par conséquent, le produit complet ne le soit pas.

La fonction de respect de l'environnement: le produit ne devrait pas polluer ou détruire l'environnement lors de son utilisation; il devrait être biodégradable, et sa production ne devrait pas endommager l'environnement.

La fonction de service: utile dans le cas de biens d'équipement de production ou d'immobilisations.

2. DESCRIPTION

C'est le besoin qui définit la fonction requise. Ce n'est donc pas le service des approvisionnements qui établit la qualité, mais il collabore avec les utilisateurs pour en préciser les besoins, proposer des choix compte tenu des produits offerts sur le marché et des fournisseurs potentiels. La décision finale quant à la qualité requise appartient à l'utilisateur.

L'adéquation d'un produit à une fonction exige que cette dernière soit bien définie. Il faut ensuite décrire comment le produit remplira cette fonction, et surtout préciser quelles sont les caractéristiques qui feront qu'un produit remplira bien cette fonction. Pour définir exactement le produit que l'on désire obtenir il est préférable, quelle que soit la méthode utilisée, de le faire par écrit. On permet ainsi:

❖ à l'acheteur de savoir quoi acheter exactement;

❖ aux fournisseurs de connaître les exigences de l'acheteur;

❖ la description exacte de la commande;

❖ de définir les normes d'inspection et de vérification de la qualité;

❖ l'obtention d'un produit identique de plusieurs sources différentes.

a) Description par marque ou norme

Lorsque le produit désiré répond à une fonction simple, qu'il est d'utilisation courante et bien connu, on peut le désigner par sa marque, par son modèle ou par une équivalence. La qualité habituelle est bien connue et de l'acheteur et des fournisseurs. C'est la situation la plus facile, qui laisse peu de place aux ambiguïtés et qui n'a généralement pas d'exigences particulières.

Exemple : un compatible IBM pour décrire un ordinateur.

On peut aussi avoir recours à une norme officielle. Celle-ci, définie par des institutions gouvernementales, ou des organismes industriels ou commerciaux, précise la fonction et la composition des produits.

L'ACNOR/CSA (Association canadienne de normalisation) a défini, par exemple, les caractéristiques physiques et chimiques du fil électrique et sa résistance. On sait ce que l'on peut faire avec du fil électrique n° 14 ou du fil n° 18 et on obtiendra la même qualité de tous les fournisseurs. Avec le bois, aussi, chaque acheteur et chaque fournisseur connaissent les tolérances prévues quand on parle d'une planche de 2 × 6.

b) Les spécifications

Les spécifications présentent toutes les exigences de l'entreprise quant à un produit. On y définit non seulement les caractéristiques physiques, techniques et chimiques d'un produit, mais aussi la performance désirée, les moyens de la mesurer, les modalités de fabrication pour atteindre cette performance ainsi que toute autre information pertinente.

L'information la plus complète se trouve dans le cahier des charges qui fournit une description de la fonction, élaborée conjointement par les utilisateurs (services ou marketing) et par les responsables de la production et qui inclut tous les éléments précédents.

En plus de rédiger des spécifications pour que le produit réponde aux différentes fonctions identifiées, le gestionnaire devra aussi, selon le cas :

❖ voir à ce que le matériel puisse être inspecté et testé facilement ;

❖ s'assurer que plus d'un fournisseur sera disponible ;

❖ vérifier l'existence de substituts ;

❖ limiter les coûts aux objectifs fixés ;

❖ s'assurer d'un approvisionnement fiable ;

❖ équilibrer l'inclusion de caractéristiques spéciales avec les coûts correspondants.

> **Message :** Toute norme trop restrictive risque de coûter cher, d'entraîner des délais de fabrication, de limiter le choix des fournisseurs. Il faut s'assurer que l'exigence posée est essentielle à la qualité du produit.

Il existe quatre principaux types de spécifications :

* ❖ le design ;
* ❖ la performance ;
* ❖ le procédé de fabrication ;
* ❖ l'échantillon.

1) LE DESIGN

Le design consiste à décrire exactement la forme et la fonction du produit. Pour un produit quelque peu complexe, on trace des plans et des dessins, on indique toutes les dimensions des parties, le type de matériau, les propriétés physiques et chimiques, le pourcentage de chaque élément dans l'ensemble. Pour un vêtement, par exemple, on mentionnera la nature du tissu, son épaisseur, la couleur, les dimensions, le modèle, les surpiqûres, etc. Pour chaque dimension, chaque pourcentage, on dira aussi quelles sont les tolérances acceptables.

Cette méthode de spécification peut s'appliquer à tous les produits, complexes ou non. On peut, par exemple, spécifier les caractéristiques du papier utilisé dans une imprimante à laser. Cependant, c'est surtout l'entreprise de fabrication qui utilise cette méthode pour assurer une définition claire des composants qu'elle se procure.

2) LA PERFORMANCE

La performance sert à définir l'efficacité du produit. C'est par sa performance et non selon sa composition ou ses dimensions qu'on jugera de la conformité du produit. Par exemple, on peut demander une plate-forme mobile protégée contre la rouille et qui aura la capacité de supporter X kg par cm^2. Ni le matériau, ni l'épaisseur, ni la couleur n'ont été définis. Le fournisseur doit démontrer que le produit qu'il propose au client répond aux exigences mentionnées.

Voici des éléments de performance :

❖ le débit (nombre de pièces à l'heure, de litres à la seconde);

❖ la rapidité d'exécution (temps requis pour sécher, geler, se dissoudre);

❖ la résistance (à la pression, au cisaillement, à la rouille);

❖ la viscosité, l'adhérence;

❖ l'autocontrôle (arrêt automatique).

3) LE PROCÉDÉ DE FABRICATION

Le procédé de fabrication est défini par l'entreprise acheteuse. Cette dernière détermine ainsi la manière de fabriquer un produit. Il s'agit ici d'une relation particulière entre l'entreprise et le fournisseur qui agit alors comme un sous-traitant. Cette méthode s'applique à des produits spécialisés répondant aux besoins spécifiques de l'entreprise. Celle-ci s'assure ainsi, en contrôlant toutes les étapes de la fabrication, d'obtenir un produit fini qui automatiquement répond tant aux spécifications de performance qu'aux spécifications de design.

Exemples : un climatiseur pour un fabricant d'automobiles; un type d'armement pour le ministère de la Défense.

4) L'ÉCHANTILLON

Cette méthode de spécification consiste à présenter au fournisseur un échantillon ou un modèle d'un produit que l'on désire obtenir. Il peut s'agir d'une couleur ou d'une finition particulière, etc.

c) Quelle méthode choisir ?

Comme dans tout choix, il faut viser à la fois l'atteinte des objectifs et le rendement au moindre coût. L'objectif principal, est d'obtenir un produit qui répond aux fonctions de base et aux fonctions supplémentaires identifiées.

Chaque méthode s'impose d'emblée selon les circonstances. Dans le cas de produits courants, il suffit de préciser une norme ou même une marque commerciale. Le coût est minime et les fournisseurs savent exactement à quoi s'en tenir.

Le design assure à l'entreprise une maîtrise de l'ensemble des caractéristiques et une adéquation du produit aux besoins que même la spécification de performance ne fournit pas. Cependant, il faut se demander si cette méthode est toujours nécessaire (on recherche une qualité satisfaisante); de plus, elle augmente généralement le travail du fournisseur. L'entreprise doit vraiment connaître ses besoins, ainsi que les coûts additionnels pour le fournisseur.

Plus les produits sont complexes et spécifiques à l'entreprise, plus on fera appel aux méthodes qui formuleront en détail ce que l'entreprise désire. On fera donc appel assez régulièrement à une combinaison de méthodes; le design, par exemple, spécifie comment on peut atteindre une performance donnée, la performance justifiant ainsi au fournisseur tel élément de design.

3. LA STANDARDISATION

En ce qui concerne la satisfaction du client ou de l'utilisateur, c'est le produit original et exclusif qui demeure l'idéal. (Même si beaucoup de consommateurs calquent leurs besoins sur ceux du voisin.) Mais pour l'entreprise, moins il y a de produits différents à fabriquer ou à acheter, mieux c'est. On visera donc, dans la mesure du possible, à standardiser.

La standardisation, c'est l'action de s'entendre sur une identification uniforme pour certaines caractéristiques de la qualité d'un produit. Il peut s'agir des propriétés physiques ou chimiques, des dimensions, de la forme, de la couleur et de la performance. Par exemple, les prises de courant et les commutateurs possèdent une dimension standard qui est demeurée inchangée depuis plus de 30 ans. Les formats de papier sont réduits en nombre: 8 1/2 × 11; 8 1/2 × 14; etc.

Les avantages sont nombreux:

❖ diminution de la variété de produits finis, de matières premières, et même de composants. Les pertes de différents ordres sont minimes. Il y a moins de risques d'obsolescence;

❖ diminution, par conséquent, des frais de commande; obtention de remises sur quantité;

❖ limitation des stocks de produits et des frais inhérents;

❖ meilleur contrôle de la qualité, compte tenu du nombre restreint de produits ;

❖ plus grand choix de fournisseurs ;

❖ diminution des risque de pénurie.

On établit une standardisation en analysant les produits qui remplissent des fonctions connexes ou dont la configuration est semblable. Par exemple, un couvercle de contenant peut être légèrement modifié pour être adapté à plusieurs contenants. De même, on pourrait modifier les contenants de capacité voisine pour se limiter à un seul type de contenant et à une capacité standard. On recommande une collaboration à la standardisation des produits, de la part des membres de la production, du marketing et des approvisionnements.

> **Message :** La standardisation est souvent le fait, non pas d'une entreprise, mais de tout un secteur d'activité. Les normes ou les standards de la radiodiffusion sont internationaux ; le système métrique est également une norme internationale. Par contre, la définition de l'image télé en Europe diffère de celle en Amérique du Nord.

La simplification est un sous-produit de la standardisation visant à éliminer les caractéristiques trop complexes et souvent marginales, afin de diminuer les coûts de production. On imagine facilement que, pour obtenir des normes communes, on doive sacrifier des accessoires, souvent agréables et sophistiqués, mais plus coûteux et embêtants pour l'entreprise.

B ANALYSE DE LA VALEUR

Il est nécessaire de s'assurer que le produit qu'on se procure ou que l'on fabrique remplisse bien les fonctions auxquelles il est destiné et qu'on ne payera pas au-delà de sa valeur. Autrement dit, on désire se procurer le meilleur produit au meilleur coût possible. L'outil dont on se servira pour atteindre cet objectif sera l'analyse de la valeur.

Définition :

« L'analyse de la valeur c'est l'utilisation systématique de techniques qui permettent d'identifier une fonction spécifique, d'établir sa valeur, et finalement de se procurer cette fonction au plus bas coût possible. »

Message : On peut aussi analyser un service, un rayon, un processus, une procédure, etc. Mais on utilise plus souvent cette analyse dans le cas des produits. L'analyse de la valeur d'un service ou d'un rayon est certes plus délicate, elle se fait davantage dans le contexte d'une analyse globale de la structure ; elle est moins routinière que l'analyse d'un produit.

L'objectif d'analyse de la valeur comporte deux volets :

1. L'ANALYSE DE LA FONCTION DU PRODUIT

Cette analyse examine toutes les fonctions assumées par le produit et les caractéristiques de celui-ci qui sont censées lui permettre de remplir ces fonctions. Certaines caractéristiques peuvent être superflues, d'autres inutilement complexes ; certaines fonctions sont peu pratiques.

2. L'ANALYSE DES COÛTS DU PRODUIT

Fondamentalement il s'agit de se demander si le coût de la fonction accomplie par le produit est raisonnable. Cette rationalité peut s'exprimer dans un rapport coût-fonction ou par comparaison avec les coûts d'une fonction similaire. Si le coût semble trop élevé, on pourra alors réexaminer le produit, son mode de fabrication ou les conditions d'approvisionnement.

Ces deux volets de l'analyse doivent conduire à des décisions : on peut modifier soit le produit, soit la fonction, soit le mode de fabrication, soit le mode d'approvisionnement, ou encore rien du tout ou plusieurs de ces éléments.

> **Message :** L'obsolescence s'installe vite et chaque nouvelle commande d'un « vieux produit » rend l'entreprise moins performante face aux changements technologiques. Ce n'est donc pas uniquement l'ingénierie et le service des achats qui auront intérêt à ce qu'il y ait une analyse de la valeur, mais bien toute l'entreprise.

3. CONDITIONS ET HISTORIQUE

Les premières expériences de l'analyse de la valeur remontent aux années 40. Elles sont attribuées à Larry Miles de la General Electric qui a développé un modèle d'examen du rapport coût-fonction des pièces existantes.

Depuis ce temps, l'analyse de la valeur s'est graduellement implantée en devenant un outil important du contrôle des coûts d'approvisionnement.

On est tous familiers avec ce que l'on appelle les boîtes à suggestions qui permettent aux employés de proposer des améliorations à un produit ou à un procédé. On a aussi lu des comptes-rendus de telles suggestions qui ont permis à une entreprise d'économiser des milliers de dollars et à l'auteur d'une bonne suggestion de devenir célèbre, sinon riche, pendant une courte période. Il y a là une analyse de la valeur implicite et effectivement une amélioration du rapport qualité-coût.

Mais l'entreprise qui veut procéder à une véritable analyse de la valeur doit elle-même organiser le processus, sans pour autant rejeter les suggestions qui peuvent lui être faites spontanément. Il faut un objectif bien précis, inscrit dans la stratégie de l'entreprise.

4. LES RESPONSABILITÉS

On confie ce travail à un groupe ou à un comité d'analyse constitué de gens connaissant bien le produit à analyser. La composition du groupe variera selon les entreprises, les produits et les circonstances. Il pourra y avoir des gens provenant des services suivants :

- ❖ le design ;
- ❖ la production ;
- ❖ les achats ;
- ❖ le marketing ;
- ❖ le service utilisateur lorsqu'il s'agit d'un produit pour consommation interne.

Il est aussi recommandé d'inclure dans ce groupe de travail des représentants des fournisseurs et à l'occasion des consultants externes.

Tous les éléments touchant le produit sont alors considérés les uns par rapport aux autres : les besoins et les exigences du client ou de l'utilisateur ; les caractéristiques techniques ; la faisabilité ; les procédés de fabrication offerts ou à développer ; les possibilités d'approvisionnement ; la disponibilité des fournisseurs éventuels ; les coûts de fabrication ou d'achat ; etc.

La conjonction des expertises, de différents domaines, permet alors de faire une analyse exhaustive et ensuite d'opérer la ou les synthèses nécessaires pour proposer des solutions.

5. LES ÉTAPES

Les étapes d'une analyse de la valeur sont les suivantes :

a) choisir le ou les produits à analyser ;

b) recueillir et regrouper l'information sur la situation actuelle ;

c) analyser la fonction et le coût ;

d) émettre des hypothèses ;

e) évaluer ces hypothèses et faire un choix ;

f) rédiger un rapport;

g) appliquer les recommandations;

h) contrôler les résultats.

> **Remarque :** Ces étapes sont analogues aux étapes d'analyse de cas ou de résolution de problèmes.

Voici en détail chacune de ces étapes.

a) Choisir le ou les produits à analyser

L'entreprise, ou l'équipe d'analyse de la valeur, devra choisir soigneusement les produits à analyser. Là comme ailleurs on visera l'efficacité et l'efficience. L'**efficacité** des produits : consiste à identifier ceux qui ne remplissent manifestement pas leur fonction ou dont les coûts sont prohibitifs. Ces produits sont généralement identifiables et leur choix est facile. On devra alors leur accorder la priorité.

L'**efficience** du travail de l'équipe : consiste à identifier les produits où les améliorations prévues peuvent être trouvées facilement et appliquées rapidement; même si l'économie n'est pas substantielle, les coûts demeurent minimes. Dans les cas où l'on soupçonne que les améliorations sont difficiles à identifier et les coûts d'application assez élevés on ne choisira les produits que si l'on prévoit des effets positifs pour les utilisateurs ou pour la réduction des coûts.

Tout ne justifie pas une analyse de la valeur.

b) Recueillir et regrouper l'information sur la situation actuelle

Les informations pertinentes sur la situation actuelle sont nombreuses et diversifiées. Elles comprennent : les coûts; les spécifications; les dessins de pièces; le taux de rejet; les procédés de fabrication; les difficultés de production; les exigences des utilisateurs; leurs commentaires; les facilités ou les difficultés d'approvisionnements; etc.

L'équipe doit d'abord regrouper l'information offerte et déterminer quelles sont les informations manquantes qu'elle ira chercher. Comme dans la résolution de tout problème il faut, dès le début, évaluer le coût et le temps requis pour obtenir l'information additionnelle et la comparer au coût du risque que l'on prend si on laisse tomber cette information.

Les informations sont ensuite regroupées en fonction des objectifs poursuivis : coût, amélioration, simplification, nouveaux procédés, etc.

c) Analyser la fonction et le coût

L'élément le plus déterminant de l'opération se situe à cette étape. Il faut bien définir et situer la fonction que doit remplir le produit. (**Attention aussi à l'aspect du coût.**) On n'analyse pas la valeur du produit mais, on détermine d'abord le rôle qu'il est appelé à jouer.

Voici les éléments de cette définition :

❖ Identifier les besoins auxquels répond la fonction.

❖ Décrire la fonction en utilisant les termes les plus simples.

❖ Énumérer toutes les fonctions exercées par le produit.

❖ Distinguer la ou les fonctions principales des fonctions secondaires.

Exemples de descriptions :

- ◆ ouvrir une valve ;
- ◆ supporter un poids ;
- ◆ amplifier tant de fois ;
- ◆ résister à telle chaleur.

❖ Identifier les critères auxquels répond le produit pour réaliser la fonction.

❖ Analyser chacun des éléments suivants :

- ◆ le design ;
- ◆ toutes les composantes d'un produit ;
- ◆ les agencements de ces composantes ;
- ◆ les procédés de fabrication ;
- ◆ le matériau utilisé ;
- ◆ la standardisation possible d'un produit ;
- ◆ l'existence d'un produit de substitution ;
- ◆ un produit moins complexe ou coûteux répond-il aux exigences de base ?

- ◆ y a-t-il des éléments de trop ?
  finition inutile ?
  limites de tolérance trop étroites ?
  capacité exagérée ?
- ◆ quels sont les impacts sur
  la manutention ?
  le transport ?
  l'entreposage ?
  l'écologie ?

d) Émettre des hypothèses

Il faut, maintenant que l'on connaît la situation actuelle et la fonction du produit, analyser toutes les possibilités de simplification, de remplacement, de modification du produit, et de modification du procédé de fabrication.

Diverses méthodes d'élaboration de nouvelles idées peuvent être utilisées. Les membres du comité peuvent faire une séance de remue-méninges qui consiste à émettre toutes les idées qui leur viennent à l'esprit. Même si certaines idées semblent de prime abord farfelues elles peuvent cependant conduire à des réflexions fructueuses.

On recommande aussi de mettre les fournisseurs dans le coup, soit lors d'un achat particulier, soit à l'occasion de rencontres prévues à cette fin. Le fournisseur est bien placé pour savoir s'il peut produire telle pièce à de meilleurs coûts, lors de l'apparition de nouveaux procédés de fabrication.

Chaque hypothèse de modification est vérifiée quant à son impact sur la fonction et sur les coûts, en tenant compte des ajustements d'approvisionnement ou de production qu'elle suppose.

e) Évaluer ces hypothèses et faire un choix

La comparaison se fait à partir des critères déterminés au départ et des avantages et désavantages, soulevés à l'étape précédente, de chaque hypothèse envisagée. Le choix en découle nécessairement. On remarque que l'hypothèse du *statu quo* pour un produit est aussi valable qu'une autre. L'analyse coût-bénéfice peut conclure dans un sens ou dans l'autre.

f) Rédiger un rapport

Le rapport doit faire état de la situation, des hypothèses retenues et du choix final. Ce rapport doit être remis aux différents services en cause et à la personne ou au comité qui prendra la décision d'implantation.

g) Appliquer les recommandations

h) Contrôler les résultats

Ces deux étapes relèvent des instances concernées.

C LA QUALITÉ TOTALE

à développer

Donner un cours de 2 heures sur ce chapitre

C'est la haute direction de l'entreprise qui fixe le niveau de la qualité, c'est-à-dire le degré visé de satisfaction des besoins. Ce niveau sera plus ou moins élevé selon l'importance accordée à la qualité par rapport aux autres objectifs de la fonction « approvisionnement ».

Depuis bon nombre d'années, les gestionnaires ont mis de côté une approche basée sur la quantité produite ou offerte et sur les coûts afin d'examiner davantage cette approche nouvelle (le niveau de qualité) qui s'inscrit particulièrement dans le concept global de la **qualité totale.**

La qualité totale est autant un mode de gestion qu'une philosophie. Elle cherche à donner pleinement satisfaction aux demandes légitimes des clients, ou des employés de l'entreprise ; à faire en sorte que les objectifs fixés soient atteints à 100 % ; à rejeter tout ce qui est inefficace, improductif et mal organisé.

Le concept de la qualité totale tente d'assurer la participation et l'implication entières de tous les employés. Il fait appel à différentes méthodes de motivation, surtout durant la période d'implantation du processus. Les cercles de la qualité totale visent à trouver de meilleures façons de procéder, à contrôler le processus d'amélioration de la qualité et à motiver et à fidéliser les employés.

La gestion des approvisionnements est pleinement intégrée au programme de la qualité totale et ses responsables participent au processus.

Le programme de la qualité des approvisionnements est coordonné avec celui de la qualité totale dans l'entreprise. Il comprend des objectifs et des échéanciers touchant l'amélioration de la qualité des produits achetés, les contrôles de cette qualité et les relations avec les fournisseurs.

Hutchins[1] distingue ainsi certains éléments de l'approche dite moderne en approvisionnement de qualité par rapport à une approche plus traditionnelle.

Selon une approche traditionnelle:

❖ le prix est le facteur principal dans la décision d'achat;

❖ l'approvisionnement est un secteur de coûts;

❖ les produits sont simples;

❖ on achète un produit de plusieurs fournisseurs;

❖ on inspecte pour contrôler la qualité.

Selon une approche nouvelle:

❖ le prix et la qualité ont une importance égale;

❖ l'approvisionnement est un secteur de profits et pertes;

❖ les produits sont complexes;

❖ il est préférable d'avoir un seul fournisseur-partenaire;

❖ on fait de la prévention pour éviter les défauts;

❖ design, approvisionnement et production sont souples.

De son côté la revue *Purchasing* dans sa livraison du 16 janvier 1992, rapporte les résultats d'une enquête auprès des entreprises américaines.

Selon elle les aspects qui doivent recevoir le plus d'attention dans un programme de qualité sont:

❖ l'implication dans le programme de qualité du fournisseur, particulièrement sur le plan du contrôle de la production;

_____

1. Greg Hutchins, *Purchasing strategies for total quality*, Irwin, 1992.

❖ la certification du fournisseur;

❖ l'évaluation du fournisseur;

❖ la standardisation;

❖ les spécifications précises.

Pour atteindre l'un ou l'autre de ces objectifs il faut évidemment une information adéquate et continue. On établira donc un sous-système de contrôle de la qualité qui, en ce qui concerne cette étude, touchera la qualité à la réception, mais surtout un contrôle direct du processus chez le fournisseur.

On parle d'assurance-qualité pour les moyens de contrôle prévus et intégrés au processus afin de déceler tout défaut de fabrication.

Le système fournira: des données sur chaque visite; les résultats obtenus; une évaluation du fournisseur; et un suivi des changements et des améliorations de la qualité.

RÉSUMÉ

La qualité d'un produit est d'une importance capitale. Puisqu'on a défini la qualité comme l'adéquation du produit à une fonction, il faut absolument obtenir cette qualité, sinon le produit demeure inutile. La description de la qualité passe par une connaissance approfondie du besoin ressenti et de la fonction correspondante.

Diverses méthodes de description sont à la disposition de l'entreprise : marque ou norme, spécifications pouvant comprendre le design, la performance, le procédé de fabrication ou l'échantillon.

La standardisation vise à simplifier les descriptions. L'analyse de la valeur permet de rationaliser les produits, de définir ceux-ci de la façon la plus économique et efficace possible. Elle se réalise selon un processus systématique.

La qualité totale est un mode de gestion et une philosophie se trouvant au cœur de toute l'entreprise. Elle exige une collaboration entre tous les services. La qualité de chaque produit acheté est un des premiers jalons de tout processus de la qualité totale.

QUESTIONS DE RÉVISION

1. Énumérez trois raisons qui commandent une description écrite de la qualité d'un produit. *milieu de pp. 81*

2. Pour quels types de produits peut-on se contenter d'une description par marque ? Donnez des exemples.

3. Nommez une norme permettant de décrire facilement le produit désiré.

4. Quelles sont les quatre méthodes de spécifications ?
   Design - Performance - procédé fabrication - échantillon.

5. Définissez ce qu'est la standardisation. *pp 85*

6. Décrivez deux objectifs de l'analyse de la valeur. *et paie pas*
   Produit acheter remplisse fctn donc il est destiné - au-delà des

7. Décrivez en détail l'analyse proprement dite de la fonction et du coût. *Page 91*

8. L'importance de la qualité est autrement plus grande dans l'entreprise actuelle qu'elle ne l'était il y a quelque 20-30 ans. Décrivez-en deux aspects différents.

PROBLÈMES

Sans exercice de qualité modèle T gestion intégrale

1. Dites de quelle façon on peut relier la description de la qualité d'un produit aux objectifs de qualité de l'entreprise dans son ensemble.

2. Votre entreprise est un fabricant de matelas « de tout repos ». Pour vous procurer les ressorts nécessaires, à quel type de spécification aurez-vous recours ?

3. Une entreprise de fabrication de robots culinaires a constaté que depuis près d'un an ses concurrents réussissent à mettre des produits similaires sur le marché à meilleur prix. Le contrôleur a remarqué que ce ne sont pas les marges de profit qui sont en cause, mais bien le prix de revient des produits.

Le service de la production est directement interpellé ; on lui demande de vérifier ses modes de fabrication, le contenu de ses produits et leur coût.

Le service de la production, dans sa démarche, décide de vous consulter puisque vous êtes le responsable de l'achat des composants et des matières qui vont dans la fabrication des robots.

Que conseillerez-vous au service de production d'examiner ?

Quelles informations pertinentes devrez-vous être en mesure de lui fournir ?

ÉTUDE DE CAS

1. Le comité en panne

Julie Bilodeau, responsable des approvisionnements de la compagnie PROGRESSIVE, a suivi avec Claude Lebrun, contremaître de l'usine numéro 2, un séminaire sur la « Qualité Totale ». Les deux ont recueilli avec intérêt les propos qu'ils ont entendus sur l'analyse de la valeur. Selon le conférencier, cette méthode, en plus de faire économiser des coûts à l'achat, permet d'améliorer la qualité des produits finis.

Dès leur retour au travail, ils ont obtenu l'autorisation de mettre sur pied un comité d'analyse de la valeur. On leur a évidemment confié la responsabilité de ce comité et ils se sont adjoint un ingénieur, un vendeur et un contremaître. Ils ont décidé d'analyser systématiquement les composants achetés pour la production.

Au bout de trois mois, le travail du comité n'a guère avancé. On n'a trouvé que de légères modifications à effectuer aux composants analysés, l'économie étant dérisoire, l'augmentation d'efficacité presque nulle et chacun se questionne encore sur l'opportunité de continuer les réunions.

Julie affirme pourtant que le conférencier a vu juste et qu'il doit y avoir un moyen de faire quelque chose.

Selon vous, quelles sont les erreurs qui ont été commises ?

Julie devrait-elle laisser tomber le comité et s'inscrire à un autre séminaire ?

Que pourrait-on faire pour relancer le processus d'analyse de la valeur ?

2. Une qualité très spéciale

Amélie Latrempe est directrice de la production chez Sourident, fabricant de matériel de dentiste. Elle insiste beaucoup pour spécifier en détail les caractéristiques attendues d'un produit acheté. Dans certains cas des spécifications trop complexes ou des changements de dernière minute à ces spécifications ont obligé le service des achats à accomplir des merveilles pour obtenir les produits à temps et pour ne pas s'aliéner les fournisseurs. D'autant plus que, même dans le cas où les spécifications sont claires et finales, il n'est pas toujours facile de trouver des fournisseurs intéressés à modifier leur ligne de production pour répondre à ces exigences.

Sylvain Breton, l'acheteur chargé de ces acquisitions, a rencontré Amélie pour la convaincre de choisir des produits déjà commercialisés ou, tout au moins, des produits standards. Amélie a rappelé ses objectifs qui visent à fabriquer des produits à la fine pointe de la technologie et de meilleure qualité que ceux des concurrents. Elle a cependant promis de penser au problème soulevé par Sylvain. Mais cela fait quelque temps déjà et rien n'a changé. Sylvain demande à son supérieur, le directeur du service des achats, ce qu'il peut faire.

1. Quel est l'objectif d'Amélie Latrempe? Comment peut-on le justifier?

2. Quel est l'objectif de Sylvain Breton?

3. Que peut-on faire, dans la situation présente, pour concilier ces deux objectifs?

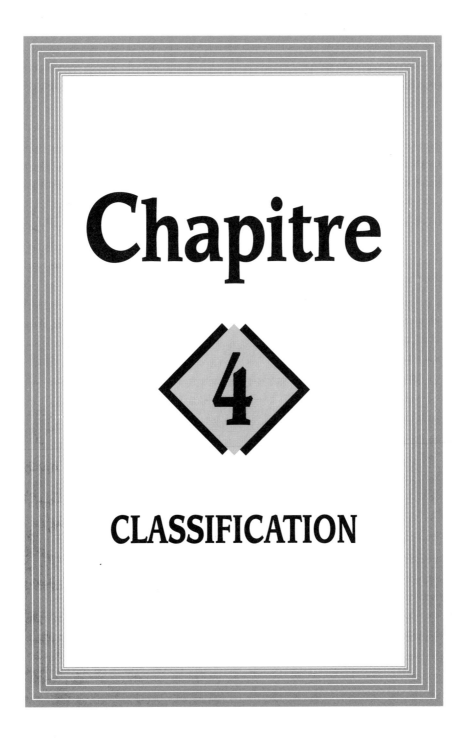

Chapitre

4

CLASSIFICATION

OBJECTIFS

Nous présenterons dans ce chapitre l'ensemble des coûts d'un produit. En plus du prix d'achat, l'entreprise doit assumer des coûts reliés au fait de se procurer le produit, de le maintenir en stock et de le faire transiter dans l'entreprise. Nous insisterons plus particulièrement sur les relations entre ces différents coûts. Nous verrons aussi, dans ce chapitre, comment classifier les stocks selon la plus connue des méthodes, la méthode ABC.

OBJECTIFS D'APPRENTISSAGE

À la fin de ce chapitre on pourra :

✓ énumérer les quatre principaux types de coûts et les décrire ;

✓ indiquer ce qui entre dans le coût de commande, et calculer selon deux méthodes, le coût unitaire de commande d'un produit ;

✓ décrire les composantes des coûts de stockage et préciser comment on les calcule ;

✓ définir ce que l'on entend par coûts de pénurie ;

✓ décrire comment ces différents coûts sont interreliés ;

✓ décrire ce qu'est la méthode ABC de classification des stocks ;

✓ effectuer une classification des stocks ;

✓ présenter les différentes modalités de gestion qui s'appliquent aux trois catégories A, B et C.

A LES TYPES DE COÛTS

Plusieurs coûts sont rattachés à l'approvisionnement : les coûts des achats évidemment, mais aussi les coûts liés à toutes les autres opérations qui composent la fonction « approvisionnement ». Ces coûts représentent un pourcentage important du coût total des approvisionnements et le gestionnaire doit prendre ses décisions en tenant compte de l'ensemble des coûts.

On répartit généralement les coûts d'approvisionnement selon quatre types ou catégories :

1. Les coûts d'achat.

2. Les coûts de commande.

3. Les coûts de stockage et de manutention.

4. Les coûts de pénurie.

1. LES COÛTS D'ACHAT

Ce sont les coûts que l'entreprise assume pour se procurer un produit auprès d'un fournisseur.

Ils comportent eux-mêmes plusieurs éléments :

> **Le prix d'achat du produit :** c'est le prix convenu par l'acheteur soit par négociation, soit à la suite d'une offre publique d'achat. Différentes modalités sont possibles : prix unitaire, prix par lot, prix avec remise sur quantité.
>
> **Les taxes à l'achat :** taxes fédérales (TPS), provinciales (TVQ), taxes du pays d'origine.
>
> **Les droits de douane :** ils dépendent de l'origine géographique d'un produit ; ils varient d'une région ou d'un pays à l'autre. Les liens qui unissent le Canada avec les États-Unis et le Mexique conformément à l'Accord de libre-échange nord-américain diminuent les droits de

douane et visent à les éliminer complètement. De même les accords du Gatt et la clause de la nation la plus favorisée réduisent ces droits. Il existe aussi dans certains cas des droits compensatoires ou des surtaxes qui s'ajoutent aux frais habituels.

Les frais de transport : ces frais sont assumés par l'acheteur ou le vendeur selon les conditions du contrat d'achat. Ils sont liés au volume ou au poids acheminé, au mode de transport (route, air, rail, eau), à la rapidité de ce moyen, au type de transporteur; ces facteurs dépendent du choix fait par l'acheteur.

Les diverses assurances : elles sont nécessaires (vol, feu, bris, perte) à partir du moment où l'acheteur prend possession du produit jusqu'à son entreposage.

En ce qui concerne les biens d'équipement, se rajouteront à tous ces coûts les différents frais d'installation, (raccords électriques, renforcement du plancher, plomberie, etc.) de préparation (peinture d'un camion, nettoyage des vitres, etc.) de rodage et de mise en marche (ajustement des contrôles, essais). Pour ces types de biens, on pourra intégrer aux coûts, pour fins de comparaison à l'achat, les frais d'entretien ou de réparations prévus.

Afin de bien choisir un produit ou un fournisseur, l'acheteur doit tenir compte de l'ensemble de ces coûts et non pas uniquement du prix d'achat. Des droits de douanes trop élevés, des coûts de transport prohibitifs peuvent même éliminer un fournisseur qui propose le prix d'achat le plus bas.

Aspect comptable : dans beaucoup de cas l'entreprise peut obtenir un escompte en payant son fournisseur dans un délai donné (2/10, n/30, etc.). C'est l'acheteur qui obtient cette possibilité d'escompte en signant le contrat d'achat; c'est au comptable qu'appartient la décision de l'utiliser ou pas. C'est à la direction générale de décider comment calculer le prix d'achat net.

On peut par exemple, sur un objet de 1 000 $ acheté aux conditions précitées, faire l'une ou l'autre des écritures suivantes :

Enregistrement au montant net

| Achats | 980 | |
| Comptes fournisseurs | | 980 |

Dans ce cas, c'est le coût d'achat qui indique (à la baisse) l'escompte obtenu par l'acheteur. Cela est donc intégré dans l'évaluation de la performance de celui-ci. Si par la suite le service des finances ne paie pas à l'intérieur des 10 jours, c'est lui qui en assumera la responsabilité sous la forme d'un compte appelé « Escomptes perdus ».

Enregistrement au montant brut

| Achats | 1 000 | |
| Comptes fournisseurs | | 1 000 |

Si on paie à l'intérieur des 10 jours prévus, on inscrira alors un escompte sur achat pour 20 $. Si par contre on néglige de payer dans le délai prescrit, aucune écriture ne permet d'en imputer la responsabilité au payeur, et l'acheteur n'a pas le crédit pour avoir obtenu cette condition d'escompte.

2. LES COÛTS DE COMMANDE

Ce sont toutes les charges associées au cycle d'approvisionnement depuis l'identification du besoin jusqu'à l'entreposage du produit. On y retrouve les éléments suivants :

Les salaires : ils en constituent généralement la plus forte proportion. Ce sont les salaires des acheteurs, des autres employés du service des approvisionnements, des employés de la réception et de l'inspection.

Les fournitures : les bons de commande, les récépissés de livraison, les devis de soumission s'ajoutent aux fournitures courantes de tout service.

Les services de communication : téléphones, télécopies, courrier, photocopies, fichiers électroniques, etc.

Les autres charges administratives : loyer, énergie, etc.

On peut difficilement imputer exactement chacun de ces coûts à une commande donnée; contrairement aux coûts de production où un employé est astreint pendant un certain temps à un produit donné. Même dans ces cas, malgré des règles d'imputation très contraignantes, les résultats ne sont souvent qu'approximatifs.

Un acheteur peut d'un moment à l'autre et d'un téléphone à l'autre, passer du produit X au produit Y, du fournisseur V au fournisseur W. Il n'enregistre pas le temps accordé à chacun.

On répartit donc l'ensemble des coûts entre chaque commande selon deux méthodes principales:

a) Selon le montant d'achats

On tient pour acquis que les coûts de commande d'un produit sont fonction du prix d'achat de ce produit. On établit donc le ratio du coût total de commande au coût total des achats et on répartit le coût de commande d'un produit selon ce ratio.

Exemple: Une entreprise dépense 540 000 $ pour ses services d'approvisionnements, de réception et d'inspection. Le prix total des achats qu'elle effectue annuellement se chiffre à 10 800 000 $.

Le ratio du coût de commande au prix d'achat est donc de

$$\frac{540\ 000}{10\ 800\ 000}$$ soit de 1/20 ou 0,05.

On applique alors ce ratio au prix d'achat de chaque produit.

Pour un achat de 370 000 $ on impute un coût de commande de 370 000 × 1/20 = 18 500 $.

b) Selon le nombre de commandes

L'ensemble des charges annuelles de commande est réparti en fonction du nombre de commandes effectuées pendant l'année. On divise alors le total de ces charges annuelles par le nombre de commandes.

Si l'entreprise précédente passe 600 commandes par année, elle impute à chaque commande la charge suivante:

$$\frac{540\ 000\ \$}{600}$$ soit 900 $

Tableau 4.1

Tableau comparatif

Coût total : *Serv. Annuel.* 540 000 $

Coût par commande : 900 $

Coût selon la valeur : 1/20 ou 0,05 du prix du produit

600 / commande -
os ¢ par Dollars acheter

Message : On calcule le nombre de commandes et non le nombre de bons de commande ; un bon de commande peut comporter plusieurs commandes.

Si l'on examine le bon de commande ci-dessous :

Tableau 4.2

Bon de commande

Quantité	Description	Coût unitaire ($)	Total ($)
50	classeurs verticaux 2 tiroirs 4-11	82,00	4 100
20	chaises	42,50	850
60	boîtes de chemises (format légal)	7,10	426

A
B
C

& 5376

Ce bon comprend 3 commandes pour une valeur totale de 5 376 $:

On a une commande de A pour 4 100.

On a une commande de B pour 850.

On a une commande de C pour 426.

La première méthode, basée sur la valeur des commandes, est plus facile à appliquer. Il n'est pas nécessaire de vérifier combien de fois on a commandé dans l'année, mais il suffit de calculer un pourcentage sur le montant des achats de chaque produit.

La seconde méthode est plus près de la réalité des charges encourues par l'entreprise. Prendre le téléphone pour commander 10 000 objets X à 10,00 $ chacun, ne coûte pas plus cher que de prendre le même téléphone pour commander 6 000 objets Y à 8,00 $ chacun.

D'autre part, certains produits nécessitent beaucoup de travail de la part d'un acheteur ainsi que des spécifications très précises. Ils engendrent également des coûts de commande plus élevés que la moyenne. Ce travail n'est pas toujours fonction du prix du produit. Dans ce cas la première méthode est inexacte, et la seconde n'est pas parfaite non plus.

On peut considérer séparément certains coûts marginaux importants quand, par exemple, l'on doit procéder à la rédaction d'un appel d'offre, à l'affichage public, etc. On pourrait avoir la situation suivante :

Coûts habituels, totaux : 540 000 $.

Nombre de commandes 600.

Coûts supplémentaires nécessités par le produit ADG pour demander des soumissions : 5 000 $.

Coût de commande du produit ADG : 900 $ + 5 000 $ = 5 900 $.

Pour faire des comparaisons entre les coûts de commande de différents produits on peut alors utiliser uniquement les frais variables de commande.

3. LES COÛTS DE STOCKAGE

La conservation des produits en stock, leur manutention et leur déplacement du point d'arrivée au point d'utilisation, occasionnent un certain nombre de coûts, certains communs à tous les produits, d'autres découlant des spécificités des produits. On identifie ces coûts sous les vocables de coûts de stockage.

Ces coûts sont fonction de la valeur des produits, de l'espace occupé et de la durée du séjour de ces produits dans l'entreprise. C'est sur le contrôle de ces coûts en particulier que les efforts les plus constants ont été déployés ces dernières années.

En voici les trois grandes catégories :

a) Les coûts de gestion proprement dits

L'entreposage des produits exige d'abord de l'espace, c'est-à-dire un entrepôt. L'entreposage entraîne des coûts : de loyer ; d'électricité ; de chauffage et de taxes foncières ; des coûts de transport à l'intérieur de l'entrepôt.

L'entreposage occasionne également des coûts tels que : les salaires des gardiens, des manutentionnaires et des contrôleurs ; les frais d'informatique ; les fournitures et les sytèmes d'alarme ; les frais d'inventaire et la tenue des registres de stocks ; les assurances.

Les coûts de gestion sont généralement identiques pour tous les produits. Mais là, comme ailleurs, les caractéristiques particulières d'un produit peuvent occasionner des opérations plus coûteuses. On mentionne :

❖ la climatisation, la ventilation et le chauffage ;

❖ l'assurance et la garde des produits de grande valeur ;

❖ la surveillance des produits toxiques ;

❖ l'espace d'entreposage requis pour des produits de gros volume ou de dimensions peu courantes ;

❖ les rapports exigés par les règlements sur la détention de certains biens tels les produits à base d'alcool ou les produits dangereux (toxiques, explosifs ou polluants).

b) Les pertes

Les pertes comprennent les produits inutilisables ou tout simplement disparus. Ce sont :

❖ les pertes inhérentes aux produits comme tels : les produits ne peuvent être utilisés pour cause de désuétude (technologique ou de mode), de détérioration (humidité, assèchement, rouille, pourrissement, toxicité) ;

❖ les pertes dues à des événements fortuits : feu, foudre, inondations, pannes d'électricité, etc. ;

❖ les pertes dues à la nature humaine : vols (comprenant les produits ingurgités ou utilisés), emprunts non remboursés, mauvais classement.

Les pertes sont étroitement liées aux produits : certains sont plus susceptibles que d'autres de subir un des mauvais sorts énumérés ci-dessus. Le gestionnaire réagira en favorisant le bon roulement des produits qui risquent de tomber en désuétude, fournira un environnement adéquat aux stocks qui peuvent se détériorer, protégera ceux qui attirent les vols.

Tableau 4.3

Tableau des produits selon les pertes

Fragilité	Obsolescence	Détérioration
Verre	Vêtements	Nourriture
Porcelaine	Logiciels	Produits chimiques
	Produits de pointe	Métaux sujets à la rouille
	Produits culturels	

L'entreprise établit ses prévisions de pertes et les évalue en pourcentage du prix d'achat du produit. Ce pourcentage varie selon les types de produits.

c) Les coûts d'option (manque à gagner)

Les sommes que l'entreprise a immobilisées dans les stocks n'ont pu servir à faire d'autres investissements. Le choix que l'entreprise a fait, ou l'option que l'entreprise a préférée, occasionne un manque à gagner que l'on désigne par le terme coût d'option.

On utilise, pour calculer ces coûts d'option, le coût moyen du capital de l'entreprise, c'est-à-dire ce qu'elle doit débourser pour obtenir du capital par un des moyens normaux (emprunt, émission d'obligations ou d'actions).

Exemple : L'entreprise XYS a maintenu, au cours de l'année 1991, un stock moyen de 760 000 $. Le contrôleur de l'entreprise indique que le coût moyen du capital est de 11 %.

Les coûts d'option liés à ce montant de stock sont donc de :

$$760\,000 \times 11\,\% = 83\,600\ \$.\quad \textit{Annuel}$$

Pour le produit ADG, dont le stock moyen s'est maintenu à une valeur de 34 500 \$ le coût d'option serait alors de :

$$34\,500 \times 11\,\% \text{ soit } 3\,795\ \$\quad \textit{Annuel}$$

> **Message :** Lorsqu'elle doit décider d'accepter ou de refuser un investissement, l'entreprise utilise des méthodes classiques, comme le calcul de la valeur actuelle nette, le délai de récupération ou le taux de rendement interne.
>
> La décision de stocker, c'est-à-dire d'investir de l'argent dans les stocks, devrait tenir compte des mêmes modalités. Malheureusement, puisque l'achat des stocks, et donc l'investissement, se fait graduellement, il arrive que cette opération n'est pas analysée comme les autres investissements. On se retrouve alors avec des coûts d'option plus importants que prévus ou tout simplement non identifiés.

Les coûts d'option sont les mêmes pour tous les types de produits ; on appliquera donc le même pourcentage à chacun.

L'ensemble de ces coûts : gestion, pertes et option constituent le « coût de stockage ».

L'entreprise définira, pour chaque produit ou catégorie de produits, le pourcentage du prix d'achat à imputer aux frais de stockage.

Exemple : Une entreprise achète durant l'année pour 3 M \$. Ses frais d'entreposage sont les suivants :

Loyer :	50 000 \$
Salaires :	38 000 \$
Assurances :	8 000 \$

Son coût de capital est de 9 %.

Parmi ses 3 M \$ d'achats, le produit A est évalué à 200 000 \$.

Coût de manutention.

Compte tenu des caractéristiques chimiques de ce produit, l'entreprise doit débourser 2 000 $ pour une assurance additionnelle.

On présume que le rythme d'écoulement du produit A est comparable à celui des autres produits.

Le pourcentage du prix d'achat à imputer aux frais de stockage est alors calculé ainsi :

Coûts globaux : 50 000 + 38 000 + 8 000 = 96 000 $

Pourcentage : 96 000 /3 M = 3,2 %

Pourcentage spécifique au produit A : 2 000 /200 000 = 1 %

Pourcentage total : 3,2 % + 9 % + 1 % = 13,2 %.

Aspect comptable : L'immobilisation du capital investi dans les stocks court à partir du règlement du fournisseur jusqu'au règlement total par le client. Il n'existe donc pas nécessairement une coïncidence entre le temps de stockage et le temps du coût d'option. Toutefois, pour effectuer les calculs, on supposera une telle coïncidence.

4. LES COÛTS DE PÉNURIE

On parle de pénurie lorsque l'entreprise n'a pas en main une quantité suffisante de produits pour faire face à la demande.

Les coûts de pénurie sont donc tous les coûts consécutifs au manque de produits : produits finis, produits en cours, composants, matières premières et fournitures.

Dans le cas des produits finis, c'est le client qui est concerné. Les coûts de pénurie sont alors de deux ordres :

a) Les ventes perdues

Une vente est perdue lorsque le client n'attend pas que le produit soit offert. Il peut se procurer le produit ailleurs ou tout simplement renoncer à l'achat.

Dans le cas de biens de consommation courante, la pénurie entraîne presque automatiquement un manque à gagner. Le client, même un habitué, n'attendra pas et ira se procurer ce bien chez un compétiteur. (Quelqu'un qui veut étancher sa soif, et qui ne trouve pas chez son dépanneur habituel sa boisson préférée n'attendra pas la livraison de la prochaine commande.)

On parle de perte de ventes éventuelles si le client qui s'est dirigé ailleurs ne revient plus, ou encore s'il fait à l'entreprise une publicité négative. Ces derniers coûts sont difficiles à chiffrer parce que les pertes ne sont pas facilement identifiables.

Dans le cas de produits spécialisés dont l'entreprise a un quasi-monopole, local ou régional, la pénurie n'entraîne pas nécessairement des pertes immédiates.

b) Les frais d'urgence (coût à la non-conformité)

Pour éviter de perdre une vente à cause d'une pénurie, on peut engager des frais pour obtenir le produit, moyennant des conditions parfois onéreuses : livraison par exprès (du fournisseur au client) commande spéciale avec des frais d'heures supplémentaires, achat du bien chez un concurrent, conditions avantageuses offertes au client pour le faire patienter.

On ne saurait avoir recours régulièrement à ces expédients.

Dans le cas des autres produits, ce sont les différents services de l'entreprise qui sont touchés, particulièrement celui de la production. Les coûts qui en découlent sont les suivants :

❖ frais de main-d'œuvre inutilisée ;

❖ frais de machines inemployées, de changement de course, etc. ;

❖ coûts liés à la détérioration du climat de travail, aux frustations.

Ces coûts s'ajoutent évidemment aux frais d'urgence mentionnés précédemment. Ils sont plus faciles à calculer que les ventes perdues.

c) Les pénalités

Certains contrats incluent une clause punitive si les produits ou services ne sont pas livrés à temps. Dans de tels cas il faut insister sur la prévision, vérifier plus attentivement les probabilités de retard ou de panne. Ces pénalités sont plus faciles à évaluer que les coûts de pénurie précités et la décision de prendre un risque ou de stocker se fait alors dans de meilleures conditions.

Toute pénurie engendre des frictions entre le service des approvisionnements et les autres services. Celui des ventes pestera contre le manque de produits finis, celui de la fabrication contre l'absence des matières premières et contre les retards de production qui en découlent.

5. INTERRELATIONS

Tout comme les objectifs de la fonction «approvisionnement», ces coûts sont interreliés. Pour en diminuer un, on peut devoir en augmenter un autre. Voici quelques exemples :

Tout d'abord les interrelations entre les types de coûts.

❖ Les coûts de commande par opposition aux coûts de stockage.

Il y a une relation inverse entre ces deux coûts. Si on stocke peu, on doit faire plus de commandes. On verra au chapitre 7 la quantité optimale à commander pour réduire ces coûts.

❖ Les coûts de stockage par opposition aux coûts d'achat.

Les coûts d'achat sont moindres si on achète en quantité, ou encore si on achète d'avance pour éviter une augmentation prévisible des prix. Les coûts de stockage, par contre, augmentent en conséquence.

❖ Les coûts de pénurie par opposition aux coûts de stockage.

Pour éviter tout coût de pénurie, il faudrait, dans certains cas, des stocks en très grande quantité. L'entreprise déterminera le taux de pénurie acceptable ou, si l'on veut le taux de service qu'elle pourra offrir.

Taux de pénurie + taux de service = 100 %.

On peut aussi assumer certains frais pour réduire d'autres coûts :

❖ assumer des coûts de gardiennage et de système d'alarme pour diminuer les pertes causées par vol et les coûts d'assurance ;

❖ investir dans l'entreposage, (climatisation, humidificateur, etc.) pour éviter les pertes par détérioration ;

❖ prendre le temps de trouver un fournisseur fiable pour éviter les coûts de pénurie.

Conclusion

Pour bien contrôler l'ensemble des coûts liés à l'approvisionnement il faut d'abord les identifier. Il faut aussi déterminer quels sont les coûts pertinents et les coûts marginaux. Si un acheteur doit préparer une commande additionnelle, le budget du service des approvisionnements en sera peu ou pas du tout affecté; du stock en plus ne coûtera pas tellement cher si une partie de l'entrepôt est vide et peut l'accueillir.

L'objectif consiste à déterminer un point d'équilibre où l'ensemble des coûts sera minimal.

Exemple : Pour se procurer un produit, une entreprise a le choix entre deux fournisseurs.

Le fournisseur 1 offre une livraison trimestrielle qui éviterait tout risque de pénurie. Le prix du produit pour chaque livraison serait de 60 000 $. Il y aurait alors des coûts mensuels de stockage de 1,5 % de la valeur du stock.

Le fournisseur 2 assure une livraison hebdomadaire. Le coût de stockage serait considéré comme nul, mais il y aurait un risque de pénurie de 3 %. Le prix du produit par trimestre serait alors de 60 500 $. La marge bénéficiaire brute de l'entreprise correspond à 40 % des ventes.

Si on calcule les coûts sur une période de 1 an, quel fournisseur devra-t-on choisir ?

Solution : Pour le fournisseur 1, il faut calculer les coûts d'entreposage. Si le stock s'écoule de façon uniforme, il sera en moyenne de 30 000 $. Le coût annuel de stockage est donc de :

$$30\,000\,\$ \times 1,5\,\% \times 12 = 5\,400\,\$$$

et un coût total de 60 000 $ × 4 + 5 400 $ = 245 400 $.

Pour le fournisseur 2, il faut calculer les coûts de pénurie. Avec une marge brute de 40 % on aura :

Coût des achats : 60 500 $ × 4 = 242 000 $

Ventes : $\dfrac{242\,000\,\$}{0,60}$ = 403 333 $

Marge brute : 403 333 $ − 242 000 $ = 161 333 $

115

Et le coût de pénurie est de 161 333 $ × 3 % = 4 840 $

Pour un coût total de 242 000 $ + 4 840 $ = 246 840 $.

Il vaut mieux choisir le fournisseur 1.

B ▶ CLASSIFICATION ABC

1. DESCRIPTION

Les coûts de gestion des stocks imposent à l'entreprise un fardeau assez lourd. Dès que le nombre de produits différents (y compris les modèles, couleurs et dimensions d'un même article) atteint un certain niveau, il devient compliqué d'en suivre la trace. Pour ne pas manquer de produits, pour éviter d'en perdre, d'en avoir trop ou d'en commander inutilement, l'entreprise devra faire un suivi très serré de l'ensemble des articles qu'elle a en magasin.

Mais tous ces produits en stock n'ont pas nécessairement la même importance. Certains sont importants en raison du volume de leur consommation annuelle, (ex. : la bière pour un dépanneur, la farine pour un boulanger ; la bauxite pour un fabricant d'aluminium ; les dictionnaires pour un libraire ; etc.) d'autres à cause de leur valeur monétaire (ex. : les diamants pour un bijoutier, etc.), d'autres enfin, surtout quand il s'agit de matières premières ou de composants, parce qu'ils sont essentiels à la production (ex. : un minuscule relais dans un moteur d'avion).

Par contre certains peuvent avoir une importance secondaire : la sauce Tabasco pour le dépanneur ; la farine de sarrasin pour le boulanger ; les produits d'entretien pour le fabricant d'aluminimum ; le recueil de poésie ésotérique pour le libraire.

La plupart des entreprises achètent beaucoup de produits et en conservent en stock un nombre presque aussi élevé. Certains de ces produits constituent une part importante des achats de l'entreprise, d'autres, même si leur quantité est minime, sont cependant d'une importance capitale. Les coûts de commande et de stockage étant élevés, de même que les coûts du service pour leur suivi, l'entreprise doit établir une priorité entre tous ces produits (en vue d'une utilisation optimale des ressources).

On a constaté que l'importance financière ou de production de tous ces produits n'était pas également répartie. De fait, les statistiques démontrent que, généralement, environ 20 % des produits représentent entre 70 % et 80 % des coûts d'achat. La répartition selon l'importance en termes d'achats est faite selon une méthode particulière appelée la méthode ABC, basée sur la *loi de Pareto*.

Pour mieux répartir les ressources limitées, disponibles pour la gestion des stocks (entreposage, inventaire, stocks de sécurité, etc.), on identifie les produits plus importants. À ceux-ci on accordera une attention constante; pour d'autres on pourra se permettre un suivi moins assidu.

Voici les éléments qui peuvent servir à déterminer l'importance d'un produit:

❖ le montant annuel des achats;

❖ la quantité annuelle utilisée;

❖ le coût de pénurie;

❖ le coût unitaire;

❖ le délai d'approvisionnement;

❖ la disponibilité des ressources servant à fabriquer ce produit.

On a élaboré une méthode pour établir une priorité entre les produits, selon le critère d'importance choisi. Connue sous le nom de méthode ABC, elle classe les stocks selon trois niveaux de priorité, les niveaux A, B et C. (Il serait onéreux et fastidieux d'établir d'autres niveaux de priorité.)

On se base ici sur la *loi de Pareto*. Cet économiste et sociologue italien, du siècle dernier, fut le premier à démontrer que la répartition des biens et des richesses était asymétrique et qu'une faible proportion de la population détenait une part importante de la richesse. Il a su généraliser cette notion à un ensemble de situations.

Dès lors de multiples constatations statistiques ont démontré que cette loi s'applique aux approvisionnements et qu'un petit nombre de produits représentent généralement un fort pourcentage des achats, ou des produits fabriqués soit en valeur, soit en quantité.

Exemple : Les différentes bières vendues par le dépanneur représentent une vingtaine de produits sur les quelque trois cents qu'il peut tenir. La valeur des ventes de bière par rapport aux ventes totales est certes plus élevée que 20/300.

On illustre cette méthode à l'aide d'un premier exemple simple et en utilisant le critère du montant annuel d'achats.

Une entreprise se procure quatre produits V, W, X et Y dont la part respective des achats annuels est de 45 %, 30 %, 18 % et 7 %.

On peut alors représenter cette situation à l'aide d'un diagramme à barres. *Histogramme*

Figure 4.1

Importance relative de quatre produits

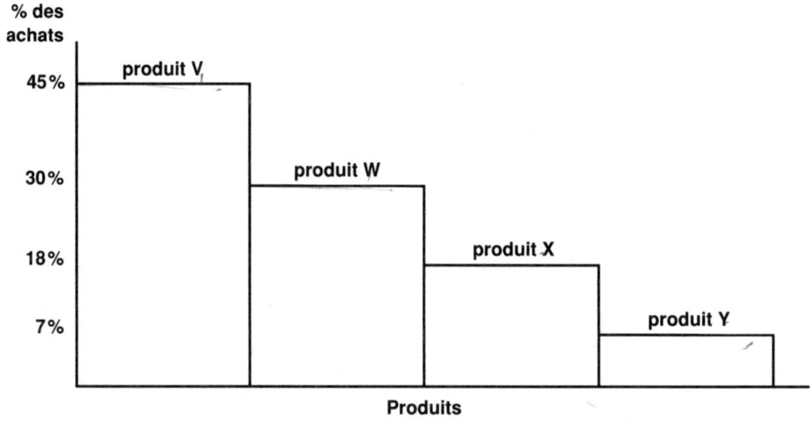

L'objectif étant de faire des regroupements de produits on présentera plutôt l'importance de ceux-ci sous la forme de pourcentage cumulé. On obtient alors ceci :

Figure 4.2

Importance cumulée de quatre produits

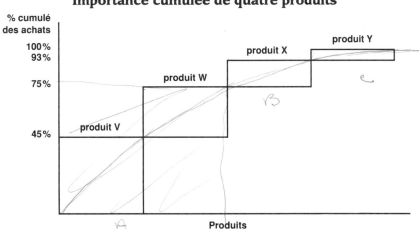

On constate dans ce cas-ci que deux produits, *V* et *W*, représentent à eux seuls 75 % des achats. On les regroupera dans une même catégorie et on leur accordera une attention particulière.

> **Message :** Cette situation, où il n'y a que quatre produits, est particulière. En pratique on s'efforce de faire une classification seulement s'il y a un grand nombre de produits. Aux fins de démonstration les exemples se limiteront forcément à une dizaine de produits et les pourcentages ne seront qu'une approximation de la réalité.

Voici la représentation graphique de l'importance cumulée relative soit de la valeur des achats, soit de leur quantité. En abscisse on retrouve le pourcentage cumulé du nombre d'articles.

La courbe classique représente une distribution asymétrique. La pente de la courbe est élevée au début pour tendre vers zéro par la suite. La courbe se termine par une asymptote horizontale.

Figure 4.3

Courbe ABC classique

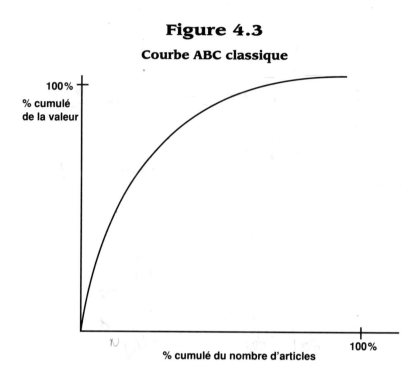

La répartition des produits entre les trois catégories A, B et C se fait généralement selon les pourcentages suivants:

	% de produits	% valeur ou quantité
A	15-30	60-80
B	20-40	15-25
C	35-65	5-25

En voici la représentation graphique :

Figure 4.4

Courbe ABC % de la valeur

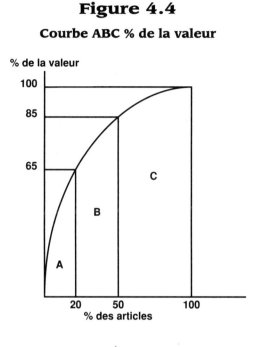

. **2.** LA PROCÉDURE *Le comment*

Pour établir une classification, on doit suivre les étapes suivantes :

a) choix du critère ;

b) collecte des informations ;

c) classement des produits selon un ordre décroissant ;

d) détermination du pourcentage de chaque produit en fonction du critère choisi ;

e) détermination du pourcentage cumulé en fonction de ce critère ;

f) calcul du pourcentage cumulé du nombre de produits ;

g) choix de la ligne de démarcation entre chaque classe.

On suit toutes ces étapes de l'établissement d'une classification ABC, d'abord sous la forme d'un tableau qu'on illustre ensuite par une courbe.

a) Le critère retenu est celui de la valeur des achats.

b) Les données recueillies sur l'utilisation de 10 produits pendant l'année précédente sont les suivantes :

Numéro du produit	Quantité	Coût unitaire ($)
101	2 200	30,95
102	1 000	6,00
103	5 400	18,00
104	4 000	123,90
105	150	80,00
106	1 600	10,50
107	12 000	34,20
108	3 200	1,50
109	20 000	4,44

On complète ces informations en calculant la valeur des achats pour chaque produit :

$$2\ 200 \times 30,95 = 68\ 090\ \$$$
$$1\ 000 \times \ \ 6,00 = \ \ 6\ 000\ \$$$
etc.

c) On classe ensuite les produits selon l'ordre décroissant de ces valeurs d'achats.

Le résultat se présente ainsi :

Numéro du produit	Quantité	Coût unitaire ($)	Valeur des achats ($)
104	4 000	123,90	495 600
107	12 000	34,20	410 400
103	5 400	18,00	97 200
109	20 000	4,44	88 800
101	2 200	30,95	68 090
106	1 600	10,50	16 800
105	150	80,00	12 000
102	1 000	6,00	6 000
108	3 200	1,50	4 800

d) On calcule maintenant le pourcentage de chaque valeur par rapport à la valeur des achats totale de tous les produits.

e) On établit ensuite le pourcentage cumulé, en commençant par le haut du tableau.

On se retrouve alors devant le tableau suivant :

Numéro du produit	Quantité	Coût unitaire ($)	Valeur des d'achats ($)	% de la valeur totale	% cumulé
104	4 000	123,90	495 600	41,3	41,3
107	12 000	34,20	410 400	34,2	75,5
103	5 400	18,00	97 200	8,1	83,6
109	20 000	4,44	88 800	7,4	91,0
101	2 200	30,95	68 090	5,7	96,7
106	1 600	10,50	16 800	1,4	98,1
105	150	80,00	12 000	1,0	99,1
102	1 000	6,00	6 000	0,5	99,6
108	3 200	1,50	4 800	0,4	100,0
Total	49 550		1 199 690		

f) On ajoute une colonne indiquant le pourcentage cumulé du nombre de produits inscrits dans ce tableau.

(1 produit/9 = 11,1 %, 2 produits/9 = 22,2 %, etc.)

Numéro du produits	% cumulé de produits	Quantité	Coût unitaire ($)	Valeur totale ($)	% de la valeur totale	% cumulé
104	11,1	4 000	123,90	495 600	41,3	41,3
107	22,2	12 000	34,20	410 400	34,2	75,5
103	33,3	5 400	18,00	97 200	8,1	83,6
109	44,4	20 000	4,44	88 800	7,4	91,0
101	55,6	2 200	30,95	68 090	5,7	96,7
106	66,7	1 600	10,50	16 800	1,4	98,1
105	77,8	150	80,00	12 000	1,0	99,1
102	88,9	1 000	6,00	6 000	0,5	99,6
108	100,0	3 200	1,50	4 800	0,4	100,0
Total		49 550		1 199 690		

On a donc, avec les deux colonnes de pourcentage, cumulé les éléments permettant de faire le graphique et aussi de procéder à la classification de chacun des éléments dans sa catégorie A, B ou C.

g) On choisit une ligne de démarcation entre les produits. On se référera d'abord aux pourcentages qu'on a mentionnés. On tentera aussi de conserver dans une même catégorie les produits dont les valeurs totales d'achats sont proches.

À l'aide de cet exemple, on pourra répartir ainsi nos produits :

A : les produits 104 et 107 ;

B : les produits 103, 109 et 101 ;

C : les produits 106, 105, 102 et 108.

On obtient alors :

Catégorie	Pourcentage des produits	Pourcentage de la valeur
A	22,2	75,5
B	33,3	21,2
C	44,4	3,3

Les catégories A et B répondent aux critères prévus. La valeur de la catégorie C semble faible, mais le produit 101 qu'on a mis dans B semble, de par sa valeur d'achat, y appartenir beaucoup plus qu'à la catégorie C. On note aussi que l'exemple avec 9 produits seulement ne peut donner qu'une idée approximative de la méthode.

Le graphique correspondant est le suivant :

Figure 4.5

Courbe ABC. Exemple chiffré

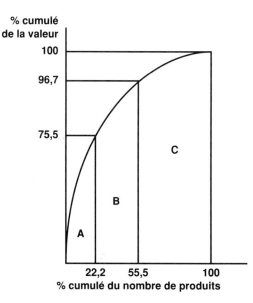

Si l'on veut une classification selon la quantité utilisée on aura alors le tableau qui suit:

Numéro du produit	% cumulé de produits	Quantité	% de la quantité totale	% cumulé
109	11,1	20 000	40,4	40,4
107	22,2	12 000	24,2	64,6
103	33,3	5 400	10,9	75,5
104	44,4	4 000	8,1	83,6
108	55,6	3 200	6,5	90,1
101	66,7	2 200	4,4	94,5
106	77,8	1 600	3,2	97,7
102	88,9	1 000	2,0	99,7
105	100,0	150	0,3	100,0
Total		**49 550**		

La classification sera la suivante:

A: 109 et 107;

B: 103, 104 et 108;

C: 101, 106, 102, et 105.

Soit	% de la quantité	% de produits
A	64,6	22,2
B	25,5	33,3
C	9,9	44,4

3. LA GESTION

Que faire ensuite, avec cette classification? On l'utilisera pour procéder à l'approvisionnement et aux opérations de stockage de façon plus rationnelle. Voici trois aspects particuliers où l'on peut traiter les catégories différemment:

Contrôles : A : Contrôle très serré.
Inventaire physique mensuel.
Compte à l'unité et le plus exact possible.

B : Contrôle moins assidu.
Inventaire semi-annuel ou annuel.
Une bonne exactitude.

C : Peu de contrôle.
Au mieux un inventaire annuel.
En vrac (poids, contenants, etc.).

Prévisions : A : Plusieurs méthodes et prévisions fréquentes.
Aucun ou peu de stocks de sécurité.

B : Selon les tendances observées.
Un mois de stock de sécurité.

C : Approximativement.
Trois mois ou plus de stocks.

Commandes : A : Approuvée au plus haut niveau.
Appuyée par une relance soutenue.

B : Approuvée au niveau intermédiaire.
Relance si des problèmes sont en vue.

C : Tout acheteur est autorisé à commander.
Aucune relance.

On peut faire une classification ABC distincte selon les divers types de produits. Il s'agit de ne pas comparer pommes et oranges (sauf dans une entreprise d'alimentation!)

Par contre certains produits seront classés à part. Il s'agit de produits qui sont critiques et dont les coûts de pénurie sont élevés, particulièrement pour la production, même s'ils ne sont pas achetés en grande quantité ou s'ils ne coûtent pas cher.

La méthode ABC s'applique directement aux entreprises commerciales. Généralement ces entreprises vendent des produits de même niveau de prix et il y a peu de coûts de rupture pour les produits peu vendus.

> **Message:** Les produits A qui représentent entre 70 % et 80 % des achats coûtent cher d'entreposage; on en limite les coûts en assurant le plus possible un stock minimal, donc des livraisons régulières. D'autre part, dans de telles conditions les prévisions sont importantes pour éviter tout coût de rupture.

Exemple : Si dans une entreprise, les produits A représentent 80 % de la valeur en stock et les produits C 5 %, on voit bien qu'une réduction de 10 % des stocks de A entraîne 16 fois plus d'économies qu'une réduction correspondante des stocks de C.

Pour les fournitures on ne fait habituellement pas d'inventaire. Il vaut mieux absorber les pertes que d'absorber les coûts de contrôle qui sont généralement plus élevés.

> **Message:** Avec les moyens informatiques actuels de tenue d'inventaire et de prévisions de demande, certains proposent de laisser tomber la méthode ABC pour ne pas faire de discrimination entre les produits et s'assurer que tous, qu'ils soient plus ou moins importants, sont offerts au moment nécessaire.

Résumé

Les coûts associés à un produit comportent d'abord le prix d'achat, lui-même incluant les frais de transport, les taxes et autres décaissements connexes. Trois autres types de coûts se rajoutent au prix d'achat : les coûts de commande, les coûts de gestion du stock, pendant son séjour en entreprise, ainsi que les coûts de pénurie.

Le gestionnaire doit donc considérer l'ensemble de ces coûts dans toute décision d'achat.

La gestion des stocks est discriminatoire. On gère différemment les produits importants de ceux qui ne le sont pas. La méthode de classification ABC permet de départager les différents produits.

QUESTIONS DE RÉVISION

1. Énumérez et décrivez les différents types de coûts liés aux stocks.

2. Énumérez les éléments qui composent le coût d'acquisition d'un produit.

3. Dans le calcul du coût de commande, on utilise généralement deux méthodes. Expliquez-les et dites laquelle exprime le mieux les coûts réels occasionnés par une commande.

4. Certains produits ne sont plus utilisables après un certain temps. Nommez quatre types de produits différents et la cause qui peut les rendre inutilisables.

5. Faites la distinction entre coût d'option et coût de pénurie.

6. Une entreprise désire diminuer ses primes d'assurance feu-vol de ses stocks en magasin. Quels moyens peut-elle prendre pour y parvenir? Ses coûts totaux diminueront-ils ou augmenteront-ils? Pourquoi?

7. Quels sont les coûts de stockage sur lesquels l'entreprise peut plus facilement intervenir?

8. Pour quelle raison établit-on une classification des stocks?

9. Sur quelle constatation statistique la méthode ABC est-elle basée?

10. La gestion des stocks peut varier d'une catégorie à l'autre. Nommez deux éléments de cette gestion qui peuvent varier et dites comment ils s'appliquent à chaque catégorie de stocks.

11. Quand est-il préférable d'établir une classification ABC selon la quantité?

PROBLÈMES SOLUTIONNÉS

1. Voici certaines données se rapportant à l'entreprise HHH.

Ventes nettes 28 M $.

Achats totaux 16 M $.

Budget courant du service des approvisionnements : 265 000 $ de coûts de commande.

Budget du service des magasins : 180 000 $ de frais de stockage.

Risque de pénurie assumé : 1 % des ventes nettes.

Coût moyen du capital 9 %.

Nombre total de commandes par année : 350.

Cette entreprise, achète pour la revente, différents produits dont le produit C auquel se rapportent les informations suivantes :

six commandes par année ;

pertes : 3 % du stock moyen ;

stock moyen : 4 000 unités ;

ratio de rotation du stock 10 ;

prix d'achat moyen (toutes taxes et autres frais compris) : 6,40 $.

a) Déterminez le coût de commande du produit C.

Solution : 2 méthodes

(1) Selon le nombre de commandes :

$$\frac{265\ 000\ \$}{350} \times 6 = 4\ 542,86\ \$$$

(2) Selon le montant d'achats :

$$\frac{265\ 000\ \$}{16\ 000\ 000} \times (4\ 000 \times 10 \times 6,40\ \$) = 4\ 240\ \$$$

b) Calculez le coût de stockage du produit C.

Solution : coût d'achat : $4\ 000 \times 10 \times 6,40\ \$ = 256\ 000\ \$$

magasins : $\frac{180\ 000\ \$}{16\ 000\ 000\ \$} \times 256\ 000\ \$ = 2\ 880\ \$$

pertes + coût d'option : $(3\ \% + 9\ \%) \times (4\ 000 \times 6,40) = 3\ 072\ \$$

c) Quel est le coût de pénurie ?

Solution : Marge brute 28 M $ − 16 M $ = 12 M $

Coût de pénurie pour l'ensemble des produits :
12 M $ × 1 % = 120 000 $

Coût de pénurie pour le produit C :
$$\frac{256\ 000}{16\ 000\ 000\$} \times \$120\ 000\ \$ = 1\ 920\ \$$$

2. Établissez une classification Pareto, selon la valeur d'achats, à partir de l'information suivante :

Produit	Valeur annuelle d'achats en $
T37	35 000
XB3	97 000
RC4	38 000
LC5	122 000
UN6	9 000
AK2	6 300
AK4	7 600
SO7	103 000
DD9	24 000
YA8	10 000

Solution :

Produit	Valeur annuelle ($)	%	% cumulé
LC5	122 000	27,00	27,00
SO7	103 000	22,79	49,79
XB3	97 000	21,47	71,26
RC4	38 000	8,41	79,67
T37	35 000	7,75	87,42
DD9	24 000	5,31	92,73
YA8	10 000	2,21	94,94
UN6	9 000	1,99	96,93
AK4	7 600	1,68	98,61
AK2	6 300	1,38	100,00
Total	**451 900**		

On classera ainsi :

A : les produits LC5, SO7 et XB3
30 % des produits pour 71,26 % de la valeur.

B : les produits RC4, T37 et DD9
30 % des produits pour 21,47 % de la valeur.

C : les produits YA8, UN6, AK2 et AK4
40 % des produits pour 7,27 % de la valeur.

Classe A = 70-80% investissement
10-20 % des articles

Classe B = 15-20 investissement annuel
30-40% des articles

Classe C = 5-10% investissement annuel
40 à 50% des articles

AUTRES PROBLÈMES

1. Une petite entreprise d'importation commande 5 000 boîtes de 4 verres en cristal de Bohême. Voici les différents coûts qu'elle doit assumer.

Coût d'une boîte : 8,00 $.

Taxe de vente : 11 %.

Frais de transport : bateau 860 $;
camion 700 $.

Droits de douane : 5 % sur le prix comprenant les taxes.

Frais de communication avec le vendeur : 224 $.

Assurances (transport) : 800 $.

Les verres demeurent dans l'entreprise en moyenne deux mois. Les frais de stockage sont estimés à 15 % par année, calculés sur le coût total assumé à l'arrivée en entrepôt.

Calculez le coût unitaire total d'une boîte de verres.

2. Les dépenses annuelles du service d'approvisionnement d'une entreprise s'élèvent à 800 000 $. Le service fait en moyenne 4 000 commandes et les achats totalisent 25 000 000 $.

L'entreprise a besoin de se procurer 40 000 unités du produit SPÉCIAL, pour lequel il n'existe qu'un seul fournisseur.

Celui-ci propose les prix suivants :

8,00 $ pour une commande globale livrée immédiatement ;

8,10 $ pour une commande de 50 % des besoins ;

8,20 $ pour une commande des 50 % restants livrés dans 6 mois.

On suppose que le stock est utilisé de façon continue.

Les coûts de stockage annuels sont répartis ainsi :

gestion : 4 % ;

pertes : 3 % ;

option : 8 %.

Doit-on faire une commande ou deux ?

3. Une entreprise de fabrication constate qu'elle perd une partie de ses stocks par détérioration. Le montant estimé se chiffre à 6 % de la valeur moyenne des stocks en entrepôt. Une étude révèle à l'entreprise qu'elle pourrait réduire de 30 % cette perte en utilisant un système de gestion plus serré. Cependant, ce système augmenterait ses coûts de gestion du stock de 20 %.

D'autre part, cette entreprise pourrait réduire ses coûts en remplaçant ses réceptions mensuelles par des réceptions hebdomadaires. La quantité moyenne en stock serait alors réduite de 60 %. Le coût d'un tel changement est évalué à 20 000 $.

Les stocks varient annuellement entre un maximum de 800 000 $ et un minimum de 300 000 $. Les coûts de gestion sont actuellement de 7 % de la valeur des stocks.

Déterminez le choix à faire.

4. Établissez une classification ABC des stocks suivants :

   a) selon la valeur annuelle d'achats ;

   b) selon la demande annuelle.

Produit	Demande annuelle	Coût unitaire en $
101	850	15,00
114	5 000	40,00
263	30 000	1,00
274	200	155,00
315	3 000	6,00
329	1 000	25,00
331	400	8,00
332	2 600	10,00
358	550	4,00

ÉTUDE DE CAS

LES PRODUITS VACO

La compagnie, LES PRODUITS VACO, a engagé un nouveau responsable des approvisionnements et des stocks dont la devise est : « On coupe ». Il propose de couper le niveau général des stocks de 50 %.

Voici quelques informations sur la situation actuelle de l'entreprise :

Les stocks atteignent un maximum de 3 000 000 $ au début de la grosse période de vente. Cette période dure environ 4 mois au bout desquels les stocks sont à 200 000 $. Ils continuent de baisser jusqu'à 100 000 $ pendant le reste de l'année, avant de passer de nouveau au maximum.

Les coûts de stockage sont les suivants (en % de la valeur des stocks) :

Assurances	1,5 % ;	$\times$ 633m = 9495
Pertes diverses	2,5 % ;	$\times$ 633m = 15825
Gestion	6,0 % ;	$\times$ 633m = 37980
Option	8,0 %.	$\times$ 633m = 50 140

(annotations manuscrites : total = 113 440)

Les vendeurs pensent que toute diminution des stocks de 50 % entraînerait une pénurie égale à 3 % des ventes. Celles-ci se chiffrent à 6 000 000 $ et dégagent une marge brute de 40 %.

Comparez, en vertu de la politique envisagée, les coûts de pénurie avec l'économie des coûts de stockage.

Dites ce que l'on pourrait envisager pour réduire les coûts sans nécessairement prendre le risque de pénurie.

(notes manuscrites :)

Marge Brute = 2.4MM

Stock moyen = $\left[(3\,000\,000 + 200\,000) \times \dfrac{4 \text{ mois}}{12} \right] + \left[\dfrac{(200\,000 + 100\,000)}{2} \times \dfrac{8 \text{ mois}}{12} \right]$

= 633,000

coût pénurie = 72,000

A) $\dfrac{2\,286\,000}{6\,000\,000}$ = 38,1 % Marge Nette

B) $\dfrac{2\,271\,000}{}$ = 37,8 % Marge nette

Chapitre

5

LA DEMANDE
INDÉPENDANTE

 OBJECTIFS

Ce chapitre a pour but de faire découvrir la manière de déterminer, dans une situation de demande indépendante, la quantité à commander et le moment où passer la commande. Nous présenterons différents modèles de réapprovisionnement et nous indiquerons, pour les modèles les plus simples, la façon de calculer la quantité la plus économique à commander. Nous déterminerons aussi comment établir le niveau du stock de sécurité.

OBJECTIFS D'APPRENTISSAGE

À la fin de ce chapitre on pourra :

✓ définir ce qu'est une demande indépendante et décrire comment peut se manifester une telle demande ;

✓ décrire le mode d'évolution des stocks selon les types de demandes ;

✓ définir le stock de sécurité et le point de commande et les calculer ;

✓ décrire les principaux modèles de réapprovisionnement : modèles à quantité fixe, modèles à intervalle fixe ;

✓ distinguer les avantages et les désavantages de ces modèles et leurs conditions d'utilisation ;

✓ calculer la quantité économique à commander dans le cas du modèle à quantité fixe ;

✓ déterminer les impacts des livraisons échelonnées et des remises sur quantité sur la quantité économique à commander.

A ► LA DEMANDE INDÉPENDANTE

L'approvisionnement doit répondre à une demande, à un besoin. Cette demande provient, en partie, de l'intérieur de l'entreprise. Il s'agit, d'une part, du matériel et de l'outillage qui servent pour l'exploitation et, d'autre part, des fournitures et des E.R.O. qui sont consommés tout au long de cette exploitation.

La demande provient aussi et surtout de l'extérieur: des clients. Dans ce cas, elle n'est pas déterminée exactement et elle ne peut être prévue qu'approximativement. Plusieurs modes de prévision existent et sont, pour la plupart, décrits dans tout bon volume de « Gestion des Opérations ».

La demande provenant des clients est dite «indépendante» parce qu'elle est autonome et qu'elle ne dépend pas des modalités de fonctionnement ou d'approvisionnement de l'entreprise.

On peut parler aussi de demande brute.

Pour faire face à une telle demande, l'entreprise commerciale établira, par conséquent, un approvisionnement et des stocks. L'entreprise de fabrication fera de même après avoir planifié son système de production.

On tient pour acquis que l'entreprise maintient un certain niveau de stocks. Elle établit des stocks et y puise selon la demande.

1. LES TYPES DE DEMANDES INDÉPENDANTES

Les besoins des clients varient régulièrement et dépendent d'une foule de facteurs: la conjoncture économique; la mode; les changements technologiques; les saisons; le vieillissement. Ces besoins se transforment en demandes qui s'expriment auprès des entreprises et celles-ci devront les satisfaire.

Toute demande est considérée sur une période donnée, cette période étant suffisamment longue pour qu'on puisse constater son évolution. On parle de semaines, de mois, d'années.

On peut généralement classer la demande indépendante selon les quatre catégories suivantes :

la demande stable ;

la demande cyclique ;

la demande croissante (ascendante) ;

la demande décroissante.

a) La demande stable

Comme son nom l'indique, c'est une demande qui varie peu et que l'on peut considérer comme constante.

On la retrouve dans le cas de produits standards et de produits de consommation courante. La plupart des produits d'alimentation, d'entretien et de réparation sont soumis à une demande de ce genre ainsi que les petits appareils électroménagers.

En voici la représentation graphique :

Figure 5.1

Demande stable

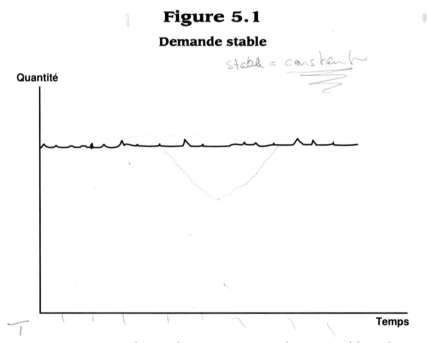

On constate que la courbe n'est pas une droite. Sauf lors de cas exceptionnels où il n'y a aucune variation, car même une demande plutôt constante subit de légères variations. Cependant, lorsque celles-ci sont minimes, on dit que la demande est constante et, pour les besoins du calcul, on utilise une fonction linéaire :

D = k où D est la demande et k la constante.

En énonçant l'hypothèse que la quantité de produits en stock est renouvelée périodiquement on examine, pour chaque période, l'effet de cette demande sur le niveau du stock.

Une demande continue a pour effet de diminuer le stock d'une façon constante, selon une pente négative. (Voir figure 5.2.)

Figure 5.2

Évolution du stock

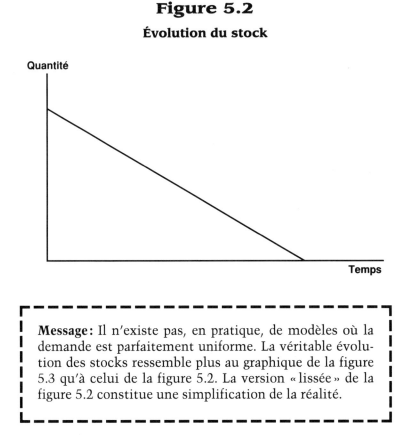

Message : Il n'existe pas, en pratique, de modèles où la demande est parfaitement uniforme. La véritable évolution des stocks ressemble plus au graphique de la figure 5.3 qu'à celui de la figure 5.2. La version « lissée » de la figure 5.2 constitue une simplification de la réalité.

Figure 5.3

Évolution des stocks

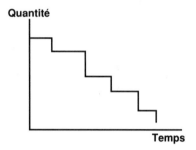

b) La demande cyclique

Les besoins des clients et, par conséquent, la demande exprimée, peuvent varier selon les saisons ou selon la conjoncture économique. On dira alors que c'est une demande cyclique. Certains produits d'alimentation, certains vêtements, articles de sport et outils (jardinage, déneigement) sont étroitement liés aux saisons, et souvent aussi au temps qu'il fait pendant ladite saison. Leur demande est donc variable, mais d'une variabilité souvent prévisible.

Pour d'autres produits, comme l'ensemble des biens associés à l'habitation, la demande découle de la situation économique et évolue par cycles, qui demeurent généralement plus longs et plus aléatoires que les cycles saisonniers.

Selon l'ampleur de la variation et la nature du cycle, on peut obtenir des courbes bien différentes, comme l'illustre la figure suivante:

Figure 5.4

Deux représentations d'une demande cyclique

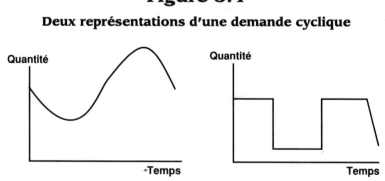

Cette demande a un impact particulier sur les stocks qui peuvent demeurer stables pendant longtemps pour soudainement se mettre à diminuer rapidement. D'autre part, on peut commander abondamment et se retrouver avec des invendus d'importance. Cette situation sera d'autant plus onéreuse si les frais de stockage sont importants et particulièrement si les stocks se détériorent facilement.

Il est nécessaire dans ces cas-là d'organiser les prévisions et de s'assurer les services de fournisseurs capables d'approvisionner rapidement.

c) La demande croissante (ascendante)

Une demande sera croissante quand il s'agit d'un nouveau produit ou encore d'un secteur ou d'une entreprise en progression et dont le prélèvement sur le niveau des stocks est important.

En ce qui concerne une demande croissante normale, l'entreprise doit augmenter son approvisionnement ou son rythme de fabrication ; elle peut entre-temps puiser dans son stock qui diminuera.

Dans une telle situation, la diminution du niveau des stocks progresse constamment. On ne peut pas se contenter d'établir les prévisions du stock sur la diminution moyenne de celui-ci pendant les premiers jours ou les premières semaines d'utilisation d'un produit.

Figure 5.5

Demande croissante et évolution du stock

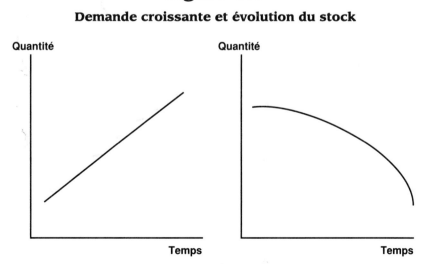

d) La demande décroissante

Une demande sera décroissante quand il s'agit de produits: devenus désuets technologiquement; qui ne répondent plus aux besoins des consommateurs; qui sont passés de mode. La demande décroissante se manifeste aussi dans certaines entreprises qui périclitent pour d'autres raisons que la qualité de leurs produits.

Figure 5.6

Demande décroissante et évolution du stock

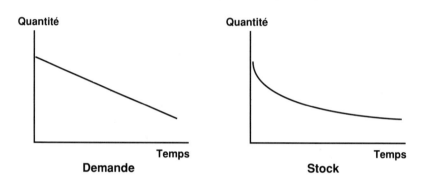

Les produits sont alors de moins en moins en demande. On risque de commander plus que nécessaire et de voir s'accumuler un stock excessif. L'entreprise doit donc diminuer la fréquence de ses commandes et leur quantité.

2. LES STOCKS DE SÉCURITÉ

> **Définition:** C'est une quantité de stocks prévue en inventaire pour faire face à une augmentation de la demande ou à un ralentissement de l'approvisionnement.

La demande d'un produit n'est jamais tout à fait constante ni parfaitement prévisible. On peut tout au plus déterminer le niveau autour duquel elle fluctuera. De plus, les approvisionnements risquent de ne pas toujours arriver à temps. C'est ce qui rend les stocks de sécurité nécessaires.

Le niveau des stocks de sécurité a un impact sur les coûts de stockage. L'entreprise doit minimiser les risques de pénurie, et les coûts concomitants, mais aussi les coûts de stockage; elle doit, en fait, maintenir un équilibre optimal. Elle aura donc la responsabilité d'identifier les éléments imprévus, de déterminer le niveau de pénurie tolérable et ensuite d'établir le niveau des stocks de sécurité.

Le maintien du niveau des stocks de sécurité dépend du délai de livraison : à mesure que ce délai diminue, la demande n'a pas le temps de varier, le risque de pénurie est alors réduit et le coût de celle-ci encore plus, puisqu'on n'a pas à attendre longtemps le produit manquant.

Examinons d'abord les risques associés à une fluctuation de la demande pendant ce délai de livraison. L'illustration qui suit montre une distribution normale de la demande lors d'une période donnée.

Figure 5.7

Distribution normale de la demande

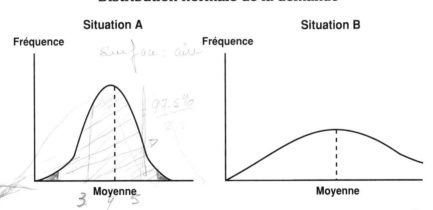

Dans cette distribution, on constate que la moyenne correspond à la médiane. Les chances que la demande soit inférieure à la prévision ou qu'elle lui soit supérieure sont les mêmes. Ici, on se préoccupe évidemment de la partie droite de la courbe, lorsque la demande dépasse les prévisions et qu'il y a risque de pénurie.

Dans la situation A, la demande varie peu et il y a donc peu de risques de pénurie. Par conséquent, on n'aura besoin que d'un faible stock de sécurité. Dans la situation B, la demande varie plus et le risque, associé à cette variation, est donc plus grand. Il faudra un plus grand stock de sécurité.

a) Connaissance de la demande passée

Si l'on connaît la répartition passée de la demande pendant le délai de livraison, on peut choisir le risque de pénurie à assumer, c'est-à-dire le niveau de service que l'on pourra offrir.

Exemple:

Le délai de livraison d'un produit est de 10 jours et la consommation quotidienne est évaluée à 240 unités.

Il faut, au départ 2 400 unités pour combler les besoins durant cette période de 10 jours. Le stock de sécurité est ajouté à ces unités en cas d'imprévus.

On a constaté que pour les 12 mois précédents, la consommation pendant ces 10 jours a été répartie selon les fréquences suivantes:

Moins de 2 400	0,28
2 400	0,44
2 401 à 2 640	0,20
2 641 à 2 880	0,06
2 881 et plus	0,02

Pour connaître le taux de service, et par la suite la probabilité de pénurie, pour chaque niveau du stock de sécurité, on calcule la fréquence cumulée de la distribution de même que le complément de cette fréquence.

Niveau du stock de sécurité	Demande satisfaite	Taux probable de service en %	Probabilité de pénurie en %
0	2 400 et moins	72[1]	28
240	jusqu'à 2 640	92[2]	8
480	jusqu'à 2 880	98[3]	2
720	jusqu'à 3 120	plus de 98	moins de 2

[1] 28 + 44 = 72
[2] 72 + 20 = 92
[3] 92 + 6 = 98

Si l'entreprise n'a aucun stock de sécurité, le taux de service est à 72 % et la probabilité de pénurie à 28 %. Pour un niveau du stock de sécurité à 480, le taux probable de service passe à 98 %. Au-delà de ce niveau, la quantité de stock nécessaire peut devenir très grande. Le coût de stockage augmente alors beaucoup plus vite que les coûts de pénurie évités.

Lorsqu'on connaît le maximum atteint pendant le délai de livraison on peut calculer le stock de sécurité pour un service à 100 % de la façon suivante :

Stock de sécurité = Demande maximale − demande moyenne.

On n'est cependant pas à l'abri d'un dépassement éventuel de ce maximum.

> **Message :** Pour faire un calcul plus exact il faut examiner la nature de la courbe de distribution normale.

Puisqu'on parle de pourcentage de risque, on revient donc à la valeur espérée. Considérons que, dans le cas qui nous intéresse, le coût de stockage est de 4,00 $ par unité par année et que, pour un niveau de stock de sécurité actuel de 240 unités, les pénuries nous coûtent 1 600 $ par année. Pour passer de 240 à 480 unités de stock de sécurité, cela nous coûte 960 $ de coûts de stockage (4 $ × [480 − 240]). Par contre on diminue nos coûts de pénurie de 6 % soit 1 600 $ × 6 % = 1 200 $.
$$\frac{6\%}{8\%} \qquad \frac{1\,600\ \$\ \times\ 6\%}{8\%} = 1\,200\ \$$$

b) Absence d'informations sur la demande passée

Lorsqu'on ne possède pas d'informations sur la répartition antérieure de la demande, on peut fixer le stock de sécurité en se basant sur un pourcentage de la quantité prévue pour couvrir le délai de livraison. Ce pourcentage dépendra du niveau d'incertitude et du coût de toute pénurie résultante ; plus cette incertitude et ces coûts seront importants, plus le pourcentage sera élevé. Voici une répartition possible :

Peu d'incertitude, coût de pénurie moyen : 20 %.

Beaucoup d'incertitude, coût de pénurie moyen : 45 %.

Peu d'incertitude, coût de pénurie élevé : 55 %.

Beaucoup d'incertitude, coût de pénurie élevé : 100 %.

Le niveau d'incertitude tient à l'évolution de la demande, mais aussi aux impondérables qui peuvent retarder la livraison.

B MODÈLES D'APPROVISIONNEMENT

L'entreprise s'approvisionne pour répondre à la demande. Elle doit cependant suivre des procédures particulières pour que son approvisionnement soit ordonné. Il existe plusieurs modèles d'approvisionnement auxquels elle peut se référer selon les situations. On propose, ci-après, les modèles les plus simples, et adaptables si les situations d'approvisionnement changent.

1. HYPOTHÈSES

Voici les hypothèses sur lesquelles sont fondés les modèles d'approvisionnement.

❖ La demande est continue; ce qui peut impliquer des variations passagères, mais pas de changements majeurs.

❖ La demande annuelle est connue. *Ex: sapin de Noël.*

❖ Le délai de livraison est connu.

❖ Le délai de livraison est constant.

❖ La demande étant continue, le stock diminue de façon constante.

À l'aide de ces hypothèses on peut déjà calculer certaines valeurs:

❖ Le stock nécessaire pendant le délai de livraison.

Exemple: demande annuelle ⟶ 10 000 unités
nombre de jours ouvrables ⟶ 250
délai de livraison 7 jours ouvrables

Stock nécessaire: $\dfrac{10\,000}{250} \times 7 = 280$ unités

❖ Le stock moyen avec l'aide duquel on calcule les coûts de stockage.

Stock moyen $= \dfrac{\text{stock initial} + \text{stock final}}{2}$

Dans le cas où il n'y a pas de stock de sécurité, le stock final est 0. Sinon il est égal au stock de sécurité.

Exemple : (en plus des données indiquées ci-dessus)
        stock de sécurité :   40
        quantité par commande :   1 000

$$\text{Stock moyen} = \frac{(1\ 000 + 40) + 40}{2} = 540$$

2. QUANTITÉ ET INTERVALLE FIXES

C'est le modèle qui correspond à une situation idéale, à la réalisation parfaite des hypothèses déjà mentionnées. On fait une commande d'une quantité prédéterminée à des périodes égales. En voici une représentation idéale et une autre plus réaliste.

Figure 5.8

**Évolution des stocks
Quantité et intervalle fixes**

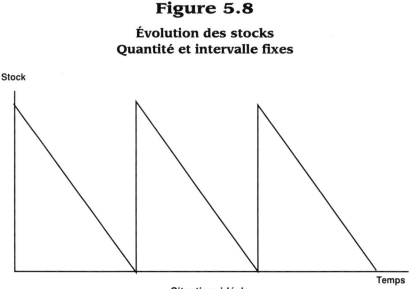

Situation idéale

Figure 5.9

Évolution des stocks
Quantité et intervalle fixes

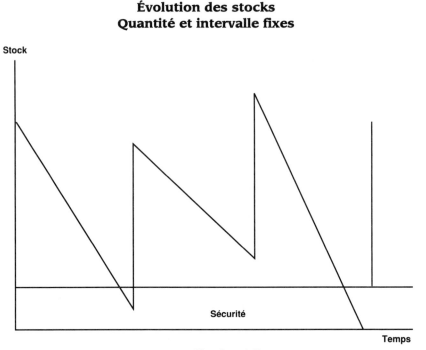

Situation réaliste

Exemple : Une entreprise prévoit une demande de 13 000 unités par
année et décide de faire une commande à toutes les deux
semaines. La quantité commandée sera alors de

13 000/26 = 500 unités par deux semaines.

Une entreprise de services peut se soumettre à ce modèle pour
l'achat de fournitures. Le marché d'alimentation peut l'utiliser aussi
pour les produits courants.

En revanche, lorsque la demande et le délai de livraison risquent de
varier, aussi peu que ce soit, ce modèle ne convient pas. On risque de
se retrouver, au moment de la commande, avec un stock insuffisant
pour couvrir la période de livraison, ou même d'être déjà en pénurie.
Puisqu'il ne permet pas de modifier les quantités ou les délais, ce
modèle nécessite un stock de sécurité important, avec les coûts qui en
découlent.

On note que si une situation d'urgence se présente, l'entreprise modifiera évidemment son modèle. Ce dernier est valable tant que l'entreprise n'a pas de problème.

3. QUANTITÉ FIXE, INTERVALLE VARIABLE

Ce modèle est plus flexible que le précédent. À l'aide de celui-ci, l'entreprise voit à ce que la quantité à commander soit fixée d'avance, mais que le moment où elle passera la commande soit lié à l'évolution de la quantité en stock. Dans un tel cas, l'approvisionnement suit davantage la demande, et les flux d'entrée et de sortie sont mieux appariés. C'est l'intervalle qui bouge.

a) Le point de commande

Le **point de commande** est le niveau de stock prédéterminé qui déclenche le processus de réapprovisionnement. Lorsque le niveau des stocks diminue à ce point, l'acheteur passe la commande pour la quantité prévue.

Lorsque la demande est stable, la période entre deux commandes demeure la même. Autrement, cette période fluctuera au rythme des variations de la demande et, par conséquent, à celui de l'utilisation des stocks.

Le point de commande est fixé au niveau qui permet à l'entreprise d'avoir assez de stocks pendant le délai de livraison et qui incorpore le stock de sécurité.

> P.C. = stock de sécurité + utilisation pendant délai de livraison.
> SS U×d

Dans la situation, que l'on a examiné précédemment, où le stock nécessaire pendant le délai était de 280 unités et le stock de sécurité de 40 unités, le point de commande serait calculé ainsi :

> 40 (stock de sécurité) + 280 (demande pendant le délai) = 320

Voici la représentation graphique de cette situation.

Figure 5.10

Quantité fixe, intervalle variable

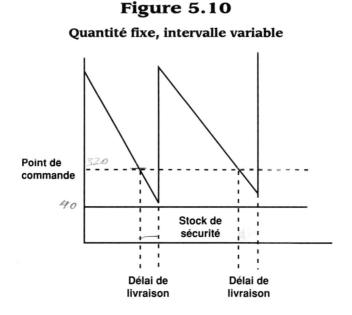

Point de commande

Stock de sécurité

Délai de livraison   Délai de livraison

Dans la première partie, on observe que le point de commande correspond au total de la consommation présumée pendant le délai de livraison et du stock de sécurité. Si dès le début de la période la demande est plus forte que prévue (partie 2), le stock atteint plus rapidement le point de commande. C'est le niveau des stocks qui avertit l'entreprise dès qu'il y un changement brusque.

Si la demande diminue, le point de commande est atteint plus tard, et, l'entreprise ne risque pas de commander alors que le stock est encore à un niveau élevé.

Exemple : Une entreprise a fixé à 800 le point de commande d'un produit et à 1 250 la quantité à commander. Elle estime la demande quotidienne à 64 unités et le délai de livraison à 6 jours. Au début du jour 1, la quantité de produits en stock est de 1 146. Voici la demande pour les journées 1 à 12 respectivement.

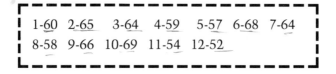

| 1-60 | 2-65 | 3-64 | 4-59 | 5-57 | 6-68 | 7-64 |
| 8-58 | 9-66 | 10-69 | 11-54 | 12-52 | | |

L'entreprise détermine le niveau du stock à la fin de la journée. Elle suppose que la commande est reçue à la fin de la journée.

❖ On détermine le stock de sécurité

Point de commande = stock de sécurité + demande pendant le délai
$$800 = X + 6 \times 64 \text{ donc } X = 416$$

$(\mu + d)$

❖ À la fin de quelle journée doit-on passer commande?

À la fin de la 6e journée alors que le niveau du stock n'est plus qu'à 773 unités.

$$(1\ 146 - 60 - 65 - 64 - 59 - 57 - 68 = 773)$$

❖ Quand la commande arrive, a-t-on entamé le stock de sécurité?

Oui, le stock est rendu à 409 unités.

$$(773 - 64 - 59 - 66 - 69 - 54 - 52) = 409$$

❖ Quel est le niveau du stock après la réception de la commande?

$$409 + 1\ 250 = 1\ 659$$

b) La méthode à double casier

C'est une méthode visuelle. Le stock est déposé dans deux casiers. On puise dans un casier jusqu'à ce qu'il soit vide. C'est à ce moment-là que le réapprovisionnement est déclenché. En attendant la livraison du stock commandé, on puise dans le second casier.

Ce second casier, qui a une capacité correspondant à la demande pendant le délai de livraison plus un stock de sécurité, est rempli à l'arrivée de la commande. Le reste est alors versé dans le premier casier, et c'est dans celui-ci que l'on puisera le stock au rythme de la demande. Le processus se répète ensuite à chaque fois que le premier casier se vide.

Les deux casiers sont, la plupart du temps, de dimensions différentes.

> **Message :** La capacité du second casier correspond, en fait, au point de commande de la méthode précédente.

4. INTERVALLE FIXE, QUANTITÉ VARIABLE

C'est le temps entre deux commandes qui est fixe plutôt que la quantité à commander. L'acheteur prépare sa commande à des périodes fixes : mois, semaines, nombre de jours. Il détermine la quantité à commander en fonction du solde en stock et du stock maximal acceptable.

Stock maximal : quantité maximale désirée ou permise. Elle correspond à un peu moins de la capacité d'entreposage. Elle dépend des coûts de stockage permis.

On calculera la quantité à commander pour faire en sorte que, une fois la commande reçue, le niveau du stock soit le plus près possible du maximum fixé.

La formule est la suivante :

> Quantité à commander = stock maximal − solde prévu
> Le solde prévu = stock actuel − utilisation pendant le délai de livraison

Exemple (ci-dessus) : si au moment de commander on a en stock 600 unités, que le niveau maximal est de 1 250 et que l'on prévoit utiliser encore 340 unités pendant le délai de livraison, on a commandé alors 1 250 − (600 − 340) soit 990 unités.

Figure 5.11

Intervalle fixe, quantité variable

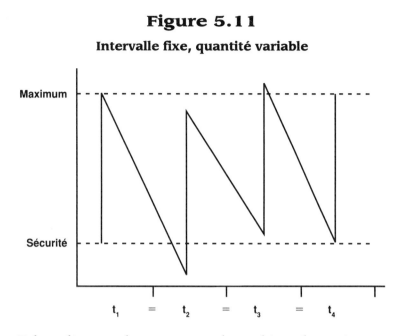

Tel que l'on peut le constater sur le graphique, le maximum peut être dépassé si la demande est plus faible que prévue pendant le délai de livraison et que, par conséquent, le stock restant, au moment de la réception, est plus substantiel que prévu. D'autre part, si la demande est plus forte, ou s'il y a un retard, on n'atteindra pas le maximum.

Ce modèle comporte plus de risques de pénurie que le précédent, car si la demande s'accroît, il n'existe aucun mécanisme pour faire avancer la date de la commande. Au moment de commander, on peut alors observer que la quantité restante ne suffit pas pour couvrir les besoins pendant la période de délai. Dans certains cas, le stock s'épuise même avant le temps prévu pour passer la commande.

Dans le modèle précédent l'incertitude ne couvrait que la période de livraison. Ici c'est tout l'intervalle qui y est sujet. Il faudra donc prévoir un niveau du stock de sécurité plus élevé.

Ce modèle est quand même utilisé dans des situations simples, particulièrement lorsque l'entreprise doit procéder régulièrement à un inventaire physique. Là aussi il est possible d'utiliser l'informatique et de pouvoir réagir lors de changements imprévus.

C LES COÛTS

Dans les exemples chiffrés, à l'aide desquels on a illustré les trois modèles de réapprovisionnement précédents, on a utilisé des quantités données soit la quantité à commander, soit le stock maximal.

Ces quantités ne sont pas arbitraires, mais elles sont déterminées en fonction des coûts qui en découlent. L'objectif de toute entreprise est de minimiser l'ensemble des coûts liés à l'approvisionnement et au stockage : achat, commande, stockage et pénurie. Une grosse commande permet d'obtenir des remises, diminue les frais de commande, et limite le risque de pénurie ; par contre elle augmente les différents coûts liés au stockage.

Le calcul de l'ensemble des variables, incorporant toutes les composantes de tous les coûts ainsi que toutes les éventualités, relève d'un cours d'un niveau plus avancé. On se limitera donc à examiner l'impact de la quantité commandée sur les coûts de commande et les coûts de stockage.

1. QUANTITÉ ÉCONOMIQUE À COMMANDER

On a déterminé la **quantité économique à commander** pour minimiser ces coûts.

On a rajouté, pour ce faire, les hypothèses suivantes à celles indiquées au début de ce chapitre.

❖ On a utilisé le coût d'une commande.

❖ Le coût de stockage sera donné par unité en stock par période ou en pourcentage de la valeur.

❖ On ne tiendra pas compte du stock de sécurité. Ses coûts de stockage ne sont pas pertinents puisque, par définition, ils sont constants et ne varient pas selon la quantité commandée.

a) Objectif

L'objectif de la détermination de la quantité économique à commander est de minimiser l'ensemble des coûts de commande et de stockage. Plus on fera de commandes, plus les coûts de commande seront élevés, mais moins élevés seront les coûts de stockage puisque l'entreprise recevra moins de stock à la fois. Moins on fera de commandes, plus le stock sera élevé et la relation entre les coûts sera inverse. Il s'agit de déterminer le point d'équilibre où les coûts totaux seront les moins élevés.

Voici un exemple de calcul des coûts totaux :

Une entreprise prévoit une demande annuelle de 20 000 unités. Le coût d'une commande est de 30 $ et le coût de stockage est de 2,50 $ par unité par année.

Si on commande 20 unités à la fois, le nombre de commandes atteint 1 000 et le coût de commande 1 000 × 30 $ soit 30 000 $. Le stock moyen est alors de $\frac{(20 + 0)}{2}$ soit 10 et le coût de stockage de 10 × 2,50 $ soit 25 $. Le coût total est de 30 025 $.

Selon la répartition des commandes dans l'année, on aura les coûts suivants de commande et de stockage.

Nombre de commandes	Nombre d'unités par commande	Coûts		
		Commande $	Stockage $	Total $
1 000	20	30 000	25	30 025
100	200	3 000	250	3 250
40	500	1 200	625	1 825
25	800	750	1 000	1 750
20	1 000	600	1 250	1 850
2	10 000	60	12 500	12 560

Le coût total est élevé lorsqu'il y a un grand nombre de commandes en petits lots et donc un faible niveau du stock, ou au contraire lorsque la quantité commandée, et par conséquent le stock, est élevée. Dans ce tableau, il semble que c'est pour des commandes par lots d'environ 800 que les coûts sont les moins élevés.

Figure 5. 12

Somme des coûts de commande et des coûts de stockage

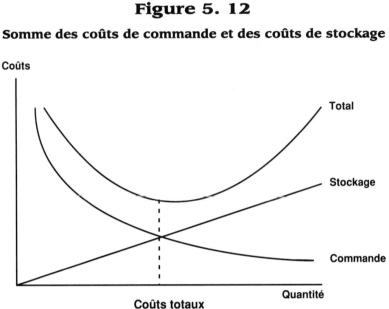

D'après le graphique il semble que les coûts totaux soient les plus bas lorsque les deux courbes se joignent. Cette impression visuelle est confirmée lorsqu'on utilise le calcul différentiel pour déterminer le point minimum de la courbe.

b) Le calcul fondamental

La formule qui permet de calculer la quantité à commander et qui minimisera les coûts découle donc de la relation d'égalité entre les deux coûts au point minimum. En voici la démonstration:

Symboles: QEC: Quantité économique à commander.

D: Demande annuelle.

C: Coût unitaire de commande.

S: Coût unitaire annuel de stockage.

CT: Coût total de commande et de stockage.

Puisqu'on a formulé l'hypothèse qu'il n'y a pas de stock de sécurité, la quantité commandée, QEC, constitue le stock maximal.

Le stock moyen est alors de $\dfrac{\text{QEC}}{2}$.

Le nombre annuel de commandes est de $\dfrac{D}{QEC}$.

Le coût annuel de commande est de $\dfrac{D}{QEC} \times C$.

Le coût annuel de stockage est de $\dfrac{QEC}{2} \times S$.

Comme on suppose que la quantité économique à commander se situe là où le coût annuel de commande est égal au coût annuel de stockage, on peut établir l'équation suivante:

$$\frac{D}{QEC} \times C = \frac{QEC}{2} \times S$$

$$\text{d'où } \frac{2DC}{S} = QEC^2$$

$$\text{et finalement } QEC = \sqrt{\frac{2DC}{S}}.$$

Cette relation permet de déterminer la quantité à commander pour maintenir au minimum le total des coûts de commande et de stockage.

Dans l'exemple ci-dessus, on obtient:

$$QEC = \sqrt{\frac{2 \times 20\,000 \times 30\,\$}{2,50\,\$}} = 692,82.$$

Cette quantité n'est pas entière, or on devra commander une quantité entière. On calcule toutefois, pour référence, les coûts totaux à l'aide de cette quantité théorique de 692,82 unités.

Coûts de commande: $\dfrac{20\,000}{692,82} \times 30\,\$ = \mathbf{866,025\ \$}$.

Coûts de stockage: $\dfrac{692,82}{2} \times 2,50\,\$ = \mathbf{866,025\ \$}$.

Tel que prévu ces deux coûts sont égaux. Le coût total est de 1 732,05 $

c) Sensibilité

La QEC que l'on retient est généralement quelque peu différente du montant calculé. Il faut au moins arrondir le nombre trouvé; souvent il faut arrondir davantage pour se procurer des lots entiers. Néanmoins, autour de la QEC les coûts totaux varient peu puisque la courbe de ces coûts est à son minimum et qu'elle est alors presque horizontale.

Dans cet exemple on pourrait commander 600 ou 700 unités selon la taille des lots. Les coûts totaux seraient alors de 1 750 $ ou de 1 732,15 $. Ces montants ne sont pas très éloignés du minimum de 1 732,05 $ trouvé précédemment. Cependant plus l'on s'éloigne du nombre cible, plus les différences de coûts s'amplifient.

> **Message :** Le nombre d'unités commandées doit être un nombre entier, mais le nombre de commandes n'a pas à l'être. Ainsi pour une quantité de commandes, de 700 unités, on se retrouve avec 28,57 commandes. On fera 28 commandes une année, et 29 l'année suivante.

Voici une partie du tableau des coûts :

	Coûts			
Nombre de commandes	Lot	Commande $	Stock $	Total $
40	500	1 200	625	1 825
33,33	600	1 000	750	1 750
28,87	692,82	866,025	866,025	1 732,05
28,57	700	857,15	875	1 732,15
25	800	750	1 000	1 750

Exemple : Un produit a une demande annuelle de 15 000 unités. Les coûts de commande sont de 60 $ et les coûts annuels de maintien en stock de 1,60 $ par unité.

On calcule la quantité économique à commander et les coûts totaux à cette quantité.

$$QEC = \sqrt{\frac{15\ 000 \times 60 \times 2}{1,60}} = 1\ 060,66 \text{ unités}.$$

Coûts de stockage = $\dfrac{1\ 060,66 \times 1,60\ \$}{2}$ = coûts de commande = 848,53 $.

Coûts totaux = 2 × 848,53 $ = 1 697,06 $.

Quelle quantité commanderait-on et combien de commandes aurait-on dans l'année?

On peut choisir d'en commander 1 100 (en lots de 50 ou de 100) ou 1 000 (en lots de 200). À 1 000, on aurait un nombre exact de commandes dans l'année soit 15.

Les coûts à 1 100 sont de 1 698,18 $: $\dfrac{15\,000 \times 60\ \$}{1\,100} + \dfrac{1\,100 \times 1,60\ \$}{2}$

et à 1 000 de 1 700 $: $\dfrac{15\,000 \times 60\ \$}{1\,000} + \dfrac{1\,000 \times 1,60\ \$}{2}$.

2. LIVRAISON ÉCHELONNÉE

a) Modalités

Au lieu d'une livraison instantanée pour chaque commande, on peut plutôt prévoir une livraison répartie sur plusieurs périodes: tant par jour, par semaine ou par mois. La quantité en stock est alors bien moindre et les coûts de stockage diminuent; et certaines fois ils diminuent considérablement. Il est permis de supposer qu'on peut faire des commandes plus substantielles sans courir le risque d'engorger les magasins ou les entrepôts; on diminue alors les coûts de commande en même temps que les coûts de stockage.

Pour éviter tout risque de pénurie, on procède généralement à une livraison qui dépasse légèrement les besoins de la période.

Au début, le stock augmente, à chaque période, de la différence entre les produits reçus et les produits utilisés. Une fois l'ensemble de la commande reçu, l'entreprise utilise le stock accumulé et celui-ci diminue jusqu'à la réception de la première livraison de la commande suivante.

Cette façon de procéder peut s'appliquer aussi bien à l'entreprise commerciale, qu'à l'entreprise de fabrication que ce soit, dans ce cas, pour l'achat de matières ou pour la fabrication de produits finis. Voici un exemple:

Une entreprise passe une commande pour satisfaire la demande des 4 prochaines semaines; demande qui se situe à 1 500 unités par semaine. Cette commande de 6 000 unités sera livrée en lots de 2 000 unités au début de chaque semaine.

À la fin de la première semaine, le niveau des stocks est à 500 unités soit les 2 000 reçues moins les 1 500 utilisées. Ce niveau augmentera de 500 à la fin de chacune des deux autres semaines pour se fixer respectivement à 1 000 et à 1 500.

À la fin de la troisième semaine, et donc au début de la quatrième, il n'y aura pas de livraison. Le stock restant comprend 1 500 unités, qui seront toutes utilisées pendant cette quatrième semaine. Et le cycle recommencera ensuite pour une autre période de quatre semaines.

Le stock maximal atteint est donc passablement moindre que le montant commandé.

Voici un autre exemple pris dans une entreprise de fabrication. L'entrepôt de produits finis reçoit ceux-ci au fur et à mesure qu'ils sont complétés.

Cette entreprise utilise des petits grillages pour la fabrication de ses séchoirs. Cette fabrication s'étend sur un cycle de 10 jours. L'entreprise a besoin quotidiennement de 600 grillages. Son fournisseur livre 1 000 grillages par jour. L'entrepôt est vide au début du cycle. Comme le besoin pour les 10 jours est de 6 000 grillages, le fournisseur effectuera 6 livraisons quotidiennes et cessera de livrer pendant quatre jours.

Le rythme d'augmentation du stock est égal à la différence entre le rythme de livraison et le rythme de la demande. Le stock augmente donc à raison de 400 par jour (1 000 – 600) pendant 6 jours, pour atteindre un maximum de 2 400 et diminue ensuite de 600 par jour pendant les 4 jours qui restent. En voici l'illustration :

Figure 5.13

Livraison échelonnée

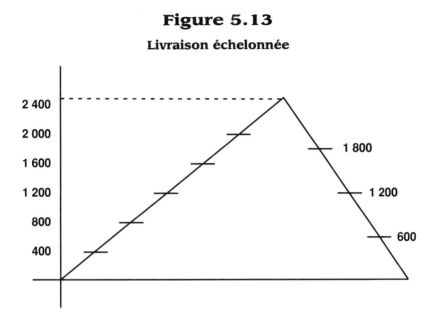

b) La formule de la QEC en livraison échelonnée

Puisque le stock maximal ne correspond pas, dans la situation décrite, à la quantité totale commandée, la formule de la QEC que l'on connaît doit donc être modifiée pour en tenir compte.

On va développer une formule, en considérant que le stock maximal est atteint à la fin de la dernière période de livraison.

On pose :

A : l'approvisionnement périodique ; la quantité reçue par période ;

U : l'utilisation périodique.

On déduit :

l'augmentation du stock pendant chaque période du début du cycle : **A-U.**

Le nombre de périodes pendant lesquelles le stock augmente :

$$\frac{\text{QEC}}{\text{A}}.$$

Le stock maximal atteint au bout de ces $\dfrac{QEC}{A}$ périodes est de

$$\frac{QEC}{A} \times (A\text{-}U) .$$

Le stock moyen: $\times \dfrac{QEC}{2A} \times (A\text{-}U)$.

On établit maintenant la formule de la QEC, selon ces bases et en partant toujours de la relation fondamentale.

Coûts de commande = coûts de stockage

$$\frac{D \times C}{QEC} = \frac{QEC \times (A\text{-}U) \times S}{2A} .$$

On trouve $QEC = \sqrt{\dfrac{2\,ADC}{(A - U) \times S}} .$

On reprend le tout premier exemple. L'entreprise doit faire face à une demande de 100 unités par jour. (Sur 200 jours, on retrouve la demande annuelle de 20 000.) Elle peut obtenir de son fournisseur qu'il lui livre la marchandise en lots de 250. Quelle serait alors la quantité économique à commander?

En appliquant directement la formule, on trouve:

$$QEC = \sqrt{\frac{2 \times 250 \times 20\,000 \times 30}{(250 - 100) \times 2,50}} = 894,43 .$$

Et les coûts sont alors les suivants:

Coût de commande: $\dfrac{20\,000 \times 30\,\$}{894,43}$ $\qquad = 670,82\,\$$

Coût de stockage: $\dfrac{894,43 \times (250 - 100) \times 2,50\,\$}{\dfrac{250}{2}}$ $\quad = 670,82\,\$$

$\overline{\qquad\qquad\qquad} $

$1\,341,64\,\$$

Par rapport aux 1 732,05 $ calculés précédemment, il y a une économie substantielle de 390 $. On note que si on a fixé une livraison par lots de 250, on commandera un multiple de 250 près de la QEC calculée. La commande sera de 1 000. À cause du peu de sensibilité de la courbe des coûts totaux près du minimum, les coûts seront très près du 1 341,64 $. Ici on obtient 1 350 $.

On peut imaginer que les coûts diminueront davantage si chaque livraison est encore plus minime. Ici, le stock augmente assez rapidement de 150 par jour. Si les livraisons sont limitées à 150 par jour, le stock n'augmentera que de 50 et les coûts de stockage seront donc diminués.

La nouvelle QEC est alors de 1 200 unités. C'est déjà un multiple de 150. (8 j. × 150 = 1 200.) Les coûts totaux sont alors de 1 000 $.

Le stock maximal est de 50 x 8 = 400.

La différence entre cette situation et la précédente est énorme puisque le stock maximal a diminué et le nombre de commandes aussi.

> **Message :** La plus petite livraison possible correspond à l'utilisation prévue pendant la période retenue. **A** doit toujours être au moins égal à **U**.

> **Message :** Une entreprise qui connaît assez bien sa demande annuelle, et qui trouve son compte à commander de grandes quantités à un fournisseur donné, peut opérer avec une **commande ouverte**. Le contrat prévoit la quantité totale pour l'année, ou tout au moins un minimum, et l'acheteur demande, à mesure de ses besoins, la livraison de la quantité désirée.

3. REMISES SUR QUANTITÉ

a) Le fonctionnement

Certains fournisseurs, à cause des économies d'échelle, proposent des remises lorsque les quantités commandées sont importantes. Ces remises sont souvent accordées par plages : au-delà d'une certaine quantité, soit 1 000 unités par exemple, on accorde une remise de y %. Si la quantité dépasse un nouveau seuil, par exemple 10 000, le fournisseur accorde une remise additionnelle. L'acheteur économise sur le prix d'achat; par contre les coûts de stockage risquent d'augmenter considérablement si le seuil nécessaire pour obtenir une remise dépasse la quantité économique à commander.

Dans de tels cas, il faut vérifier si l'économie à l'achat compense les coûts additionnels de stockage. Comme les coûts de commande risquent eux aussi d'être modifiés, on procède en comparant les coûts globaux : achat, commande et stockage.

On a supposé, pour simplifier les calculs, que les nouveaux coûts, passés un certain seuil, s'appliquent à toutes les unités, et non seulement à celles au-dessus de ce seuil.

Exemple : Une entreprise a une demande annuelle de 30 000 unités pour un produit XYZ. Un fournisseur lui propose les prix suivants :

Plages

a) de 1 à 199 : 10,00 $;

b) de 200 à 999 : 9,90 $ soit une remise de 0,10 $;

c) 1 000 et plus : 9,80 $.

Le coût d'une commande est de 27 $ et les coûts annuels de stockage sont de 2,25 $ par unité. Quelle est la quantité économique à commander ?

$$\text{QEC} = \sqrt{\frac{2 \times 30\ 000 \times 27}{2,25}} = 848,53 \text{ unités}$$

Cette quantité économique se trouve dans la plage 200 à 999, correspondant à un prix d'achat de 9,90 $.

Les coûts totaux de stockage et de commande sont de 1 909,19 $; pour toute autre quantité commandée ces coûts totaux seront plus élevés.

Il faut toutefois considérer le fait que si on décide de commander 1 000 unités ou plus, l'économie à l'achat sera peut-être plus importante que l'augmentation des coûts totaux de commande et de stockage. « Le moyen de le savoir, c'est d'aller voir ».

Plutôt que de comparer économie et coûts additionnels il est recommandé de calculer pour chaque situation le coût global tenant compte des coûts d'achat en plus des coûts de commande et de stockage.

Si l'on ajoute le prix d'achat aux coûts de stockage et de commande, le graphique du coût total prend alors la forme suivante:

Figure 5.14

Coût global
Remises sur quantité

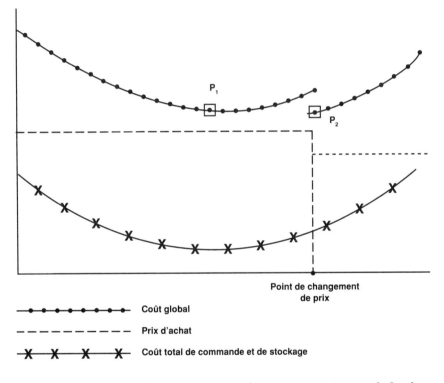

Point de changement
de prix

●━●━●━●━●━●━●━● Coût global

━ ━ ━ ━ ━ ━ ━ ━ Prix d'achat

✕━━✕━━✕━━✕ Coût total de commande et de stockage

Le problème sera donc de comparer le coût au minimum de la plage B avec le coût au début de la plage C.

(Puisque la QEC est à 848,53 on sait que le coût minimum de la plage C est alors à 1 000 unités.)

Voici ce que l'on obtient :

À 848,53 unités le coût global est de 30 000 × 9,90 $ + 1 909,19 $ soit 298 909,19 $.

À 1000 unités ce coût est de :

$$30\ 000 \times 9{,}80\ \$ + \frac{30\ 000 \times 27\ \$}{1\ 000} + \frac{1\ 000 \times 2{,}25\ \$}{2} = 295\ 935\ \$.$$

On constate donc qu'il est préférable de commander par lots de 1 000 pour bénéficier de l'économie à l'achat, conséquence de la remise sur quantité. Cela contrebalance largement l'augmentation des coûts de stockage.

> **Message :** Dans les exemples précédents la variable du coût d'achat n'est pas pertinente puisque le coût du produit demeure le même quelle que soit la quantité demandée.
>
> Maintenant la quantité économique à commander ne dépend plus seulement des coûts de commande et de stockage, mais aussi des coûts d'achat. Une quantité plus grande que la QEC calculée par les moyens standards, peut être justifiée parce que le coût d'achat unitaire est plus bas.

On procède en comparant le coût global (achat + commande + stockage) aux points suivants :

❖ à la QEC calculée ;

❖ au début de chacune des plages qui suivent celle comprenant la QEC calculée.

Exemple : Le fournisseur d'une entreprise lui offre les prix suivants :

40,00 $ l'unité pour tout achat inférieur à 100 unités ;

39,75 $ l'unité pour les achats de 100 à 499 unités ;

39,50 $ l'unité pour les achats de 500 unités et plus.

Chaque commande occasionne pour l'entreprise des frais de 20,00 $ et les coûts annuels unitaires de stockage sont de 5,00 $. La demande annuelle est de 6 000 unités.

On détermine la QEC selon la formule standard :

$$QEC = \sqrt{\frac{2 \times 6\,000 \times 20\,\$}{5\,\$}} = 219,1 \text{ unités}$$

On détermine ensuite les coûts globaux à 219,1 et au début de la plage suivante, soit à 500.

À 219,1 : $6\,000 \times 39,75\,\$ + \dfrac{6\,000 \times 20\,\$}{219,1} + \dfrac{219,1 \times 5\,\$}{2} = 239\,595,45\,\$.$

À 500 : $6\,000 \times 39,50\,\$ + \dfrac{6\,000 \times 20\,\$}{500} + \dfrac{500 \times 5\,\$}{2} = 238\,490\,\$.$

Il est donc préférable de commander 500 unités et de profiter de la remise sur quantité.

b) Calcul de plusieurs QEC

Lorsque les coûts de stockage sont une fonction du prix d'achat, on a alors trois « S » différents qui fournissent autant de QEC différentes. La première chose à faire est alors de vérifier chaque QEC pour voir si elle est compatible avec la plage de prix correspondante.

Exemple : Une compagnie d'aviation se procure des ensembles de vaisselle en plastique pour servir ses repas aériens. La demande annuelle est de 500 000 ensembles. Les prix sont les suivants :

0,36 $ pour des commandes de 10 000 unités ou moins ;

0,32 $ pour des commandes de plus de 10 000 unités, mais de moins de 50 000 ;

0,30 $ pour des commandes de 50 000 unités ou plus.

Les coûts d'entreposage annuels sont de 35 % du coût du produit et les coûts unitaires de commande de 50 $.

❖ On détermine la QEC pour chaque prix :

à 0,36 $ la QEC est de 19 920,47 unités ;

à 0,32 $ la QEC est de 21 128,80 unités ;

à 0,30 $ la QEC est de 21 821,29 unités.

❖ On vérifie la compatibilité.

La quantité 19 920,47 trouvée au prix d'achat de 0,36 $ est incompatible avec la plage de ce prix soit 0-1 000. Cette QEC sera rejetée.

La quantité 21 129 à 0,32 $ est compatible, puisqu'elle est dans la plage 10 000 à 50 000.

La quantité 21 822 à 0,30 $ n'est pas compatible puisqu'elle n'est pas dans la plage 50 000 +.

La règle de fonctionnement est la suivante: on retient la quantité économique à commander compatible avec une plage donnée. On la compare ensuite aux coûts globaux avec les coûts globaux à la quantité minimale de chacune des plages supérieures.

❖ On compare les coûts globaux:

	à 21 129 u.	à 50 000 u.
Achat	$500\ 000 \times 0,32$ $	$500\ 000 \times 0,30$ $
Commande	$\dfrac{500\ 000 \times 50\ \$}{21\ 129}$	$\dfrac{500\ 000 \times 50\ \$}{50\ 000}$
Stockage	$\dfrac{21\ 129}{2} \times 0,32\ \$ \times 0,35$	$\dfrac{50\ 000}{2} \times 0,30\ \$ \times 0,35$
Total	162 364 $	153 125 $

La solution est d'acheter par quantité de 50 000.

4. L'INTERVALLE ÉCONOMIQUE DE COMMANDE

Dans les situations de réapprovisionnement à intervalle fixe et à quantité variable, on peut aussi déterminer quel sera l'intervalle le plus économique. On va calculer cet intervalle économique en partant du principe utilisé pour le calcul de la quantité économique à commander.

Il s'agit donc de déterminer à quel intervalle le total des coûts de stockage et de commande est minimum, c'est-à-dire à quel intervalle les coûts de stockage et de commande sont égaux.

Voici comment procéder:

I (en fraction d'années) = l'intervalle.

La quantité commandée à chaque fois est de DI.
Le nombre de commandes est de 1/I.

Coûts annuels de commande = C/I.
Stock moyen = DI/2.
Coûts de stockage = (DI/2) × S.

Égalité des coûts : C/I = DIS/2

d'où $I = \sqrt{\dfrac{2C}{DS}}$.

Exemple : Une entreprise de boissons gazeuses a besoin de 500 000 bouteilles par année. Elle paie ces bouteilles 0,08 $, le coût de chaque commande est de 230 $ et le coût annuel de maintien en stock est de 20 % de la valeur. L'intervalle économique sera de :

$$I = \sqrt{\frac{2 \times 230}{(500\,000 \times 0,08\ \$ \times 0,20)}} = 0,24 \text{ année.}$$

ou un intervalle de 3 mois.

> **Message :** Dans tous les cas la quantité économique à commander varie comme la racine carré de la demande. Lorsque la demande augmente ou diminue sensiblement il faut recalculer la nouvelle QEC. Si, par exemple, on double la QEC lorsque la demande double, on se retrouve rapidement avec du stock excédentaire.

5. COMMENTAIRES

On a examiné différents modèles de réapprovisionnement mais on a limité les calculs à des situations simples, comportant des hypothèses légèrement réductrices. Les résultats que l'on obtient sont valables dans les conditions données, mais il faut les mettre en perspective.

a) Les remises sur quantité

Dans la plupart des exemples et des problèmes, on a pu constater que la décision était d'acheter en grande quantité. Ceci est dû au fait que ce type d'achat diminue à la fois les coûts de commande et d'achat, ce qui compense largement pour les coûts additionnels de stockage. De plus, les coûts de stockage sont ordinairement exprimés en pourcentage de la valeur du stock; cette valeur diminuant, le coût unitaire de stockage suit le mouvement. Ceci ne veut pas dire de ne pas faire les calculs, mais on peut souvent présumer du résultat.

La combinaison de la livraison échelonnée et des remises sur quantité ne met en cause aucune nouvelle formule. Il s'agit de calculer la QEC de la livraison échelonnée et de procéder ensuite selon les étapes prévues lors de remises sur quantité.

b) Les mises en course

Ce sont les opérations consistant à modifier un outillage lors d'un changement de fabrication. Les entreprises industrielles qui fabriquent des produits différents avec un même outillage, assument donc des coûts de mise en course. Il importe de planifier l'utilisation optimale de cet outillage, d'une part pour ne pas encourir trop souvent les coûts de remise en route des outillages, et d'autre part, pour ne pas gonfler indûment les stocks. On peut, en pratique, considérer ces coûts de mises en course comme étant l'équivalent du coût de commande pour les entreprises de fabrication.

c) Les économies réalisées

Les quantités économiques, comme leur nom l'indique, doivent permettre à l'entreprise de faire des économies. Toutefois, ces dernières peuvent être limitées par certaines contraintes.

❖ Diminuer les stocks devrait normalement entraîner une réduction des coûts. Mais certains coûts sont fixes comme, par exemple, le chauffage des entrepôts ou le salaire du magasinier. Rien ne sert de diminuer les stocks si l'entreprise n'utilise pas autrement l'espace ainsi libéré.

Il est bon de souligner qu'une décision d'acheter en grande quantité n'est pas réaliste si l'entreprise n'a pas à sa disposition le capital requis pour un tel achat. Les coûts d'options des sommes investies dans les stocks n'apparaissent pas de façon distincte dans le calcul de la QEC; ils sont inclus dans les coûts de stockage.

RÉSUMÉ

La demande indépendante est fluctuante et difficilement prévisible. Cependant dans les cas où l'on peut raisonnablement présumer que cette demande variera peu, il est possible d'utiliser des modèles de réapprovisionnement qui permettront de renouveler le stock à temps et exigeront peu de démarches.

Les principaux modèles sont : la quantité et l'intervalle fixes ; la quantité fixe et l'intervalle variable ; l'intervalle fixe et la quantité variable. Le calcul à effectuer dans chaque cas est la détermination de la variable.

Dans l'un ou l'autre cas, on suppose que l'entreprise maintient un stock de sécurité dont la détermination est fonction soit de l'expérience passée, soit de l'équilibre entre l'incertitude et le coût du risque de pénurie.

QUESTIONS DE RÉVISION

1. Le stock de sécurité entraîne des coûts de stockage. On n'en a pourtant pas tenu compte lors du calcul de la QEC. Dites pourquoi.

2. La détermination d'une quantité économique à commander vise à diminuer les coûts totaux de commande (ou de mise en route) et de stockage. Une fois cette opération effectuée, quels sont les éléments que le gestionnaire doit contrôler pour que l'économie de coût prévue se réalise?

3. Dites pourquoi les modèles qu'on a décrits ne sont qu'une approximation de la réalité.

4. Une entreprise qui assemble des fourgonnettes achète les châssis de ces produits. Elle a calculé que la quantité économique à commander serait de 60 châssis. Elle constate cependant que la capacité de chacun de ses entrepôts est de 50 châssis et se demande si elle devrait commander par lots de 50 plutôt que de 60. Quels sont les éléments dont le gestionnaire doit tenir compte avant de prendre sa décision?

PROBLÈMES SOLUTIONNÉS

1. Une entreprise a fixé à 1 500 son stock maximal. Elle prévoit une demande moyenne de 72 unités pendant un délai de livraison de 6 jours. Elle passe la commande deux fois par mois.

   Au moment de ce faire, l'acheteur note qu'il y a 615 unités en entrepôt. Combien en commandera-t-il ?

   Solution : solde prévu : 615 − (6 × 72) = 183
   quantité à commander : 1 500 − 183 = 1 317.

2. La compagnie Deutsch distribue des stimulateurs cardiaques en Europe et en Afrique. Elle en achète 140 000 unités annuellement. Chaque stimulateur coûte 200 $. Le coût unitaire de commande est de 150 $. Les frais de stockage se chiffrent à 10 % de la valeur en stock.

   a) Déterminez la quantité économique à commander et le coût de stockage à ce niveau.

   Solution : $Q = \sqrt{\dfrac{2 \times 140\,000 \times 150}{200 \times 0,10}} = 1\,449,14$.

   Coût de stockage : $\dfrac{1\,449,14 \times 200\ \$ \times 0,10}{2} = 14\,491,40\ \$$.

   b) Quelle quantité commanderez-vous, si vous devez le faire par multiples de 100 ? Indiquez-la.

   Solution : On en commandera 1 400 ou 1 500. Dans ces deux cas, les coûts totaux sont de 29 000 $, soit légèrement plus que le coût minimum de 28 982,80 $.

AUTRES PROBLÈMES

1. La compagnie GKC distribue des produits de réparation. Pour le produit 3R7 la demande annuelle est de 8 000 unités, répartie également sur les 50 semaines où l'entreprise ouvre ses portes. Le coût de commande est de 80 $ et le coût de stockage de 0,60 $ par unité. Si le fournisseur livre à raison de 200 unités par semaine, quelle sera la quantité économique à commander ?

2. Dans le problème précédent, la quantité économique à commander est grande par rapport à la demande totale et, par conséquent, le nombre de commandes est petit. Quels sont les trois facteurs qui se sont conjugués dans ce problème pour donner un tel résultat ?

3. Une papeterie se procure des boîtes de 1 000 enveloppes. Le fournisseur lui propose les prix suivants :

1-99 boîtes : 7,25 $;

100-199 boîtes :   7,10 $;

200 boîtes et plus :   7,00 $.

Le prix de commande est de 20 $ et le prix de maintien en stock de 1,80 $ par unité par année. Si la demande annuelle est de 1 200 boîtes quelle est la quantité économique à commander ?

4. Déterminez le stock de sécurité dans la situation suivante. Calculez ensuite le point de commande.

Délai normal de livraison : quatre semaines. Demande moyenne par semaine 40. Distribution de la demande pour les 40 dernières livraisons :

100-120 : 0,10 ;

120-140 : 0,15 ;

140-160 : 0, 25 ;

160-175 : 0, 24 ;

175-190 : 0, 22 ;

190-200 : 0, 03 ;

200 et plus : 0,01.

Risque de pénurie acceptable : 0,04.

Toute pénurie au-delà de 0,04 est considérée trop coûteuse.

Chapitre

6

LA DEMANDE
DÉPENDANTE

OBJECTIFS

Comme nous l'avons mentionné au chapitre précédent, la demande des clients constitue une demande indépendante. Une fois cette demande établie, l'entreprise pourra déduire ses propres besoins en matières, en composants ou en marchandises. Ces besoins constituent une **demande dépendante**, c'est-à-dire *une demande qui dépend de la demande indépendante (celle des clients) telle que déjà exprimée ou telle que prévue.* C'est l'établissement de cette demande dépendante que nous étudierons dans ce chapitre.

OBJECTIFS D'APPRENTISSAGE

À la fin de ce chapitre, on pourra :

✓ décrire l'importance des éléments suivants :

- la définition des besoins en matières (dans l'entreprise industrielle) et en marchandises (dans l'entreprise commerciale);

- la planification de la production (dans l'entreprise industrielle) et des ventes (dans l'entreprise commerciale);

✓ utiliser les outils de planification des approvisionnements :

- la nomenclature des produits;

- le plan des besoins matières;

- la fiche suiveuse.

A LA DÉFINITION DES BESOINS

La **définition des besoins** est *la démarche qui consiste, pour une fonction, un service ou un rayon à établir la liste des ressources requises pour accomplir une tâche définie.* Tel que nous l'avons mentionné à plusieurs reprises, la mission première de la fonction « approvisionnement » est de répondre le plus adéquatement possible aux besoins des autres fonctions, particulièrement à ceux des fonctions « ventes » et « production ». Cette mission exige que les besoins soient établis d'avance et transmis dans des délais permettant à la fonction « approvisionnements » d'y répondre à temps.

LA PLANIFICATION DE LA PRODUCTION

Dans l'entreprise industrielle, le service des approvisionnements établit ses propres prévisions à partir de la **planification de la production**, *un programme à moyen terme qui vise à coordonner l'utilisation des ressources de l'entreprise et à synchroniser le travail de tous les employés concernés par la production, afin d'assurer la réalisation des biens à produire dans les délais requis et au prix de revient le plus bas, compte tenu de la qualité désirée.* C'est à partir de cette planification que l'on définit les besoins en matières directes et indirectes destinées à la fabrication (ou à l'assemblage).

> **MESSAGE :** Dans ce chapitre, on examinera la définition des besoins en matières, c'est-à-dire ceux de la fonction « production » de l'entreprise industrielle, et la planification des approvisionnements qui en découle. La même démarche peut toutefois très bien s'appliquer dans l'entreprise commerciale à la définition des besoins en marchandises et aux prévisions d'approvisionnement qui en résultent (sauf pour la nomenclature des produits qui ne sert que dans l'entreprise industrielle). On se base dans ce cas sur la **planification des ventes** qui *permet d'établir les prévisions de ventes à moyen terme.*

B LA PLANIFICATION DES APPROVISIONNEMENTS

1. LA NOMENCLATURE DES PRODUITS

En gestion des approvisionnements et des stocks, le terme **nomenclature des produits** désigne *le schéma représentant les divers composants d'un produit fini ainsi que leur ordre d'assemblage.* Cet outil permet de compléter, en la quantifiant, la définition des besoins en matières. Voici un exemple de ce schéma:

Tableau 6-1

Nomenclature du produit fini A

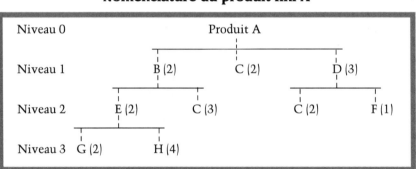

Les lettres B à H identifient les **composants** (pièces et morceaux) du produit A. Les lignes identifient les assemblages à effectuer et les chiffres entre parenthèses indiquent le nombre de composants requis dans chaque assemblage. Dans cet exemple, on constate qu'il faut deux composants G et quatre composants H pour produire un composant E; deux composants E et trois composants C sont requis pour obtenir un composant B; deux composants B, deux composants C et trois composants D permettent d'assembler le produit final A; chaque composant D nécessite l'assemblage de deux composants C et d'un composant F.

Quant aux niveaux, ils indiquent les étapes d'assemblage; le niveau 0 est celui de l'assemblage final et l'on attribue aux différents niveaux un chiffre de plus en plus élevé, au fur et à mesure que l'on descend vers les assemblages de départ. Évidemment on débutera la production par les niveaux de base (ceux dont le chiffre est le plus élevé) pour remonter vers le niveau 0.

Cette nomenclature permet de calculer la quantité totale requise pour chaque composant. Voici l'exemple des composants G et C :

Composant G :

2 G pour chaque E × [2 E pour chaque B] × [2 B pour chaque A] : donc un **total de 8 G**.

Composant C :

3 C pour chaque B × [2 B pour chaque A]
+ 2 C pour chaque A (au niveau 1)
+ 2C pour chaque D × [3 D pour chaque A] : donc un **total de 14 C**.

En procédant ainsi on est en mesure d'établir les quantités totales suivantes pour chaque composant :

B : 2 unités ;

C : 14 unités (3C × 2B + 2C × 1A + 2C × 3D) ;

D : 3 unités ;

E : 4 unités (2E × 2B) ;

F : 3 unités (1F × 3D) ;

G : 8 unités (2G × 2E × 2B) ;

H : 16 unités (4H × 2E × 2B).

Voici un deuxième exemple :

Nomenclature du produit TX-120

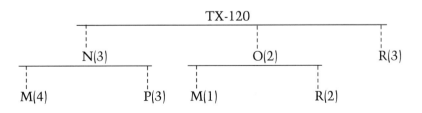

La quantité requise de chaque composant pour la production d'un TX-120 se calcule comme suit :

Composant N : **3** ;
Composant O : **2** ;
Composant R : 3 + 2 O pour chaque TX-120 × [2 R pour chaque O] = **7** ;
Composant M : 3 N pour chaque TX-120 × [4 M pour chaque N] +
2 O pour chaque TX-120 × [1 M pour chaque O] = **14** ;
Composant P : 3 N pour chaque TX-120 × [3 P pour chaque N] = **9**.

Une fois les besoins décrits et quantifiés grâce à la nomenclature des produits, le service des approvisionnements établit les commandes à prévoir à l'aide d'un outil appelé **plan des besoins matières**. Pour ce qui est du suivi et du contrôle des différentes opérations reliées aux commandes, de nombreuses entreprises utilisent un document de travail que l'on nomme la **fiche suiveuse** (de la commande).

2. LE PLAN DES BESOINS MATIÈRES

Après avoir déterminé les quantités requises, il faut prévoir les commandes à passer et le moment de les faire pour obtenir les composants à temps. Pour les composants achetés tels quels, les commandes seront passées auprès d'un fournisseur externe ; pour les composants fabriqués ou assemblés par l'entreprise, les commandes seront transmises à un des ateliers de fabrication de cette dernière.

On doit, pour ce faire, tenir compte de six facteurs :

(1) la quantité requise pour la production ;

(2) le moment où l'on prévoit avoir besoin du composant ;

(3) la quantité déjà en stock ;

(4) le stock de sécurité à maintenir ;

(5) la quantité déjà commandée et en voie de livraison ;

(6) le délai d'expédition ou de production du composant.

Par exemple, si on a besoin de 200 articles dans 6 semaines, et si le délai de livraison ou de production est de 2 semaines, il faudra commander les articles au plus tard dans 4 semaines, à moins qu'on ne les ait en stock ou qu'ils aient déjà été commandés.

Pour obtenir une planification rationnelle des commandes, les entreprises utilisent un **plan des besoins matières** (**PBM**). Il s'agit d'*un* *tableau présentant, sur un horizon déterminé, les besoins prévus de matières permettant d'établir les commandes à passer compte tenu des éléments déjà en stock ou en voie de réception.*

À titre d'exemple, on suppose qu'une entreprise possède les informations suivantes relatives au composant XL :

❖ besoins prévus : 6 000 unités dans 3 semaines, et 7 000 unités dans 5 semaines ;

❖ articles actuellement en stock : 1 000 unités ;

❖ commandes déjà passées : 1 200 unités à recevoir dans 1 semaine ;

❖ délai de livraison : 2 semaines ;

❖ le stock de sécurité est établi à 500 unités.

Ces informations, permettent d'élaborer le plan des besoins matières. On le fera en deux étapes.

1. On dresse d'abord une version du plan où n'apparaissent que les données de départ et donc aucune commande. Cette première version permet de dégager les besoins prévus en approvisionnement.

2. Une fois les besoins identifiés, on établit les commandes à passer. Il suffit alors d'ajouter ces commandes au plan et de rectifier les autres données en conséquence (cette rectification est nécessaire pour poursuivre plus tard la même planification).

Plan des besoins matières du composant XL
(à partir des données de départ et sans aucune commande)

(Stock au début : 1 000)

Semaines	0	1	2	3	4	5
Besoins bruts				6 000		7 000
Réceptions prévues		**1 200**				
Solde prévu	1 000	2 200	2 200	-3 800	-3 800	-10 800
Besoins nets (surplus)	-500	-1 700	-1 700	4 300	4 300	11 300
Commandes						

La semaine 0 représente le début de la planification.

❖ Les **besoins bruts** représentent la quantité que l'on prévoit utiliser dans une période donnée.

❖ Les **réceptions prévues** proviennent des commandes passées auparavant. Les 1 200 unités indiquées à la semaine 1 proviennent d'une commande passée avant la semaine 0.

❖ Le **solde prévu** correspond à la quantité qui reste après avoir comblé le besoin brut. On le détermine au moyen du calcul suivant :

Solde prévu = solde prévu de la période précédente + réceptions prévues pour la période en cours − besoins bruts de la période en cours. (L'ordre peut être modifié.)

(En ce qui concerne la semaine 0, ce solde est directement fourni avec les données de départ. Il provient, en fait, de la période précédant la semaine 0.)

Pour le composant XL, les calculs sont les suivants :

Solde prévu à la semaine 1 : 1 000 − 0 + 1 200 = **2 200**.

(Ce solde se maintient durant la période 2 puisque rien ne s'y passe.)

Solde prévu à la semaine 3 : 2 200 − 6 000 + 0 = **-3 800**.

(Ce solde se maintient durant la période 4 puisque rien ne s'y passe.)

Solde prévu à la semaine 5 : -3 800 − 7 000 + 0 = **-10 800**.

Un solde négatif indique ce qui manque pour combler les besoins bruts.

❖ Les **besoins nets** indiquent la quantité à commander pour répondre aux besoins bruts et assurer, s'il y a lieu, le maintien d'un stock de sécurité. Ils se calculent comme suit :

Besoins nets = stock de sécurité − solde prévu (ou surplus).

Les besoins nets correspondent à la quantité que l'on devrait avoir commandé depuis le début de la période couverte par le plan pour couvrir les besoins bruts et maintenir, s'il y a lieu, un stock de sécurité.

Un résultat négatif indique qu'il n'y a aucun besoin net, mais plutôt un surplus de stock. On note de plus qu'au moment où le solde prévu correspond au moins au stock de sécurité, aucun besoin net n'apparaît.

En ce qui concerne le composant XL, les calculs sont les suivants :

Besoins nets (surplus)

Semaine 0 : 500 − 1 000 = **-500** (surplus).

Semaine 1 : 500 − 2 200 = **-1 700** (surplus).

(Ce montant demeure le même pour la semaine 2 puisque rien ne se passe durant cette période.)

Semaine 3 : 500 − (-3 800) = **4 300** (besoin net).

(Ce montant demeure le même pour la semaine 4 puisque rien ne se passe durant cette période.)

Semaine 5 : 500 − (-10 800) * + 500 = **11 300.**

* Le solde prévu à la période 4 est négatif.

Ce premier tableau indique les manques de matières (soldes prévus négatifs) et les besoins nets qui se manifesteraient si on ne passait aucune commande. Les besoins nets indiquent donc les quantités à commander. Quant au moment de la commande, on le détermine à partir du délai de livraison : il suffit, dans le cas présent, de commander deux semaines avant l'apparition du besoin net. On doit prévoir commander, dès la semaine 1, une quantité de 4 300 unités que l'on recevra à la semaine 3 et qui combleront (donc feront disparaître) les besoins nets apparaissant à cette période.

Les besoins nets indiqués aux semaines suivantes seront diminués d'autant et deviendront 0 pour la semaine 4 et 7 000 pour la semaine 5 (11 300 − 4 300 = 7 000). Ce dernier besoin sera comblé par une commande de 7 000 unités que l'on passera à la semaine 3 et qui sera livrées à la semaine 5. Une fois ces prévisions de commandes et de réceptions établies, il suffit de les ajouter au plan des besoins matières et de le modifier comme suit :

Plan des besoins matières du composant XL
(incluant les commandes nécessaires pour combler les besoins)

(Stock au début: 1 000)

Semaines	0	1	2	3	4	5
Besoins bruts				6 000		7 000
Réceptions prévues		1 200		4 300		7 000
Solde prévu	1 000	2 200	2 200	~~3 800~~ 500	~~3 800~~ 500	~~10 800~~ 500
Besoins nets (surplus)		-500	-1 700	-1 700	~~4 300~~ 0	~~4 300~~ 0	~~11 300~~ 0
Commandes		4 300		7 000		

Les nouveaux soldes prévus et les besoins nets sont déterminés selon les mêmes calculs que ceux indiqués précédemment, mais ces calculs comportent cette fois des réceptions prévues qui n'apparaissaient pas dans la première version du plan des besoins matières. Les calculs sont maintenant les suivants (l'ordre peut être modifié):

Solde prévu à la semaine 3: 2 200 + **4 300** − 6 000 = 500.

(Ce solde se maintient durant la période 4 puisque rien ne s'y passe.)

Solde prévu à la semaine 5: **500** + **7 000** − 7 000 = 500.

Besoins nets de la semaine 3: 500 − **500** = 0.

(Ce montant demeure le même pour la semaine 4 puisque rien ne se passe durant cette période.)

Besoins nets de la semaine 5: 500 − **500** = 0.

On constate que les deux commandes ont permis d'atteindre l'objectif visé, soit combler les besoins nets et assurer un stock de sécurité.

Afin de bien comprendre le plan des besoins matières, on examine un deuxième exemple:

Voici les renseignements recueillis relativement au composant P10-N.

Horizon du plan : 6 semaines.

Stock de départ : 800 unités.

Besoins prévus : semaine 0 550 unités;
semaine 1 500 unités;
semaine 2 700 unités;
semaine 3 660 unités;
semaine 4 475 unités;
semaine 5 610 unités;
semaine 6 710 unités.

Délai de livraison prévu : 3 semaines.

600 composants ont été commandés il y a 2 semaines et 500 ont été commandés il y a 1 semaine.

Le stock de sécurité est établi à 200 composants.

Plan des besoins matières du composant P10-N
(si on ne passe aucune nouvelle commande)

(Stock au début : 800)

Semaines	0	1	2	3	4	5	6
Besoins bruts	550	500	700	660	475	610	710
Réceptions prévues		600	500				
Solde prévu	250	350	150	-510	-985	-1 595	-2 305
Besoins nets (surplus)	-50	-150	50	710	1 185	1 795	2 505
Commandes							

Calcul du solde prévu :

Semaine 0 : $800 + 0 - 550 = 250$;
Semaine 1 : $250 + 600 - 500 = 350$;
Semaine 2 : $350 + 500 - 700 = 150$;
Semaine 3 : $150 + 0 - 660 = -510$;
Semaine 4 : $-510 + 0 - 475 = -985$;
Semaine 5 : $-985 + 0 - 610 = -1\ 595$;
Semaine 6 : $-1\ 595 + 0 - 710 = -2\ 305$.

Calcul des besoins nets (ou des surplus):

Semaine 0: 200 − 250 = -50 (surplus);
Semaine 1: 200 − 350 = -150 (surplus);
Semaine 2: 200 − 150 = 50 (besoin);
Semaine 3: 200 − (-510) = 710 (besoin);
Semaine 4: 200 − (-985) = 1 185 (besoin);
Semaine 5: 200 − (-1 595) = 1 795 (besoin);
Semaine 6: 200 − (-2 305) = 2 505 (besoin).

Considérant le délai de livraison de trois semaines, les commandes à prévoir pour combler les besoins nets seront les suivantes:

semaine 0: 710 unités (besoins nets de la semaine 3);

semaine 1: 475 unités (besoins nets de la semaine 4 moins 710, comblés par la commande de la semaine 0);

semaine 2 : 610 unités (besoins nets de la semaine 5 moins 1 185, comblés par les commandes des semaines 0 et 1);

semaine 3: 710 unités (besoins nets de la semaine 6 moins 1 795. comblés par les commandes des semaines 0, 1 et 2).

En incluant ces commandes, le plan des besoins matières sera modifié comme suit:

Plan des besoins matières du composant P10-N
(incluant les commandes prévues)

(Stock au début : 800)

Semaines	0	1	2	3	4	5	6
Besoins bruts	550	500	700	660	475	610	710
Réceptions prévues		600	500	710	475	610	710
Solde prévu	250	350	150	~~510~~ 200	~~985~~ 200	~~1 595~~ 200	~~2 305~~ 200
Besoins nets (surplus)	-50	-150	50	~~710~~ 0	~~1 185~~ 0	~~1 795~~ 0	~~2 505~~ 0
Commandes	710	475	610	710			

Les nouveaux chiffres ont été établis comme suit :

Solde prévu	**Besoins nets**
Semaine 3 : $150 + 710 - 660 = 200$	$200 - 200 = 0$;
Semaine 4 : $200 + 475 - 475 = 200$	$200 - 200 = 0$;
Semaine 5 : $200 + 610 - 610 = 200$	$200 - 200 = 0$;
Semaine 6 : $200 + 710 - 710 = 200$	$200 - 200 = 0.$

On constate ici que les délais d'approvisionnement (trois semaines) ne permettent pas de satisfaire les besoins nets de la semaine 2. Cette situation, due à une planification imparfaite des périodes précédentes, ne compromet cependant pas la production puisque le besoin net de cette période ne représente que les 50 unités manquantes pour maintenir le stock de sécurité à 200. Cela illustre bien l'utilité du stock de sécurité, car sans ce dernier, il aurait manqué 50 unités pour répondre au besoin de la production.

On suppose maintenant que les commandes doivent être faites par lots de 50 unités. Voici comment apparaîtrait le plan des besoins matières :

Plan des besoins matières du composant P10-N
(incluant les commandes prévues)

(Stock au début : 800)

Semaines	0	1	2	3	4	5	6
Besoins bruts	550	500	700	660	475	610	710
Réceptions prévues		600	500	750	450	600	750
Solde prévu	250	350	150	~~-510~~ 240	~~-985~~ 215	~~-1595~~ 205	~~-2305~~ 245
Besoins nets (surplus)	-50	-150	50	~~710~~ -40	~~1185~~ -15	~~1795~~ -5	~~2505~~ -45
Commandes	750	450	600	750			

Les calculs seraient légèrement modifiés comme suit :

La quantité à commander correspond au besoin net (toujours en devançant de trois semaines pour couvrir le délai de livraison) arrondi à 50 unités. L'arrondissement se fait en augmentant pour être sûr de couvrir le besoin net. Dans cet exemple, les quantités à commander seraient calculées comme suit :

Semaine 0 : $710 - 0 = 710$ arrondi à 750 ;
Semaine 1 : $1\,185 - 750 = 435$ arrondi à 450 ;
Semaine 2 : $1\,795 - (750 + 450) = 595$ arrondi à 600 ;
Semaine 3 : $2\,505 - (750 + 450 + 600) = 705$ arrondi à 750.

Les nouveaux soldes prévus et les nouveaux surplus (besoins nets négatifs) seraient calculés ainsi :

Solde prévu	Surplus
Semaine 3 : $150 + 750 - 660 = 240$	$200 - 240 = -40.$
Semaine 4 : $240 + 450 - 475 = 215$	$200 - 215 = -15.$
Semaine 5 : $215 + 600 - 610 = 205$	$200 - 205 = -5.$
Semaine 6 : $205 + 750 - 710 = 245$	$200 - 245 = -45$

En fait le surplus n'est que l'excédent du solde prévu par rapport au stock minimum.

On utilise le plan des besoins matières surtout dans les entreprises manufacturières, mais on peut également l'utiliser dans les entreprises commerciales. Il suffit que le service des ventes fournisse au service de l'approvisionnement ses besoins prévus de marchandises.

Le plan des besoins matières procure essentiellement deux principaux avantages :

(1) Il permet de planifier les commandes de telle façon que l'on reçoive les produits juste au moment requis par la production (ou par le marketing dans le cas des entreprises commerciales).

(2) Il permet de ne conserver en stock que les quantités nécessaires pour assurer un niveau de sécurité (ou un peu plus en ce qui concerne les articles devant être achetés en lots courants).

3. LA FICHE SUIVEUSE (DE LA COMMANDE)

La **fiche suiveuse** est *à la fois un échéancier et une feuille de route qui permet de prévoir puis de suivre pas à pas le cheminement d'une commande à partir de sa passation auprès d'un fournisseur jusqu'à la réception des articles commandés.* Ce document, qui peut prendre différentes formes, contient une liste des opérations reliées à la commande, chacune accompagnée de la date prévue et de la date effective de leur réalisation ainsi que de toute information pertinente qui s'y rapporte. Cette liste comporte les éléments suivants :

❖ la date, le numéro et le contenu de la demande d'achat ;

❖ la date, le numéro et le contenu de la commande ;

❖ la date de l'accusé de réception du fournisseur ;

❖ les dates et les moyens de relance ;

❖ les dates et le contenu des réponses du fournisseur ainsi que le nom de la personne qui a fourni ces réponses ;

❖ la date et le détail de toute modification apportée à la commande ;

❖ tous les problèmes ayant pu survenir durant chacune des étapes du cheminement et de la réalisation de la commande, ainsi que la façon dont on les a réglés ;

❖ le mode et la durée du transport des articles ainsi que le nom du transporteur retenu ;

❖ la date et le lieu de livraison des articles commandés.

On joint habituellement à la fiche, une copie de la demande d'achat, du bon de commande et de l'accusé de réception du fournisseur ainsi que la documentation relative aux communications entretenues avec ce dernier.

Lorsque le transport se fait sur une longue distance et comporte une durée importante, on inclura également dans la fiche la date et le lieu d'expédition (de départ) des articles ainsi que les dates et lieux de leurs différents transits. Certaines entreprises préfèrent annexer tous les renseignements relatifs au transport dans un document distinct que l'on appelle «fiche suiveuse du transport». C'est surtout le cas lorsque le transport comprend un grand nombre d'étapes et de formalités tels que des chargements et des déchargements multiples, des inspections réglementaires et des dédouanements.

En comparant les dates prévues et les dates effectives de la réalisation de chaque opération reliée à la commande, on sera en mesure d'identifier au fur et à mesure les retards éventuels pour s'y ajuster rapidement et si possible y remédier au plus vite. Quant aux autres problèmes qui peuvent survenir, le fait de les identifier dès qu'ils apparaissent permet de mieux planifier les correctifs à apporter.

La figure 6-1 illustre une fiche suiveuse de la Société Beautemps ltée pour une commande déjà livrée.

Figure 6-1

Fiche suiveuse d'une commande

Beautemps ltée
FICHE SUIVEUSE

Service requérant : Production
Date de réquisition : 10 janvier 1994
N° de réquisition (document ci-joint) : N° 158
Requis pour le : 2 février 1994

Date de la commande : 11 janvier 1994
Fournisseur : Matériaux industriels Leclerc inc.
N° de la commande (document ci-joint) : N° 316
Objet de la commande : 500 adapteurs, modèle P30-L15

Date de l'accusé de réception
par le fournisseur : 13 janvier 1994
Relance(s)   : 28 janvier 1994 appel téléphonique chez le four-
                    nisseur.
Relance effectuée par : Paul Cliche

Résultat de la relance : M. Brière, directeur des ventes, confirme la
                         bonne marche de la commande et la livraison
                         des produits pour la date prévue.

Modifications de la commande : aucune modification

Problèmes survenus	Solution apportée
15 janvier : le fournisseur signale qu'il lui manque les spécifications sur la longueur du câblage électrique requis.	Spécifications transmises par télécopieur le 15 janvier à 15 h.

Transport : service de camionnage Express-Métropole inc.
Durée du transport : 2 heures
Coût du transport : aux frais du fournisseur
Point d'expédition : usine du fournisseur
Lieu de livraison : notre usine

Date de réception (bon de livraison ci-joint) : 1er février 1994
Inspection de produits livrés (rapport ci-joint) : Marcel Viau
Problème détecté lors de l'inspection : aucun

---

4. L'ASPECT COMPTABLE

On peut établir un rapport tout à fait direct entre les outils de gestion que l'on vient d'examiner et trois domaines relevant de la comptabilité : a) le prix de revient ; b) les prévisions budgétaires ; c) le contrôle interne et la vérification.

a) La nomenclature et le prix de revient

Comme le coût des composants (la matière) représente un élément majeur dans le calcul du prix de revient des articles, c'est-à-dire déterminer leur coût de fabrication, on constate que la nomenclature des produits constitue un outil indispensable pour le comptable en prix de revient. En effet, si l'on veut établir le coût en matières des articles fabriqués, il faut d'abord connaître la quantité requise de chaque composant : c'est exactement ce que permet la nomenclature des produits.

b) Le plan des besoins matières et les prévisions budgétaires

Le plan des besoins matières, tel que l'on vient de le voir, fournit un instrument des plus adéquats pour dresser le budget des achats de l'entreprise. En effet, l'établissement de ce budget nécessite au préalable l'établissement des besoins quantitatifs en matières tels que déterminés par le plan des besoins matières.

c) La fiche suiveuse, le contrôle interne et la vérification

Le contrôle interne et la vérification visent, entre autres, à assurer que les opérations sont conformes aux politiques définies par l'entreprise et que les procédures établies pour les respecter sont bien suivies. En ce qui concerne les opérations liées aux approvisionnements, l'objectif est de s'assurer que tout paiement fait à un fournisseur constitue la juste contrepartie d'un bien ou d'un service effectivement reçu, que tout achat correspond à une commande approuvée par une personne autorisée à le faire et que toute acquisition répond à un besoin réel manifesté par un acheteur. La fiche suiveuse qui réunit toutes les pièces justificatives rattachées aux achats et qui en facilite le suivi constitue un outil idéal à cet effet.

RÉSUMÉ

Pour répondre à temps aux besoins, les gestionnaires de l'approvisionnement se basent sur la définition de ces besoins et sur leur planification, établies auparavant par d'autres services. En ce qui concerne la production, la définition des besoins découle de la planification de la production accompagnée d'une nomenclature des produits. Cette dernière se présente sous la forme d'un schéma montrant les divers composants d'un produit fini ainsi que leur ordre d'assemblage. Dans les entreprises commerciales, on se base plutôt sur les besoins en marchandises indiqués dans la planification des ventes.

À partir de ces éléments, les responsables de l'approvisionnement effectuent leur propre planification. Ils établissent les prévisions de commandes à l'aide d'un plan des besoins matières, en ce qui concerne l'entreprise industrielle et d'un plan des besoins marchandises, en ce qui concerne l'entreprise commerciale.

Pour le suivi de chaque commande, de nombreuses entreprises utilisent un outil appelé la fiche suiveuse. Ce document, qui se présente sous diverses formes, contient une liste des opérations reliées à une commande. Pour chaque opération, on indique la date prévue et la date d'entrée en vigueur de la réalisation ainsi que toutes les informations pertinentes qui s'y rapportent. Les documents reliés à la commande et à sa réalisation sont annexés à la fiche suiveuse.

QUESTIONS DE RÉVISION

1. Quelle différence existe-t-il entre une demande indépendante et une demande dépendante?

2. Quelle est la source des informations permettant d'établir la demande dépendante en approvisionnement dans une entreprise industrielle? Dans une entreprise commerciale?

3. Quelle est l'utilité de la nomenclature des produits?

4. Dans quel but dresse-t-on un plan des besoins matières?

5. Dans le plan des besoins matières, on retrouve les termes *besoins bruts, réception prévue, solde prévu,* et *besoins nets.* Quelle est la signification de chacun de ces termes?

6. De quelle façon calcule-t-on le solde prévu et les besoins nets que l'on retrouve dans un plan des besoins matières?

7. Quels sont les deux avantages découlant de l'utilisation d'un plan des besoins matières?

8. À quoi servent les fiches suiveuses?

9. Indiquez brièvement ce que contient une fiche suiveuse.

PROBLÈMES SOLUTIONNÉS

1. Voici la nomenclature de différents produits et sous-produits utilisés par la Société Beausoleil ltée pour la fabrication.

A		B	
C(3)	D(2)	D(1)	E(4)

E		C	
C(2)	F(3)	D(2)	F(1)

D et F sont des produits non décomposables.

Déterminez le nombre de composants D nécessaires pour fabriquer 1 000 unités de A et 2 000 unités de B.

Solution :

Pour les 1 000 unités de A :

1re branche :
1 000 A × 3 C pour chaque A × 2 D pour chaque C = 6 000 D

2e branche :
1 000 A × 2 D pour chaque A   = 2 000 D

Total pour les 1 000 unités de A   8 000 D

Pour les 2 000 unités de B :

1re branche :
2 000 B × 1 D pour chaque B   = 2 000 D

2e branche :
2 000 B × 4 E pour chaque B × 2 C pour chaque E
× 2 D pour chaque C   = 32 000 D

Total pour les 2 000 unités de B   34 000 D

Total pour les 1 000 unités de A et les 2 000 unités de B   42 000 D

2. La direction de la Société Vis Deforme inc., important fabricant de clous et de vis, vous présente les informations suivantes relatives aux tiges d'acier utilisées pour la fabrication de vis:

Besoins prévus pour la production des six prochaines semaines:

semaine 0: 2 000 unités;
semaine 1: 2 300 unités;
semaine 2: 3 200 unités;
semaine 3: 2 800 unités;
semaine 4: 4 100 unités;
semaine 5: 1 900 unités.

Actuellement en stock: 3 000 unités.

Commandes déjà passées: 1 000 unités à recevoir durant la semaine 0.

Délai de livraison: 1 semaine.

Les tiges doivent être commandées par lots de 1 000 unités.

Le stock de sécurité est établi à 1 500 unités.

Dressez le plan des besoins matières des tiges d'acier pour les 6 prochaines semaines (semaines 0 à 5 inclusivement).

Solution:

Plan des besoins matières des tiges d'acier
(en milliers de dollars)

Semaines	0	1	2	3	4	5
Besoins bruts	2,0	2,3	3,2	2,8	4,1	1,9
Réceptions prévues	1,0	~~0,0~~ 2,0	~~0,0~~ 3,0	~~0,0~~ 3,0	~~0,0~~ 4,0	~~0,0~~ 2,0
Solde prévu (1) (2)	~~2,0~~ 2,0	~~0,3~~ 1,7	~~3,5~~ 1,5	~~6,3~~ 1,7	-10,4 1,6	-12,3 1,7
Besoins nets (1) (surplus) (2)	~~0,5~~ -0,5	~~1,8~~ -0,2	~~5,0~~ 0,0	~~7,8~~ -0,2	~~11,9~~ -0,1	~~13,8~~ -0,2
Commandes	~~0,0~~ 2,0	~~0,0~~ 3,0	~~0,0~~ 3,0	~~0,0~~ 4,0	~~0,0~~ 2,0	

Calculs:

SPp: solde prévu de la période précédente

RP: réception prévue

BB: besoins bruts

SS: stock de sécurité

	Solde prévu (1) (SPp +RP -BB)	**Besoins nets (surplus) (1)** (BB + SS - SPp - RP)
Semaine 0:	3 + 1 − 2 = 2,0	1,5 − 2,0 = -0,5
Semaine 1:	2 + 0 − 2,3 = -0,3	1,5 − (-0,3) = 1,8
Semaine 2:	-0,3 + 0 − 3,2 = -3,5	1,5 − (-3,5) = 5,0
Semaine 3:	-3,5 + 0 − 2,8 = -6,3	1,5 − (-6,3) = 7,8
Semaine 4:	-6,3 + 0 − 4,1 = -10,4	1,5 −(-10,4) = 11,9
Semaine 5:	-10,4 + 0 − 1,9 = -12,3	1,5 −(-12,3) = 13,8

Commandes (arrondies à 1 000 unités):

(Besoin net prévu pour la semaine suivante – total des commandes depuis la semaine 0.)

Semaine 0: 1,8 donc 2

Semaine 1: 5,0 − 2   = 3

Semaine 2: 7,8 − 2 − 3   = 2,8 donc 3

Semaine 3: 11,9 − 2 − 3 − 3   = 3,9 donc 4

Semaine 4: 13,8 − 2 − 3 − 3 − 4 = 1,8 donc 2

Semaine 5: elles ne peuvent être calculées sans connaître les prévisions de la semaine 6.

	Solde prévu (2)	**Besoins nets (surplus) (2)**
Semaine 0:	3 + 1 − 2 = 2,0	1,5 −2,0 =-0,5
Semaine 1:	2 + 2 − 2,3 = 1,7	1,5 −1,7 =-0,2
Semaine 2:	1,7 + 3 − 3,2 = 1,5	1,5 −1,5 = 0,0
Semaine 3:	1,5 + 3 − 2,8 = 1,7	1,5 −1,7 =-0,2
Semaine 4:	1,7 + 4 − 4,1 = 1,6	1,5 −1,6 =-0,1
Semaine 5:	1,6 + 2 − 1,9 = 1,7	1,5 −1,7 =-0,2

AUTRES PROBLÈMES

1. Voici les données relatives à la composition de l'article S.

Composants requis

Chaque article S :   2 T et 3 U.

Chaque composant T :   1 R et 2 Z.

Chaque composant U :   2 R et 3 V.

Chaque composant Z :   3 R et 2 W.

Chaque composant V :   1 R et 3 X.

a) Dressez la nomenclature des produits de l'article S.

b) Calculez le nombre requis de chaque composant entrant dans la fabrication d'un article S.

2. Les responsables de la production de l'entreprise Bon-air prévoient avoir besoin, dans 4 semaines, de 3 000 unités du composant 3HM. Il y a actuellement en stock 500 unités de ce composant et, selon une commande déjà passée, ils prévoient en recevoir 1 200 dans 2 semaines. Sachant que le délai de livraison du fournisseur est de 3 semaines et que l'entreprise désire conserver un stock de sécurité de 400 articles, calculez le nombre d'articles que l'entreprise devrait commander dans 2 semaines.

3. Complétez le plan des besoins matières suivant en supposant que le délai de livraison est de 2 semaines, que les livraisons se font par lots de 100 unités et que le niveau minimum du stock doit être maintenu à 50 unités.

Plan des besoins matières

Semaines	0	1	2	3	4	5
Besoins bruts		70	70		140	80
Réceptions prévues		100				
Solde prévu (1) (2)	80					
Besoins nets(1) (surplus) (2)						
Commandes						

CAS : LA SOCIÉTÉ ARTON INC.

Le directeur de la production de la Société Arton inc. a fourni, pour le produit ABX, les informations suivantes :

Nomenclature des produits

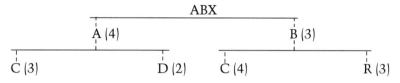

Planification de la production

Il prévoit, au cours des prochaines semaines, faire les mises en train de la production suivantes :

Semaine 2 : 2 500 articles ABX.

Semaine 4 : 3 000 articles ABX.

Semaine 5 : 1 500 articles ABX.

Le responsable des approvisionnements indique que le délai de livraison est de une semaine pour le composant C et de deux semaines pour le composant R. Les fournisseurs n'acceptent que des commandes par lots de 5 000 unités pour le composant C et par lots de 1 000 unités pour le composant R.

Il y a actuellement en stock 36 000 unités du composant C et 24 000 unités du composant R.

Après s'être concertés, le responsable des approvisionnements et le directeur de la production ont établi qu'il leur faudrait maintenir un stock de sécurité de 10 000 unités de C et de 8 000 unités de R.

Déterminez, à l'aide d'un plan des besoins matières, les commandes à prévoir pour les composants C et R au cours des 6 prochaines semaines (les semaines 0 à 5 inclusivement).

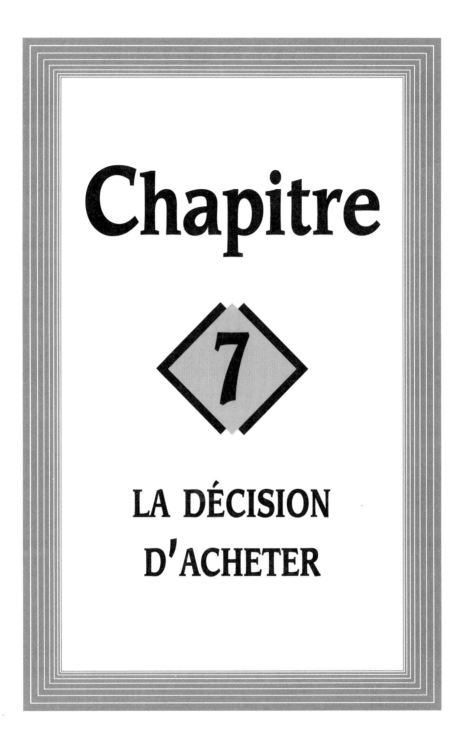

Chapitre

7

LA DÉCISION
D'ACHETER

OBJECTIFS

Ce chapitre a pour but de présenter les choix possibles entre les options « achat ou fabrication », et « achat ou location ». Il décrit les critères permettant de faire ces choix et les différentes situations où de tels choix sont indiqués. Il présente ensuite les modalités de l'achat d'immobilisations.

OBJECTIFS D'APPRENTISSAGE

À la fin de ce chapitre on pourra :

✓ identifier les situations où l'entreprise doit choisir entre « achat et fabrication » ou entre « achat et location » ;

✓ décrire les critères permettant de faire ce choix ;

✓ utiliser ces critères ;

✓ distinguer les différents modèles d'analyse et utiliser le modèle *ad hoc* pour chaque situation ;

✓ préciser les rôles respectifs de l'approvisionnement et de la production dans les décisions à prendre ;

✓ décrire les modalités de l'achat d'immobilisations.

A ACHAT OU FABRICATION

1. LA DÉCISION

Vaut-il mieux pour une entreprise fabriquer elle-même une pièce ou un produit, ou est-il préférable de se procurer le bien auprès d'un fournisseur ? Tout dépend de la situation.

Si on a la capacité de produire soi-même, à un coût avantageux tout en s'assurant la qualité requise et le respect des délais fixés, produire soi-même permettra sans doute des économies intéressantes.

Ainsi, un fabricant d'outils peut très bien être en mesure de fabriquer lui-même, à moindre coût et de façon tout à fait satisfaisante, certaines pièces d'équipement requises pour sa production.

Par contre, lorsque l'entreprise n'a pas l'outillage requis ou la compétence nécessaire, il est clair qu'elle n'a pas vraiment d'autre choix que d'acheter à l'extérieur.

Prenons le cas d'une entreprise qui produit des tablettes de chocolat. Celle-ci peut très bien décider de produire elle-même les ingrédients (chocolat, caramel, biscuit, etc.) mais elle achètera certainement les moules nécessaires et les emballages auprès d'un fournisseur.

Arrêtons-nous plus spécifiquement aux décisions que doivent prendre les entreprises qui ont la possibilité de fabriquer une pièce ou un produit et qui, de ce fait, ont à faire un choix entre acheter ou produire elles-mêmes.

a) Décision mineure

Cette décision (acheter ou fabriquer) peut souvent en être une d'ordre mineur, portant sur une pièce ou un ensemble de pièces. Par exemple, il s'agit, pour l'entreprise, d'utiliser de l'outillage déjà en place et d'utiliser une capacité excédentaire disponible.

b) Décision occasionnelle

Une capacité excédentaire passagère ou une difficulté momentanée d'approvisionnement peut être à la source d'une décision de fabriquer. Un arrêt de production ou d'autres difficultés peuvent également inciter à acheter un produit que l'entreprise a l'habitude de fabriquer.

c) Décision majeure

Cependant, dans d'autres situations, une telle décision peut être lourde de conséquences quand il s'agit de fabriquer un nouveau produit pour le service de production ou un produit qui exige de l'outillage additionnel ou encore un agrandissement de l'usine. On parle donc ici d'une décision stratégique à laquelle le service des approvisionnements peut participer, mais qui relève de la direction générale.

Ces décisions doivent être révisées régulièrement, c'est-à-dire au même rythme que le choix des fournisseurs. Elles doivent aussi être revues lorsque des éléments de la situation de l'entreprise se modifient : coûts de fabrication ; réorientation ; nouveaux produits ; modification de la demande.

Ces décisions se basent sur des critères de deux types différents : ceux directement reliés au produit et ceux qui dépendent davantage des objectifs et des ressources de l'entreprise.

2. LES CRITÈRES RELIÉS AU PRODUIT

a) La qualité

Le choix d'un fournisseur doit permettre d'atteindre les objectifs de qualité définis par l'entreprise, qu'il s'agisse de standards complexes et exceptionnels ou d'une norme simple.

Il faut donc s'assurer que la qualité du produit du fournisseur réponde aux normes et standards de l'entreprise.

Il peut arriver qu'une entreprise considère qu'elle ne peut obtenir la qualité voulue qu'en fabriquant elle-même l'article en question. Ce point de vue se base notamment sur les raisons suivantes :

❖ elle seule est parfaitement au fait des spécifications et de la qualité requise ;

❖ elle veut pouvoir observer quotidiennement et corriger immédiatement les problèmes de production ou d'assemblage du produit ou de la pièce ;

❖ elle est en contact direct avec l'utilisateur et, de ce fait, elle connaît immédiatement les difficultés ou les problèmes reliés à la qualité du bien concerné ;

❖ certaines exigences très spécifiques peuvent difficilement être transmises de façon exacte à un fournisseur ;

❖ elle ne peut faire entièrement confiance aux systèmes de contrôle de ses fournisseurs.

Par contre, le choix d'un fournisseur externe est préférable dans les situations suivantes :

❖ les clients exigent un produit spécifique ou une marque donnée pour certains composants ;

❖ le produit en question est trop différent des produits que l'entreprise fabrique ordinairement ;

❖ l'absence de compétences techniques adéquates ;

❖ lorsque le produit est marginal, l'entreprise peut difficilement y accorder les ressources nécessaires pour y apporter des améliorations. Ce produit risque de devenir obsolète tout comme son mode de fabrication.

b) Le coût

On doit identifier tous les coûts, ceux qui découlent de la décision de fabriquer et ceux qui sont reliés à l'achat.

Lorsqu'il s'agit de fabriquer, il peut y avoir des coûts d'investissement qu'il faut analyser à la lumière des politiques d'investissement de l'entreprise.

1) LES NOTIONS DE BASE

Voici certaines notions et définitions essentielles afin de calculer adéquatement les coûts et d'analyser les investissements requis.

Coûts fixes et coûts variables

Les coûts variables (frais variables ou charges variables) sont ceux dont le total varie en fonction du volume de production ou du niveau d'activité de l'entreprise. Les termes « **coûts proportionnels** » « **frais proportionnels** » et « **charges proportionnelles** » sont tous des synonymes de coûts variables.

Pour une entreprise qui fabrique des portes, le coût du bois utilisé représente un coût variable puisqu'il fluctue en fonction du nombre de portes produites : plus on en fabrique, plus cela coûte cher en bois.

Les coûts fixes (frais fixes, frais constants ou charges fixes) sont ceux dont le total, pour une période ou une capacité donnée, demeure fixe quel que soit le volume de production ou le niveau d'activité.

Un loyer annuel de 60 000 $ ou des taxes foncières de 4 000 $ par année représentent des coûts fixes puisque ces montants demeurent les mêmes, peu importe le nombre d'articles produits ou le niveau d'activité atteint par l'entreprise.

> **Message :** Les coûts dits « fixes » peuvent varier au bout d'un certain temps en raison des fluctuations économiques ; ils peuvent aussi fluctuer lorsque les activités subissent de très fortes variations. On les a situé dans un contexte où ces fluctuations sont minimes. De toute façon, lorsqu'il y a des fluctuations importantes, toute entreprise doit reprendre ses analyses.

Coûts pertinents

Un coût pertinent est un coût qu'il convient de prendre en considération avant d'arrêter une décision. Il constitue en fait un des critères de décision. Il peut s'agir d'un coût additionnel ou, au contraire, d'une économie (coût évité) découlant de ce que l'on pourrait décider.

Par exemple, pour une entreprise qui envisage de fabriquer elle-même plutôt que d'acheter, les coûts additionnels d'outillage et d'aménagements qu'elle doit engager pour ce faire constituent des coûts pertinents, de même que les coûts de transport qu'elle peut ainsi éviter.

Par contre le coût de l'outillage que l'on possède déjà n'entre pas en ligne de compte. Que l'on fabrique ou que l'on achète on doit payer cet outillage.

De même le salaire du contremaître **est non pertinent** puisqu'on le paye déjà. Quand les entrepreneurs ont décidé de ce qu'ils allaient faire avec le Stade olympique, son coût de construction était non pertinent. De toute façon il fallait continuer de le payer.

Un coût pertinent représente un coût futur prévu qui varie selon les choix possibles.

Coût d'option

C'est ce que l'on sacrifie en utilisant des ressources à une fin particulière. Lorsqu'entre deux ou plusieurs possibilités ou options, l'entreprise en choisit une, elle accepte de faire le deuil de ce qu'aurait pu lui apporter chacune des autres options.

Si l'on peut obtenir un rendement de 9 % sur un investissement **A**, et que l'on choisit, au contraire, pour une raison ou pour une autre, l'investissement **B**, cela coûte ces 9 %. On vient de les sacrifier. Ce sacrifice de **A** n'est pas vain, car il est compensé par ce que rapportera **B**.

Les coûts de fabrication

❖ *Directs :*

- ◆ les matières premières directes ;
- ◆ la main-d'œuvre directe ;
- ◆ les frais généraux de fabrication.

❖ *Indirects :*

- ◆ les coûts de stockage ;
- ◆ les coûts d'option des immobilisations ;
- ◆ les coûts du service d'approvisionnement.

Pour la fabrication, les coûts pertinents à retenir sont les coûts additionnels, qui résultent de la décision de fabriquer plutôt que d'acheter, ainsi que ceux évités grâce à cette décision.

Les coûts d'achat

❖ Le coût unitaire de la pièce.

❖ Les coûts de transport, droits de douane, etc.

❖ Les coûts de réception et d'inspection.

❖ Les coûts du service des approvisionnements.

❖ Les coûts de stockage.

Tant pour les coûts de fabrication que pour les coûts d'achat, on va plus loin que le simple coût d'acquisition pour inclure aussi les coûts de stockage. En effet, selon le calendrier de production d'une part et celui des livraisons d'autre part, la quantité de produits à stocker peut varier et occasionne des coûts différents.

Risque et valeur espérée

Le risque est la possibilité d'un résultat négatif, découlant de l'imprévisibilité d'une décision, d'un plan ou d'un projet. C'est ainsi que, dans le cas d'un investissement, plus les résultats escomptés sont incertains, plus on le considère comme risqué et vice versa. Prenons le cas des certificats de placement des banques; leur taux d'intérêt est fixe et leur remboursement complet, assuré. Il en va de même pour les obligations du Québec ou du Canada. Ce sont par conséquent des placements sans risque. Il en est tout autrement des actions des entreprises; les dividendes versés peuvent varier et la valeur des titres peut plus ou moins fluctuer selon la nature de l'entreprise ou les conditions économiques du secteur dans lequel elle opère.

Lorsqu'il y a une incertitude quant aux différents coûts impliqués dans l'achat ou dans la fabrication on utilisera la valeur espérée de chacune des options.

Exemple : Une entreprise constate que la décision d'acheter ou de fabriquer est fonction de la demande. Elle veut évaluer celle-ci pour pouvoir calculer ses coûts. Son service de marketing lui fournit les prévisions suivantes :

Demande	Probabilités
10 000	0,20
15 000	0,30
20 000	0,35
25 000	0,10
30 000	0,05

Elle calcule donc sa demande espérée :

10 000 × 0,20 + 15 000 × 0,30 + 20 000 × 0,35 + 25 000 × 0,10 + 30 000 × 0,05 = 17 500.

L'entreprise fera ensuite ses calculs avec une demande prévue de 17 500 unités.

Actualisation :

L'actualisation est le procédé mathématique qui permet de transformer une rentrée ou une sortie de fonds future en une rentrée ou une sortie de fonds actuelle afin de tenir compte du loyer de l'argent.

Dans un certain nombre de situations, les coûts que l'on doit assumer, par exemple le paiement de l'investissement requis pour fabriquer, ou le paiement de location, se répartissent sur plusieurs années. On ne peut pas comparer directement les montants ainsi dépensés, sur une certaine période, avec les montants que l'on débourserait si l'on payait tout immédiatement. Il faut, pour pouvoir comparer des montants, trouver leur valeur au moment de prendre la décision.

Le principe qui est en jeu ici est le suivant : **Un dollar aujourd'hui vaut plus qu'un dollar demain.** On suppose que si l'on vous paie un dollar aujourd'hui vous pourrez le placer et en obtenir des intérêts. Même à taux peu élevé, vous obtiendrez plus que un dollar dans un an, dans deux ans, etc.

Le dollar que l'on vous paie aujourd'hui vaut donc plus que le dollar que l'on vous paiera demain.

De même pour obtenir un dollar demain, il suffit de placer aujourd'hui moins que un dollar (le montant requis dépend du taux d'intérêt offert). On parle alors de la **valeur actuelle** d'un montant futur prévu.

Voici comment fonctionne le procédé qui permet de trouver cette valeur actuelle.

On divise le montant futur, à payer ou à percevoir, par un facteur égal à $(1 + i)^n$ où i représente le taux d'intérêt pour une période donnée, et n le nombre de périodes. (On va s'en tenir uniquement aux années entières pour ne pas compliquer inutilement les calculs.)

Par exemple, si on prévoit recevoir un montant de 20 000 $ dans cinq ans et si le taux d'intérêt prévu d'ici là est de 10 %, la valeur actuelle de cette somme (ce qu'elle vaut aujourd'hui) sera calculée comme suit :

$$\frac{20\ 000\ \$}{(1 + 10\%)^5} \text{ soit } 12\ 418,43\ \$.$$

Le calcul est souvent présenté comme suit:

20 000 \$ × $(1 + 10\%)^{-5}$ = 12 418,43 \$.

On peut faire la preuve en vérifiant qu'une somme de 12 418,43 \$ placée à 10 % donnera dans cinq ans un montant de 20 000 \$.

	Intérêts (10 % × le solde)	Solde
valeur actuelle		12 418,43 \$
dans un an	1 241,84 \$	13 660,27 \$
dans deux ans	1 366,03 \$	15 026,30 \$
dans trois ans	1 502,63 \$	16 528,93 \$
dans quatre ans	1 652,89 \$	18 181,82 \$
dans cinq ans	1 818,18 \$	20 000,00 \$

2) LES MÉTHODES D'ANALYSE

Le point mort

Ce terme utilisé normalement pour la production est celui que l'on utilise pour décrire *le point où il est indifférent d'acheter ou de fabriquer*. On parlera aussi du **seuil d'indifférence** entre l'un ou l'autre procédé.

Il détermine le volume de fabrication où le coût total de fabrication égale le coût total d'achat. À un volume moindre, il en coûte plus cher à l'entreprise de fabriquer plutôt que d'acheter; à un volume plus élevé l'entreprise économise en fabriquant plutôt qu'en achetant. On parle de seuil entre deux états contraires.

C'est la méthode d'analyse la plus simple et la plus utilisée. Avant de se lancer dans un projet de fabrication il faut vérifier si l'on peut atteindre le seuil d'indifférence. Inutile d'entreprendre la production d'une quantité donnée si le point mort se situe à un niveau plus élevé.

Voici, à l'aide d'un exemple, comment on calcule le point mort, c'est-à-dire le volume où les coûts d'achat égalent les coûts de fabrication.

Une marchande de sapins de Noël a l'habitude de payer ses sapins 13,00 \$ l'unité. On lui offre l'occasion d'acheter une sapinière. Elle calcule que les coûts de coupe et de transport seraient de 8,00 $ par sapin. D'autre part les frais fixes annuels pour la sapinière seraient de 4 200 $. À combien de sapins se situe son seuil d'indifférence.

Le seuil d'indifférence se situe lorsque les :

coûts de production = les coûts d'achat

Coûts d'achat : 13x

Coûts de coupe : 8x + 4 200 $

8x + 4 200 $ = 13x d'où x = 840 unités.

Les coûts d'achat ou d'exploitation sont égaux à 840 sapins. C'est le seuil d'indifférence. À moins de 840 sapins, la marchande a intérêt à les acheter. À plus de 840 cela lui coûtera moins cher de les couper elle-même.

Le seuil d'indifférence peut se calculer aussi des deux façons suivantes :

– **l'économie marginale unitaire**

Dans ce cas-ci, on considère que la différence entre le coût d'achat et le coût de fabrication d'une unité est une économie qui sert à amortir les coûts fixes de fabrication. Cette différence se nomme l'**économie marginale unitaire**.

Le point mort se calcule alors ainsi :

$$\frac{\text{Coûts fixes}}{\text{Économie marginale unitaire}}$$

soit $\frac{4\ 200\ \$}{(13\ 00\ \$ - 8\ 00\ \$)} = 840$ unités.

– **le seuil d'indifférence en dollars**

Au lieu de déterminer que la marchande doit vendre 840 sapins, on peut déterminer pour quel montant elle doit en couper avant que ce soit plus économique que d'acheter.

Pour ce faire on utilise un autre élément qui s'appelle le **ratio d'économie**. C'est le rapport entre l'économie marginale et le prix d'achat. Dans cet exemple le ratio d'économie est de 5/13 soit ,3846

Le seuil d'indifférence se calculera ainsi :

Seuil en dollars = coûts fixes / ratio.

On aura donc 4 200 / ,3846 = 10 920 $

équivalant, évidemment au produit de 840 × 13 = 10 920 $.

Voici une illustration graphique du seuil d'indifférence.

Figure 7.1

Seuil d'indifférence

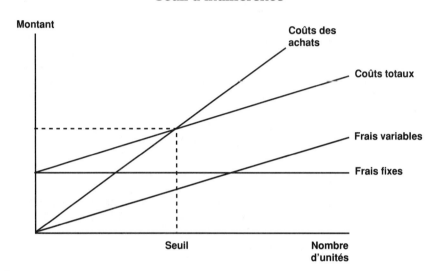

Exemple additionnel : la Société Rive-Nord inc. fabrique un article dont les coûts de fabrication variables s'élèvent à 30 $ l'unité et les coûts fixes de fabrication à 400 000 $ par année. Un fournisseur local propose le même article à 35 $ l'unité. Le seuil d'indifférence en unités se calcule comme suit :

400 000 $ / (35 $ − 30 $) = 80 000 unités.

Le seuil d'indifférence en dollars se calcule comme suit :

$$400\ 000\ \$ / \frac{35\ \$ - 30\ \$}{35\ \$} = 2\ 800\ 000\ \$.$$

Preuve : à ce niveau, les achats annuels, coûteraient la même chose que la fabrication.

Achats : 80 000 unités × 35 $ = 2 800 000 $.

Fabrication : 400 000 $ + 80 000 unités × 30 $ = 2 800 000 $.

Le délai de récupération.

Le délai de récupération d'un projet est la période de temps requis pour que les encaissements cumulatifs prévus équivalent à l'investissement initial.

L'entreprise qui fait des sorties de fonds, non seulement veut des rentrées au moins égales, mais elle veut aussi ces entrées le plus vite possible. On calcule donc le temps nécessaire pour «récupérer» les fonds ainsi investis.

Voici un exemple:

Pour fabriquer un produit que l'on a l'habitude d'acheter, il faudrait investir 10 000 $. On considère que les économies de fabrication par rapport aux coûts d'achat actuels seraient de 2 000 $ la première année et par la suite de 3 000 $ par année. Quel est le délai de récupération?

Solution: Il faut 1 an pour récupérer le premier 2 000 $ et

$$\frac{8\ 000\ \$}{3\ 000\ \$}$$ soit 2,67 ans pour récupérer le reste.

Un total de 3,67 ans.

On ne tient pas compte ici des sommes récupérées après ces 3,67 ans. Par contre, si l'entreprise exige de récupérer ses fonds dans une période maximale de trois ans, le projet d'investissement ne sera pas retenu. Il manque encore 2 000 $ après ces 3 ans.

Toutes ces approches et ces méthodes sont des outils dont l'entreprise se servira selon ses besoins.

Voici un exemple plus complet de décision achat-fabrication:

La société Téléplus inc., un important fabricant de téléviseurs, envisage de fabriquer elle-même une pièce dont elle prévoit l'utilisation à 120 000 unités par année. Elle achète actuellement cet article chez un fournisseur au prix de 15,20 $ l'unité.

Le service du prix de revient estime que la fabrication de cette pièce nécessiterait les coûts suivants:

Matière première   8,00 $ l'unité.

Main-d'œuvre directe   3,00 $ l'unité.

Frais généraux de fabrication :

variables   2,00 $ l'unité;

fixes   330 000,00 $ par année (ce montant s'ajoute-
                          rait aux frais fixes actuels).

Le service des finances prévoit, pour sa part, des frais administratifs de 0,60 $ l'unité.

De plus, le service des approvisionnements indique qu'il en coûte
actuellement 0,90 $ l'unité pour recevoir et inspecter les pièces
achetées.

Devrait-on, compte tenu de ces informations, entreprendre la fabrication de la pièce ou continuer à l'acheter ? Pour répondre à cette question, il faut calculer ce qu'il en coûterait durant un an pour fabriquer,
puis comparer le résultat avec ce qu'il en coûte pour acheter.

Coûts découlant de la fabrication de la pièce

Coûts variables :

(8,00 $ + 3,00 $ + 2,00 $ + 0,60 $) × 120 000 unités = 1 632 000 $

Coûts fixes additionnels   = 330 000 $

                                                         1 962 000 $

Coûts reliés à l'achat de la pièce

Achats 120 000 unités × 15,20 $ = 1 824 000 $

Frais de réception et d'inspection
      120 000 unités × 0,90 $ = 108 000 $

                                                         1 932 000 $

Si l'on ne se base que sur les coûts respectifs de ces deux options,
l'entreprise devrait continuer à acheter la pièce. En effet, sa fabrication
coûterait, pour l'année, 30 000 $ de plus que son achat (1 962 000 $ −
1 932 000 $ = 30 000 $).

Ce n'est qu'au-delà du seuil d'indifférence qu'il devient plus
intéressant de fabriquer. Ici le seuil se situe à 132 000 unités.

$$\frac{330\ 000\ \$}{(15,20\ \$ + 0,90\ \$) - (8,00\ \$ + 3,00\ \$ + 2,00\ \$ + 0,60\ \$)} = 132\ 000\ \$.$$

3. LES CRITÈRES LIÉS À L'ENTREPRISE

a) La compatibilité avec les objectifs généraux

Toute décision doit s'inscrire à l'intérieur des objectifs globaux de l'entreprise et respecter ses politiques. Une entreprise peut favoriser l'autosuffisance, l'**intégration verticale**, et dans ce sens, accorder sa préférence à l'option fabrication, toute chose étant égale par ailleurs.

Une entreprise qui vise à développer des relations avec les fournisseurs, et profiter de leur compétence, favorisera au contraire le choix d'acheter.

b) La capacité

La capacité de production de l'entreprise est capitale dans la décision achat-fabrication. Il faut d'abord s'assurer de l'existence en soi de capacités techniques et physiques de fabrication du produit, puis examiner les coûts fixes reliés à l'acquisition. La décision sera fortement influencée par le fait que l'entreprise possède une capacité excédentaire ou, au contraire, n'a pas actuellement de capacité disponible.

1) CAPACITÉ EXCÉDENTAIRE

Lorsque l'entreprise possède une capacité excédentaire, c'est-à-dire qu'une partie de ses installations de production est inutilisée, la décision de fabriquer à l'aide de cette capacité occasionne peu ou pas de frais fixes additionnels. Les frais fixes actuels, qui doivent être assumés de toute façon, ne sont pas des frais pertinents qui entre dans la décision.

Exemple : Une entreprise possède une capacité totale de production de 150 000 heures-machines ce qui lui occasionne des frais fixes de 450 000 $ par année. Elle n'utilise actuellement que 120 000 de ces heures-machines, mais les dirigeants songent à utiliser les 30 000 heures disponibles pour fabriquer 6 000 unités d'un composant qui, jusqu'à maintenant, était acheté d'un fournisseur. Dans un tel cas, seuls les frais de fabrication variables engendrés par la production de ce composant représentent un coût pertinent. En effet, les frais fixes n'ont pas à être pris en considération puisqu'on les assume déjà et que la décision envisagée ne les fera pas augmenter.

Note comptable

Par la suite, on pourra imputer 20 % (soit 30 000 h/150 000 h) des 450 000 $ de frais fixes à la fabrication des composants. Mais ces 20 % n'entrent pas dans la décision d'acheter ou de fabriquer.

Dans des situations semblables, l'option fabrication a plus de chances d'être favorable, en ce qui concerne les coûts, que l'option achat.

> **Message :** Il est rare que l'utilisation d'équipements disponibles n'entraîne pas quand même quelques frais fixes additionnels : frais de mise en train quand on passe d'un produit à un autre, frais de formation du personnel, frais administratifs.

2) CAPACITÉ NON DISPONIBLE

Il n'y a pas de capacité disponible lorsque toute la capacité actuelle est utilisée, ou lorsque le produit en cause exige l'achat d'équipements, sinon plus spécialisés, du moins différents de ceux que possède l'entreprise.

Dans cette situation, toute décision de fabriquer entraîne la nécessité d'investir dans ces équipements, ou même dans des ateliers, des bâtiments, etc. Cette situation engendre obligatoirement des coûts fixes : amortissement, entretien, assurances. Ces coûts ajoutés aux frais variables courants élèveront les coûts totaux de fabrication.

Cette option de fabrication est donc plus dispendieuse que la première et par le fait même risque d'être moins avantageuse, toujours au point de vue du coût, que l'option « achat ».

S'il fallait acheter de l'outillage additionnel au lieu de pouvoir utiliser des heures-machines disponibles, les coûts d'amortissement et d'entretien de cet outillage s'ajouteraient aux frais variables de fabrication.

On souligne qu'une décision de fabrication qui nécessite des investissements entraîne des coûts importants qu'il faut assumer immédiatement. Si l'entreprise doit revenir plus tard sur sa décision il lui est, plus souvent qu'autrement, impossible de récupérer les sommes investies.

Il est recommandé alors de se poser les questions suivantes :

Qu'adviendra-t-il de la capacité dans les années à venir ?

Achète-t-on de l'outillage qui deviendra inutile parce qu'on aura une capacité excédentaire ?

Le progrès technologique pourra-t-il rendre l'équipement obsolète d'ici quelques années ?

c) Les relations avec les fournisseurs

La décision de laisser tomber un ou plusieurs fournisseurs habituels pour fabriquer un produit peut entraîner des conséquences fâcheuses. Les fournisseurs délaissent une entreprise qui ne fait plus appel à eux ; même pour l'achat d'autres produits, les relations peuvent se détériorer. De même, si l'on doit revenir à l'achat après une période de fabrication, on ne peut pas être assuré de retrouver le même fournisseur, d'obtenir les mêmes conditions qu'auparavant ou de trouver un autre fournisseur fiable.

d) Le niveau d'emploi

La fabrication conserve ou crée de l'emploi pour les employés qualifiés. Deux types de situations peuvent se présenter.

❖ L'entreprise a des employés excédentaires. Elle peut vouloir les conserver parce que :

- ce sont des personnes qualifiées, éventuellement difficiles à remplacer ;
- son image y gagne, de même que son climat de travail ;
- les coûts de mise à pied sont importants.

Dans cette situation, on pourra décider de fabriquer même si au strict point de vue du coût, cette option est désavantageuse.

❖ L'entreprise a besoin d'embaucher. Elle peut ne pas vouloir le faire parce que :

- les coûts de sélection sont élevés ;
- elle risque de se retrouver à moyen terme avec des employés en trop.

Dans ce cas on privilégiera l'option d'achat.

219

e) Le contrôle

La recherche d'un meilleur **contrôle de la production** peut, pour plusieurs entreprises, constituer un facteur décisif dans le choix de fabriquer plutôt que d'acheter. Ceci est notamment le cas lorsque la demande est sujette à des fluctuations imprévisibles et rapides et que des délais de fabrication particulièrement courts obligent cette dernière à ajuster très rapidement son échéancier de production.

Fabriquer soi-même permet d'agir immédiatement selon ses priorités et de mieux répondre à la demande. Advenant une hausse subite de celle-ci, on pourra, par exemple, décider de recourir à des heures supplémentaires ou d'ajouter une équipe de travail.

On peut également opter pour une combinaison achat-fabrication, c'est-à-dire fabriquer soi-même une partie de la quantité requise et se procurer le reste auprès d'un fournisseur. Cette façon de procéder évite à l'entreprise d'être à la merci des problèmes de production (panne, grève ou toute autre difficulté semblable) qu'elle pourrait rencontrer ou qui pourraient survenir chez un fournisseur. Si de tels problèmes surviennent, on pourra malgré tout répondre à la demande en augmentant, selon le cas, la production ou les achats.

Le **contrôle de la qualité** du produit représente également une raison pour choisir de fabriquer soi-même.

Finalement on peut mentionner comme argument qui incite à fabriquer soi-même la **protection des secrets de fabrication**. Cette situation se rencontre surtout dans les secteurs très concurrentiels (par exemple les produits pharmaceutiques) ou lorsque les brevets ne protègent pas suffisamment l'entreprise.

4. DÉCISIONS DANS UN CONTEXTE D'INCERTITUDE

Les décisions d'acheter ou de fabriquer, comme presque toutes les décisions de l'entreprise, se font dans un contexte d'incertitude et il faut envisager diverses éventualités.

La décision de fabriquer a plus de conséquencés à moyen terme que la décision de choisir le fournisseur A de préférence au fournisseur B. Elle implique une organisation particulière de la production et souvent des coûts fixes additionnels qui peuvent être importants lorsqu'il y a investissement. **Les coûts d'une mauvaise décision de fabriquer sont plus élevés que ceux d'une mauvaise décision d'acheter.**

Exemple : La Société Bonoutil ltée entreprend la production d'un nouvel article pour lequel elle prévoit utiliser un composant dont le besoin annuel peut varier entre 100 000 et 150 000 unités. Ce composant peut être obtenu auprès d'un fournisseur moyennant un prix unitaire de 4,75 $ et des frais de réception et d'inspection de 0,75 $ par unité. L'entreprise pourrait par ailleurs fabriquer l'article elle-même, ce qui lui occasionnerait des frais fixes et des frais variables que l'on estime respectivement à 80 000 $ par année et à 4,90 $ l'unité. Voici la comparaison des coûts respectifs de ces choix selon que le besoin se maintienne au minimum ou, qu'au contraire, il atteigne le maximum prévisible.

1re situation

❖ Le besoin se maintient au minimum et l'entreprise n'a à se procurer que 100 000 unités par année.

Les coûts rattachés à l'achat du composant pour une année s'établiront comme suit :

100 000 unités × (4,75 + 0,75) = 550 000 $.

Les coûts découlant de la fabrication s'élèveront à 100 000 unités × 4,90 $ + 80 000 $ soit 570 000 $.

Dans ce cas il en coûterait 20 000 $ de moins (570 000 $ − 550 000 $ = 20 000 $) pour acheter le composant que pour le fabriquer.

2e situation

❖ Les besoins atteignent le maximum et l'entreprise doit acquérir 150 000 unités.

Les coûts rattachés à l'achat du composant se chiffreront comme suit :

150 000 unités × (4,90 $ + 0,75 $) = 825 000 $.

Les coûts reliés à la fabrication du produit s'établiront comme suit :

150 000 unités × 4,00 $ + 80 000 $ = 815 000 $.

On constate cette fois que la décision de fabriquer soi-même plutôt que d'acheter permettrait d'économiser 10 000 $ (825 000 $ − 815 000 $ = 10 000 $).

Le revirement de situation s'explique par le dépassement, dans le second cas, du seuil d'indifférence. Les coûts variables découlant de la fabrication sont inférieurs à ceux découlant de l'achat. Cette différence constitue une économie qui, dès l'atteinte d'un certain volume de production (seuil d'indifférence), permet d'absorber les coûts fixes rattachés à la fabrication du composant.

À partir de cet exemple, on peut non seulement comparer les coûts des deux niveaux de production, mais également déterminer le seuil d'indifférence à partir duquel l'avantage passe du choix d'acheter à celui de fabriquer soi-même. Voici, tel que nous l'avons déjà vu, le calcul de ce seuil en unités :

$$\frac{\text{coûts fixes}}{\text{économie unitaire}} = \frac{80\ 000\ \$}{(4,75\ \$ + 0,75\ \$) - 4,90\ \$} = 133\ 333,33 \text{ unités.}$$

À ce niveau de production, les coûts rattachés à l'achat s'établissent comme suit :

133 333,33 unités × (4,75 $ + 0,75 $) = 733 333 $.

Ceux rattachés à la fabrication sont calculés ainsi :

133 333,33 unités × 4,90 $ + 80 000 $ = 733 333 $.

À partir de ce seuil, le choix de fabriquer plutôt que d'acheter entraînera une économie de 0,60 $ par unité (4,75 $ + 0,75 $ − 4,90 $ = 0,60 $).

Dans le graphique suivant, la quantité est inscrite en abscisse et les coûts associés en ordonnée. Une droite représente les coûts de fabrication, l'autre les coûts d'achat. La différence de coût entre achat et fabrication à 100 000 unités ainsi qu'à 150 000 unités y est aussi indiquée, de même que le seuil d'indifférence de 133 333 unités.

Figure 7.2
Comparaison : achat-fabrication

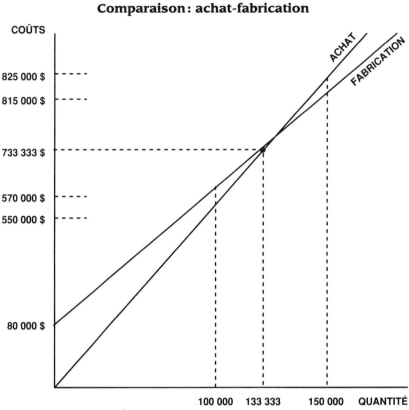

Dans ce cas, l'entreprise, avant de se lancer dans la fabrication doit vérifier la probabilité que la demande dépasse effectivement 133 333 unités.

À l'instar de la demande qui peut être incertaine, plusieurs autres éléments peuvent changer. Ainsi, on peut penser aux différents coûts unitaires reliés à la main-d'œuvre, les matières premières, les frais généraux, ainsi que certains autres coûts comme la supervision ou les taxes.

D'autre part, le prix demandé par les fournisseurs est aussi sujet à variation, plus souvent qu'autrement vers le haut.

La capacité dont on dispose actuellement, de même que la qualité du produit ou les délais de livraison du fournisseur peuvent également être modifiés.

Même si on ne possède pas toujours des informations prévision-nelles complètes, il importe d'inclure dans cette analyse les effets à long terme.

On examine l'ensemble de la situation : on fera une comparaison de l'évolution prévisible des coûts et de ceux du fournisseur.

On suppose en commençant que l'entreprise se retrouve avec une capacité excédentaire pour une assez longue période et a calculé qu'il serait plus rentable actuellement de fabriquer une pièce que de l'acheter.

Si l'on prévoit, pour les années à venir, une augmentation impor-tante de ces coûts de main-d'œuvre, l'avantage de l'option fabrication peut disparaître et il serait alors recommandé d'acheter.

Cas mettant en cause deux produits

Voici un exemple où on doit pousser un peu plus loin l'analyse de la décision achat-fabrication.

Il s'agit d'une entreprise dont toute la capacité de production est utilisée. Cette entreprise fabrique un article X à l'aide de deux composants : une pièce Y qu'elle produit elle-même et une pièce Z qu'elle se procure auprès d'un fournisseur. On se demande s'il ne vaudrait pas mieux inverser le tout, c'est-à-dire, acheter la pièce Y et fabriquer la pièce Z. La capacité servant actuellement à fabriquer la pièce Y serait alors utilisée pour fabriquer la pièce Z. On suppose que toute la capacité actuellement disponible continuerait à être utilisée.

Voici les données relatives aux deux composants :

Pièce Y   Coûts variables de fabrication   14 $ l'unité.
              Coûts de fabrication fixes   120 000 $ par année.
              Besoin annuel   20 000 unités.

Le fournisseur pourrait nous vendre la pièce pour 16 $ l'unité.

Pièce Z   Prix d'achat actuel   24 $ l'unité.
              Besoin annuel   16 000 unités.

On estime que la fabrication de cette pièce nécessiterait des coûts variables de fabrication de 20 $ l'unité, mais ne modifierait en rien les coûts fixes actuels.

Solution: Il faut déterminer le coût total annuel des composants dans chacune des situations possibles.

Dans la situation actuelle:

Achat de la pièce Z	16 000 unités × 24 $ =	384 000 $
Fabrication de la pièce Y		
frais variables	20 000 unités × 14 $ =	280 000 $
frais fixes		120 000 $
Coût total annuel		784 000 $

Éventuellement:

Achat de la pièce Y	20 000 unités × 16 $ =	320 000 $
Fabrication de la pièce Z		
frais variables	16 000 unités × 20 $ =	320 000 $
frais fixes		120 000 $
Coût total annuel		760 000 $

Ici encore les frais fixes ne représentent pas un coût pertinent puisqu'ils sont les mêmes dans les deux cas. On pourrait ne pas en tenir compte; cela ne changerait pas les conclusions de l'analyse.

En comparant les deux situations, on constate que fabriquer la pièce Z permettrait une économie annuelle de 24 000 $. Si l'on se base exclusivement sur les coûts, il faudrait donc opter pour ce choix.

> **Message:** Ici les coûts fixes ne sont pas pertinents puisque l'entreprise doit les assumer quelle que soit la décision. On pourrait refaire les calculs en les mettant de côté et la décision serait la même.

Mentionnons finalement que l'entreprise pourrait aussi envisager la possibilité d'augmenter la capacité totale en ajoutant une équipe de travail ou des heures supplémentaires. Cette modification demanderait une analyse encore plus détaillée de chaque situation.

Conclusion

La décision entre acheter et fabriquer demande mûre réflexion. Plusieurs facteurs peuvent faire pencher la balance d'un côté ou de l'autre et il faut procéder avec soin et en respectant les étapes requises.

Une décision ne peut pas être définitive; le service des approvisionnements doit donc **réviser** régulièrement les différents facteurs entrant en jeu et si nécessaire modifier sa pratique.

B▶ACHAT OU LOCATION

L'entreprise a aussi la possibilité d'opter pour l'achat d'un actif (ou pour sa location) chaque fois que se fait sentir le besoin d'approvisionnement d'un actif autre que du stock.

C'est le cas des immobilisations, des équipements, des outillages et des matériels de toutes sortes. On y retrouve des machines-outils, des appareils informatiques, du matériel roulant et du matériel de bureau et de magasin.

Le choix survient quand il faut remplacer un équipement ou lorsque l'entreprise se lance dans un nouveau domaine.

Dès que les différents services auront déterminé leurs besoins, les responsables du service de l'approvisionnement devront, en collaboration avec ces services, faire un choix entre l'achat et la location.

Plusieurs facteurs vont guider les responsables dans leurs décisions. Le plus important demeure le coût. Parmi les autres facteurs considérés on note: la durée prévue du matériel, les conditions de location, l'entretien du matériel et les conditions éventuelles de remplacement.

Exemple: Une entreprise doit remplacer une de ses machines. Elle peut, pour un prix de 120 000 $, en acheter une nouvelle dont la durée d'utilisation est estimée à dix ans et la valeur résiduelle (le montant auquel on pourra la revendre) à 20 000 $. Elle peut également en louer une pour la somme de 15 000 $ par année.

Un calcul rapide (sans actualisation des montants) nous permet d'obtenir les résultats suivants:

Charge annuelle reliée à l'achat de la machine:

$$\frac{(120\ 000\ \$ - 20\ 000\ \$)}{10\ \text{ans}} = 10\ 000\ \$.$$

Il s'agit en fait de l'amortissement annuel de la machine.

Si l'on compare cette charge au coût annuel de location, il semblerait à première vue qu'il soit plus avantageux d'acheter la machine que de la louer. Il faudrait toutefois tenir compte des facteurs additionnels suivants :

❖ la déduction d'impôt dont on bénéficie dans chacun des cas ;

❖ le taux permettant de calculer la valeur actualisée des charges annuelles d'amortissement et de la valeur résiduelle (valeur de revente) de la machine ainsi que du coût annuel de location ;

❖ les frais d'entretien assumés par l'entreprise dans chacun des cas.

Examinons quelle serait la décision si, entre autres, on suppose un taux d'actualisation de 10 %, un amortissement linéaire sur les 10 ans prévus et un taux marginal d'impôt de 40 %.

Pour faire les calculs, on considère que la location est payée en début d'année et que l'amortissement de l'achat se fait en fin d'année.

Coûts de location actualisés :

$15\ 000\ \$ + 15\ 000\ \$\ (1 + 10\ \%\ )^{-1} + .. + 15\ 000\ \$\ (1 + 10\ \%\ )^{-9} = 101\ 385\ \$$

Moins les économies d'impôt : 40 % × 101 385 $ = 40 554 $

Coûts nets : 60 831 $

Coûts d'achat : 125 000 $

Moins les économies d'impôt :

40 % de l'amortissement actualisé

$40\ \%\ \times\ [\ 10\ 000\ \$\ (1 + 10\ \%\ )^{-1} + 10\ 000\ \$\ (1 + 10\ \%\ )^{-2} + ..$
$+ 10\ 000\ \$\ (1 + 10\ \%\ )^{-10}\ ]$ = 24 578 $

Moins : valeur actuelle du montant estimé de revente
(la valeur résiduelle)

$25\ 000\ \$\ (1 + 10\ \%\ )^{-10}$ = 9 639 $

Coût net : 90 783 $

Le raffinement de ces calculs suggère maintenant de louer plutôt que d'acheter puisque le coût d'achat a une valeur actuelle supérieure de plus de 29 000 $ au coût de location.

Il faut noter que les règles fiscales permettant un amortissement plus élevé pourraient modifier cette analyse et les conclusions qui en découlent.

> **Message :** Les séries de montants que l'on a examinées
> (15 000 $ par année et 10 000 $ par année) représentent
> ce qu'on appelle des annuités. Leur valeur actuelle peut
> être calculée de trois façons :

❖ en calculant chaque montant comme on vient de le faire ;

❖ au moyen de la formule mathématique suivante :

$$\text{Montant} \times \left[\frac{1 - (1 + i)^{-n}}{i} \right]$$

« i » représente le taux et « n » le nombre de périodes.

Pour la série des 15 000 $, les calculs auraient été les suivants :

$$15\ 000\ \$\ (\text{actuellement}) + 15\ 000\ \$ \times \left[\frac{1 - (1 + 10\ \%)^{-9}}{10\ \%} \right] = 101\ 385\ \$$$

❖ en multipliant le montant par un facteur donnant directement
la valeur entre crochets. Des tables d'actualisation fournissent
ce facteur.

Dans cet exemple on obtiendrait :

15 000 $ + 15 000 $ × 5,759 024 = 101 385 $.

Le gestionnaire doit aussi considérer, au moment de prendre sa
décision, des éléments moins facilement quantifiables.

❖ La qualité d'entretien que peuvent fournir les employés compa-
rativement à celle fournie par le locateur.

❖ La précision des prévisions de durée et de valeur résiduelle.

❖ Le développement technologique prévu. Si l'actif devient
désuet, l'entreprise pourra-t-elle l'échanger à bon prix contre un
actif mieux adapté ? Le locateur en fournira-t-il un nouveau ?

❖ Le contrat de location peut-il être dénoncé par l'un ou l'autre
contractant ?

C ACHAT D'IMMOBILISATIONS

Les achats d'immobilisations se distinguent des achats de produits ou de services selon les aspects suivants :

❖ achats peu fréquents, non répétitifs ;

❖ coûts importants ;

❖ impacts à long terme.

Compte tenu de ces deux derniers aspects, la décision d'acheter une immobilisation est cruciale et requiert la collaboration de représentants des services suivants :

❖ le service utilisateur (l'atelier de production pour une machine-outil ; le magasin pour un chariot élévateur, etc.) ;

❖ le service des finances pour tous les coûts présents et futurs ;

❖ l'ingénierie pour tous les détails techniques ;

❖ le service des approvisionnements pour l'information sur les fournisseurs et les produits offerts ainsi que la facilité éventuelle de disposition ;

❖ la haute direction pour la décision finale.

> **Message :** Les politiques de l'entreprise déterminent à qui appartient la décision finale selon les coûts et les types d'immobilisations. Comme dans plusieurs situations, une nouvelle immobilisation qui relève d'un développement de l'entreprise ou d'une nouvelle façon de faire, la décision sera prise au plus haut niveau.

1. LES ASPECTS À ANALYSER

La qualité et tous les éléments techniques.

La garantie.

Le service assuré par le fournisseur.

L'entretien à assumer : entretien de routine et réparations.

Les modifications aux processus actuels.

La formation, l'adaptation de la main-d'œuvre.

La durée de vie.

La disposition finale : revente, destruction, mise au rebut, récupération.

Le calcul du coût doit normalement impliquer tous les frais pertinents occasionnés par cette immobilisation pendant sa durée de vie, moins les montants récupérés (revente, impôts). Ce coût permet de comparer les produits, ou les fournisseurs, mais il permet surtout de décider si l'entreprise doit faire cet achat.

2. ÉQUIPEMENT D'OCCASION

On achète de l'équipement d'occasion lorsqu'il répond aux objectifs fixés : qualité, coût, moment voulu, durée, garantie, service, etc. À ce titre, au départ, un équipement d'occasion est égal à un équipement neuf. Cependant certaines circonstances favorisent particulièrement l'achat d'équipements d'occasion :

❖ **Le coût :** c'est un facteur toujours présent. Particulièrement en ce qui concerne : les difficultés financières qu'éprouve une entreprise limitant ainsi ses possibilités d'investissement ; ou encore un faible délai de récupération exigé.

❖ **Le délai de livraison :** dans le cas où l'absence d'équipement occasionne une pénurie importante ou des frais de production additionnels et qu'un équipement neuf n'est pas disponible.

❖ **La durée limitée :** si l'équipement ne doit servir que temporairement.

❖ **La possibilité de moderniser l'équipement** à un coût abordable.

RÉSUMÉ

Plusieurs entreprises de fabrication ont le choix entre acheter ou fabriquer un produit ou un composant. Cette décision prend en considération les objectifs généraux de l'entreprise, sa capacité technique et physique, la qualité et le délai exigés et les coûts de ces deux options.

L'entreprise doit aussi faire un choix entre achat et location quand il s'agit d'immobilisations. Dans ce cas, on tiendra compte non seulement des coûts bruts d'achat et de location, mais aussi des frais prévisibles pendant la vie de l'actif tels que l'entretien, les assurances, les améliorations techniques ainsi que des économies d'impôt respectives.

L'entreprise doit faire son choix dans un contexte d'incertitude. La décision de fabriquer un produit plutôt que de l'acheter et celle d'acheter un équipement plutôt que de le louer engagent des fonds et ces derniers ont un impact qui dépasse le court terme. Ces décisions doivent être prises avec prudence et faire l'objet d'une analyse serrée.

Ces deux types de décisions d'approvisionnement sont reliés aux objectifs de l'entreprise: rationalité économique; maintien des ressources humaines et du climat de l'organisation; satisfaction des clients.

Les achats d'immobilisations sont généralement non répétitifs. Il faut donc faire une analyse complète du produit et des fournisseurs lors de tels achats. Dans certaines situations, il peut être recommandé de se procurer des équipements d'occasion.

QUESTIONS DE RÉVISION

1. Les critères de choix entre achat et fabrication peuvent entrer en conflit. Expliquez comment. Illustrez par un exemple.

2. Indiquez les éléments qui jouent en faveur de l'achat et ceux qui jouent en faveur de la fabrication.

3. Dans quelle situation une entreprise doit-elle faire un choix entre achat et location ?

4. Entre acheter et louer, trois éléments principaux entrent en jeu. Nommez-les et expliquez leur importance.

5. Une entreprise qui utilise à 80 % de sa capacité pourrait utiliser les 20 % qui restent pour fabriquer, à un coût de 11 $ l'unité, un produit qu'elle achète actuellement pour 9 $. Selon vous, quelles seraient les raisons qui pourraient motiver l'entreprise à fabriquer ce produit ?

6. D'autres éléments que la demande peuvent aussi évoluer dans le temps. Pouvez-vous en trouver quelques-uns ?

7. Quels sont les principaux aspects à analyser lors de l'achat d'immobilisations ?

8. Quelles sont les raisons qui peuvent motiver une entreprise à se procurer de l'équipement d'occasion ?

Problème solutionné

L'entreprise INCERTAINE a évalué, de la façon suivante, ses besoins probables du produit YZa pour l'année qui vient :

Quantité	Probabilités
120 000	0,20
135 000	0,40
150 000	0,30
180 000	0,10

Son fournisseur attitré lui soumet les prix suivants :

340 $ le mille pour toute quantité jusqu'à 140 000 ;

310 $ le mille pour toute quantité au-delà.

On évalue à 250 $ les frais de commande et de réception.

Son directeur de production considère qu'il peut sans trop de modifications à ses installations, fabriquer un YZa de qualité. Les frais fixes annuels sont estimés à 2 000 $.

Les frais variables par mille unités sont les suivants :

Salaires 180 $.

Autres 100 $.

Mais le directeur admet qu'il ne peut en fabriquer plus de 100 000 à ce prix-là. Au-delà de 100 000, il devra prévoir des heures supplémentaires et payer les employés à un taux majoré de 50 %.

Comparez les deux options possibles.

Solution :

a) On détermine la valeur espérée de la demande :

120 000 × 0,20 + 135 000 × 0,40 + 150 000 × 0,30 + 180 000 × 0,10 = 141 000 unités.

b) On détermine le coût d'achat :

140 × 340 $ + 1 × 310 $ + 250 $ = 48 160 $.

c) On détermine le coût de fabrication :

2 000 $ + 280 $ × 100 + (100 $ + 1,5 × 180 $) × 41 = 45 170 $.

AUTRES PROBLÈMES

1. Une entreprise qui fabrique des avertisseurs d'incendie paie 3,55 $ le bâti de son appareil. Elle pourrait en fabriquer un à 2,30 $, en assumant des frais fixes annuels de 50 000 $.

   a) Déterminez le seuil d'indifférence.

   b) Combien devrait-elle en fabriquer pour économiser 10 000 $ en tout ?

2. Une entreprise a le choix entre acheter un produit qui lui coûterait 8 $ ou le fabriquer. Pour chacune des situations suivantes, calculez ce qui est demandé.

   a) S'il en coûte à l'entreprise 7 000 $ pour acheter la machinerie nécessaire et ensuite 5 $ pour chaque produit fabriqué, est-il plus rentable pour elle de fabriquer 2 500 produits ou de les acheter ?

   b) À partir de quelle quantité est-il plus avantageux de fabriquer ?

   c) Quel montant maximum les frais fixes peuvent-ils atteindre sans entraîner de pertes si les produits coûtent 5 $ à fabriquer et que la demande prévue se chiffre à 3 000 ?

3. L'entreprise Chaleur au foyer fabrique des fournaises à l'huile pour lesquelles elle achète une partie des composants dont la pièce XT-33 qu'elle paie actuellement 65,50 $. Ses dirigeants envisagent la possibilité que l'entreprise fabrique elle-même cette pièce. On évalue que la fabrication des 50 000 unités requises annuellement occasionnerait les coûts suivants :

Frais généraux de fabrication fixes	190 000 $.
Coûts variables de main-d'œuvre	41,00 $/u.
Matières premières	17,60 $/u.
Frais généraux de fabrication variables	1,82 $/u.

   Que conseilleriez-vous à cette entreprise ?

4. La société Pur-air s'apprête à mettre sur le marché un nouvel appareil. Afin de décider si l'on devrait acheter ou fabriquer l'un des composants, on a recueilli les informations suivantes concernant les coûts de chacune des options :

Coût de fabrication	Taux de probabilité
7,00 $	0,50
8,00 $	0,20
9,00 $	0,10
Coût d'achat	
6,00 $	0,40
7,60 $	0,45
8,80 $	0,15

En se basant sur ces informations, quelle devrait être la décision ?

5. Un équipement très spécialisé coûte 150 000 $ et devra être remplacé dans 4 ans. On espère pouvoir le revendre alors pour 80 000 $. D'autre part on peut le louer à un coût annuel de 30 000 $, payable au début de l'année. Le coût du capital de l'entreprise est de 9 %.

   a) Calculez, avec ces seules informations, quelle est l'option la plus avantageuse.

   b) Le vendeur garantit son appareil pour deux ans. Ensuite on estime que les frais de réparation seront de 2 000 $ à la fin de la troisième année.

   Le locateur offre un plan qui coûte 500 $ par année pour couvrir tous les frais de réparation.

   Calculez l'impact de ces données additionnelles sur le choix à faire.

   c) Quelles autres informations pourraient aider la prise de décision ?

CAS

La compagnie de tondeuses BEAUGAZON

La compagnie BEAUGAZON fabrique des tondeuses à essence dont elle achète une bonne partie des composants. Depuis quelque temps, la qualité de ses carburateurs semble être douteuse; ses deux fournisseurs admettent qu'ils ont certains problèmes avec leur ligne de production, mais ne sont pas prêts à dépenser les sommes nécessaires pour améliorer leur produit s'ils ne sont pas assurés d'une commande ferme pour les trois prochaines années.

Voici ce qu'ils proposent:

Fournisseur X: minimum 50 000 unités par année.
Prix pour 50 000 à 70 000 unités: 72 $.
Prix pour les unités au-delà de 70 000: 65 $.

Fournisseur Y: minimum 75 000 unités par année.
Prix: 68 $.

La compagnie a évalué ce qu'il lui en coûterait pour fabriquer elle-même ses carburateurs. Le coût unitaire serait de 70 $ dans les conditions actuelles où il y a une légère capacité inutilisée.

Si, par contre, la demande totale de tondeuses devait dépasser 80 000, il faudrait recourir aux heures supplémentaires pour les carburateurs. On estime alors que le coût au-delà de 80 000 passerait alors à 75 $.

Dans le contexte actuel des relations patronales-syndicales, on ne sait pas si les employés accepteraient volontiers de faire des heures supplémentaires. Le service du marketing prévoit vendre 85 000 tondeuses dans l'année; cependant leurs prévisions ont généralement été trop optimistes et on n'a jamais vendu plus de 72 000 tondeuses.

Évaluez chacune des options possibles. Quels sont les principaux éléments dont vous devez tenir compte?

ANNEXE

TABLE DES VALEURS ACTUALISÉES $(i + i)^{-n}$

n	1 %	2 %	3 %	4 %	5 %
1	0,990099	0,980392	0,970874	0,961538	0,952381
2	0,980296	0,961169	0,942596	0,924556	0,907029
3	0,970590	0,942322	0,915142	0,888996	0,863838
4	0,960980	0,923845	0,888487	0,854804	0,822702
5	0,961466	0,905731	0,862609	0,821927	0,783526
6	0,942045	0,887971	0,837484	0,790315	0,746215
7	0,932718	0,870560	0,813092	0,759918	0,710681
8	0,923483	0,853490	0,789409	0,730690	0,676839
9	0,914340	0,836755	0,766417	0,702587	0,644609
10	0,905287	0,820348	0,744094	0,675564	0,613913

n	6 %	7 %	8 %	9 %	10 %
1	0,943396	0,934579	0,925926	0,917431	0,909091
2	0,889996	0,873439	0,857339	0,841680	0,826446
3	0,839619	0,816298	0,703832	0,772183	0,751315
4	0,792094	0,762895	0,735030	0,708425	0,683013
5	0,747258	0,712986	0,680583	0,649931	0,620921
6	0,704961	0,666342	0,630170	0,596267	0,564474
7	0,665057	0,622740	0,583490	0,547034	0,513158[
8	0,627412	0,582009	0,540269	0,501866	0,466507
9	0,591898	0,543934	0,500249	0,460428	0,424098
10	0,558395	0,508349	0,463193	0,422411	0,385543

Chapitre

8

LES RELATIONS AVEC
LES FOURNISSEURS

OBJECTIFS

Dans le chapitre qui suit, nous examinerons les principaux aspects des relations à établir avec les fournisseurs tout au long du cycle des achats. Nous étudierons plus particulièrement la façon de choisir les fournisseurs et de négocier avec eux les différents types de contrats, les moyens à prendre pour assurer une collaboration profitable entre l'acheteur et le fournisseur et, finalement, les aspects juridiques concernant les approvisionnements.

OBJECTIFS D'APPRENTISSAGE

À la fin de ce chapitre on pourra :

✓ décrire les étapes du cycle des achats, et les procédures qui se rattachent à chacune d'elles ;

✓ décrire les politiques générales et les modalités d'évaluation permettant un choix judicieux des fournisseurs ;

✓ expliquer les modalités et les implications d'un appel d'offre ;

✓ identifier les points importants lors d'une négociation avec un fournisseur ;

✓ décrire les types de contrats, leurs particularités, leurs avantages et leurs aspects respectifs ;

✓ expliquer l'importance d'une bonne collaboration avec les fournisseurs ainsi que les conditions préalables qu'elle requiert ;

✓ décrire les principaux aspects juridiques concernant les approvisionnements.

A ▸ LE CYCLE DES ACHATS

Pour bien comprendre les relations à établir avec les fournisseurs, il faut les situer à l'intérieur de la série d'opérations successives reliées aux approvisionnements et qui s'accomplissent selon une séquence définie qui se répète à chaque achat. On donne à cette série d'opérations le nom de **cycle des achats**. Ce cycle comprend différentes étapes et les opérations qui le constituent comportent un ensemble de procédures définies. Le tableau qui suit contient les opérations du cycle des achats regroupées en six étapes et présente, en regard de chacune, les procédures qui s'y rattachent.

Tableau 8-1

Les étapes du cycle des achats et les procédures qui s'y rattachent

Étapes	Procédure
1. Identification du besoin Chaque service de l'entreprise doit d'abord identifier ses besoins en matières directes et indirectes, en marchandises, en fournitures et en immobilisations.	Aucune procédure particulière ne se rattache à cette étape. Il s'agit simplement d'identifier clairement le besoin et suffisamment à l'avance. La façon de le faire varie grandement d'une entreprise à l'autre.
2. Transmission du besoin au service des approvisionnements Une fois le besoin identifié, une demande est transmise au service des approvisionnements qui verra à combler ce besoin.	**Établissement et envoi d'une demande d'achat** La demande d'achat transmise doit être approuvée par le responsable du service au sein duquel se manifeste le besoin. Celui-ci devra s'assurer que le besoin soit bien réel, que la description de la demande soit précise et complète et que le coût des biens ou des services demandés respecte les

3. Demande communiquée à un fournisseur[1]

Après avoir choisi le fournisseur adéquat, le service des approvisionnements communique avec celui-ci afin de demander la livraison des biens ou des services requis.

4. Réception du bien ou du service

Le bien ou le service est fourni à l'entreprise. C'est à cette étape que l'achat entre en vigueur et que l'entreprise est redevable à son fournisseur. En ce qui concerne un bien, cette transmission peut se faire au lieu d'expédition (entrepôt du fournisseur), au lieu de livraison (entrepôt de l'acheteur) ou à un lieu de transit; tout dépend de l'entente (F.A.B.) conclue avec le fournisseur.

limites budgétaires imposées à son service.

Envoi d'un bon de commande

La commande d'achat est inscrite sur un bon de commande que l'on expédie au fournisseur. Ce document doit inclure une description complète des biens ou du service, les conditions de livraison, le prix convenu et les conditions de paiement sur lesquels les deux parties se sont entendues.

Émission d'un bon de réception

Pour un bon contrôle des achats, les préposés émettent, dès la réception, un bon de réception sur lequel figurent la description et la quantité des articles reçus. Concernant un service, c'est le bénéficiaire lui-même qui émet le document après s'être assuré de la qualité des services reçus. On utilise souvent, comme bon de réception, une copie du bon d'expédition du fournisseur; cette pratique fournit un moins bon contrôle, car on sera tenté de se fier aux renseignements inscrits par le fournisseur plutôt que de compter et d'examiner soi-même les articles ou les services reçus.

---

1. Certains besoins pourront être comblés en puisant dans le stock de l'entreprise ou, en ce qui concerne un besoin en services, en faisant appel à du personnel compétent de l'entreprise. Aucun achat n'est alors requis et on ne peut pas parler de cycle des achats. On note également qu'il arrive assez souvent, concernant un besoin en services, que le requérant s'adresse lui-même, directement, à un fournisseur externe ou au personnel de l'entreprise apte à combler le besoin.

5. Réception de la facture

Le fournisseur transmet sa créance (le montant qui lui est dû) à l'entreprise en lui remettant une facture dont le montant inclut le prix des articles livrés et tous les frais rattachés à l'acquisition tels que les taxes, les droits de douane, l'assurance et le transport.

Vérification et approbation de la facture

En comparant le bon de commande, le bon de livraison et la facture, on vérifie si les biens et les services facturés correspondent à ceux commandés et à ceux reçus. On vérifie également le prix, les calculs et les modalités de paiement indiqués sur la facture. Si cette vérification s'avère satisfaisante, la facture sera approuvée par un employé autorisé à le faire. Par contre, si l'on trouve une erreur, dans la livraison ou dans la facturation, on en avisera le fournisseur afin qu'il apporte les correctifs voulus.

6. Paiement de l'achat

Cette étape, qui termine le cycle, relève de la fonction « finance ». Elle consiste simplement à remettre au fournisseur le montant de l'achat.

Règlement de la facture

Le règlement de la facture se fait normalement par un chèque. Il peut également se faire au moyen d'un paiement par carte de crédit, d'un effet à payer, d'un virement bancaire ou selon toute autre entente conclue avec le fournisseur. On doit alors s'assurer que les procédures de vérification, mentionnées à l'étape précédente, ont été effectuées avant le règlement.

Pour que ces étapes se déroulent de façon harmonieuse, il est essentiel d'entretenir d'étroites relations avec le fournisseur. On a souvent observé des situations où l'entreprise et son fournisseur se percevaient mutuellement comme des antagonistes où chacun cherche à réaliser un profit aux dépens de l'autre. Toutes les recherches en gestion des approvisionnements ont démontré que cette attitude à courte vue est préjudiciable aux deux parties. Les gestionnaires doivent être convaincus, qu'en ce domaine, le partenariat constitue la relation la plus profitable à l'entreprise et à son fournisseur. Ce dernier doit donc voir clairement la place qu'il occupe dans le cycle des approvisionnements de son client, et comprendre l'importance primordiale de sa collaboration dans l'accomplissement des procédures qui y sont reliées et les avantages qu'il peut lui-même retirer de cette collaboration.

B LE CHOIX DES FOURNISSEURS

Les fournisseurs sont des acteurs de première importance dans l'approvisionnement, en fait ils en sont la source. Il est, par conséquent, essentiel que ceux que l'on s'adjoint soient dignes de confiance et désireux de collaborer à la réalisation des objectifs de l'entreprise. La démarche d'approvisionnement doit être vue comme un projet conjoint entre le vendeur et l'acheteur du produit. Le choix des fournisseurs constitue donc une étape cruciale du processus d'approvisionnement. Il faut également assurer, par la suite, le maintien des relations de partenariat profitables à chacun. On verra dans ce chapitre comment faire un bon choix et comment maintenir de bonnes relations avec les fournisseurs.

1. UN OU PLUSIEURS FOURNISSEURS

Avant de procéder à ce choix, l'entreprise devrait se demander s'il vaut mieux faire des affaires avec un ou plusieurs fournisseurs. On a longtemps cru qu'avoir un nombre important de fournisseurs constituait nécessairement un avantage. Au cours des dernières décennies, cette idée a été fortement remise en question et de plus en plus d'entreprises réalisent qu'il peut être nettement avantageux d'acheter chaque produit ou service chez un seul fournisseur. On examinera les avantages et les inconvénients de ces deux positions.

a) Un seul fournisseur

Les principaux avantages sont les suivants:

❖ Les économies d'échelle réalisées par le fournisseur et qui permettront une baisse de son prix de vente.

❖ Les remises sur quantité accordées par le fournisseur.

❖ Les économies reliées à l'expérience et à l'habitude qu'acquiert le fournisseur au fur et à mesure qu'il fournit l'entreprise. D'ailleurs, plus un fournisseur fait des affaires avec une entreprise, plus on a de chances de voir l'amélioration de son efficacité à combler les besoins.

❖ La diminution du travail administratif relié aux achats; l'envoi des commandes, leur suivi, l'inspection des produits reçus et le règlement des factures deviennent moins nombreux et plus uniformes lorsqu'on négocie avec un seul fournisseur.

❖ La diminution des coûts du transport parce que tout provient du même endroit.

❖ Une qualité d'approvisionnement plus uniforme.

❖ L'amélioration du contrôle de la qualité et la réduction du nombre de visites chez le fournisseur.

❖ Une meilleure possibilité de collaboration dans la recherche et le développement.

❖ L'établissement de relations plus étroites permettant de mieux résoudre les problèmes reliés à l'approvisionnement.

❖ Une adaptation plus rapide au marché et aux changements technologiques grâce à une communication continue.

❖ Une meilleure assurance du respect de la confidentialité des informations relatives aux produits.

Les principaux inconvénients sont:

❖ L'absence de concurrence permettant une négociation plus serrée des prix et des conditions d'achats.

❖ L'absence de fournisseurs prenant la relève lorsqu'il y a une détérioration de la qualité des produits ou du service et des conditions de livraison.

❖ L'absence également de fournisseurs qui prennent la relève advenant une interruption des opérations du fournisseur (feu, inondation, grève, faillite).

❖ Le risque d'un manque de produits advenant une augmentation imprévue de la demande.

❖ Le risque d'un moins grand dynamisme de la part du fournisseur qui néglige ainsi l'amélioration et le développement du produit et du service. Le fait qu'il a le monopole assuré peut l'inciter à diminuer ses efforts.

On peut toutefois éviter la plupart de ces inconvénients en négociant les contrats d'approvisionnement comme il convient et en établissant de bons mécanismes de collaboration. L'entreprise aura aussi à démontrer à son fournisseur les avantages qu'il peut retirer de sa collaboration à la croissance et au succès de son client.

b) Plusieurs fournisseurs

On peut noter les avantages suivants :

❖ La concurrence qui existe entre les fournisseurs. Cette concurrence place l'entreprise en situation de force lors de la négociation des prix et des conditions d'achat.

❖ Une plus grande information sur les nouveaux développements des produits ou des services.

❖ Une source d'approvisionnement plus importante en cas d'augmentation imprévue de la demande.

❖ La possibilité de changer de fournisseur si la qualité et les conditions deviennent insatisfaisantes.

❖ Une plus grande indépendance face aux fournisseurs en difficulté : il suffit de choisir un autre fournisseur. On ne doit toutefois pas abuser de cet avantage, car on risque de créer l'image d'une entreprise incapable ou non intéressée à soutenir ses fournisseurs.

Les inconvénients liés au fait d'avoir plusieurs fournisseurs sont inversement proportionnels aux avantages découlant du fait de n'en avoir qu'un seul. Il n'est donc pas nécessaire de reprendre tous les points déjà énumérés plus haut. Il suffit de comprendre que le choix de plusieurs fournisseurs oblige à renoncer aux avantages que procure la collaboration d'un fournisseur unique.

L'examen que l'on vient de faire des avantages et des inconvénients de ces deux choix démontre qu'il est, dans la plupart des cas, plus avantageux de faire des affaires avec un seul fournisseur. Acheter auprès de plusieurs fournisseurs demeure un choix valable lorsque les spécifications sont des plus simples et peuvent être facilement respectées par n'importe quel fournisseur ou si la qualité requise est peu importante. Comme les biens fabriqués par les entreprises comportent souvent des composants assortis de nombreuses spécifications et que de plus en plus d'entreprises recherchent la qualité absolue dans leurs approvisionnements, on peut sans contredit affirmer que contracter auprès d'un seul fournisseur constitue presque toujours la meilleure politique d'approvisionnement.

Dans le même ordre d'idée, de nombreuses entreprises recherchent **l'intégration** de leur fournisseur. On entend par là *les démarches visant à intégrer les opérations du fournisseur à l'intérieur de celles de l'entreprise.* Certaines d'entre elles iront jusqu'à faire l'achat d'un bloc important d'actions de leur fournisseur ou même procéderont à l'acquisition de ce dernier.

2. UNE POLITIQUE D'ACHAT LOCAL

De nombreuses entreprises se dotent d'une politique d'achat local selon laquelle elles accordent la priorité aux fournisseurs de la région. L'objectif visé comporte deux volets. Premièrement, l'entreprise qui favorise les fournisseurs locaux participe au développement économique de la région ce qui peut, dans bien des cas, avoir un effet favorable sur la poursuite des affaires de l'entreprise. Deuxièmement, cette politique d'achat, lorsqu'elle est publicisée, permet de créer l'image d'une entreprise consciente de ses responsabilités sociales. Une entreprise ainsi perçue sera en meilleure posture face aux autorités locales notamment pour l'obtention de subventions ou d'allégements fiscaux (certains sont conditionnels à une politique d'achat local) ou pour la négociation des règles d'application des réglementations locales. L'image d'un partenaire soucieux du développement économique de la région constitue également un aspect publicitaire non négligeable.

Une telle politique n'est cependant applicable que si les composants ou les services requis sont offerts sur le marché local. Il faut également noter que les fournisseurs locaux sont souvent des entreprises de taille restreinte (PME); les choisir oblige, dans bien des cas, à renoncer aux avantages offerts par les fournisseurs nationaux ou multinationaux. Ces avantages sont:

❖ une survie mieux assurée et des moyens plus étendus;

❖ la possibilité d'offrir de meilleurs prix grâce aux économies d'échelle et aux importations à faible coût;

❖ une compétence technique, une garantie de qualité et une capacité de service plus grandes que les entreprises moins importantes;

❖ une meilleure garantie d'approvisionnement, étant donné leur plus grande capacité de production et leur accès à des marchés plus vastes.

On peut toutefois penser que des fournisseurs plus proches et de moindre envergure seront plus faciles à intégrer dans le processus d'approvisionnement de l'entreprise; ils se sentent certainement moins indépendants que les grandes entreprises et peuvent par conséquent se montrer plus ouverts à une étroite collaboration.

C'est à la lumière de toutes ces considérations que l'on doit faire le choix ou non de fournisseurs locaux. Autrement dit, il faut s'assurer que les coûts d'une telle politique soient bien compensés par les avantages qu'on en retire.

3. LES CRITÈRES GÉNÉRAUX

Après avoir choisi les politiques générales que l'on vient de mentionner (un ou plusieurs fournisseurs et achats locaux ou non), l'entreprise doit d'abord, avant de passer une commande, choisir un fournisseur répondant aux critères qu'elle juge importants. Ce choix sera beaucoup plus facile et plus rationnel si on a défini d'avance ces critères. Pour certains contrats aux prescriptions particulièrement précises, plusieurs critères devront être définis spécifiquement. C'est le cas notamment des biens que l'entreprise fabrique sur commande selon les spécifications particulières à chacun de ses clients. Toutefois, bon nombre de critères sont applicables à l'ensemble des approvisionnements et peuvent, de ce fait, constituer une politique générale d'achat. Le terme **certification des fournisseurs** signifie *l'acceptation de ceux-ci sur la base de critères préétablis.* On peut établir comme suit les principaux éléments à examiner pour accorder cette certification.

✎ La qualité

C'est le principal critère à considérer. Un produit ou un service sera jugé de qualité s'il satisfait aux exigences définies par l'acheteur. Il est possible que l'on tolère un certain pourcentage de produits ou de services défectueux, mais dans le contexte de plus en plus répandu de la qualité totale, ce pourcentage tend vers zéro. Pour s'assurer de la qualité des produits fournis, il s'avère beaucoup plus efficace de vérifier *a priori* la qualité du processus de production du fournisseur que d'examiner après coup la qualité du produit reçu. En procédant ainsi l'on prévient les problèmes et on évite les importants retards qu'entraînent les correctifs à apporter aux produits défectueux. C'est pourquoi, aujourd'hui, les entreprises tentent d'établir leur contrôle de qualité à la source en se rendant chez le fournisseur pour examiner ses moyens de production et s'assurer que ceux-ci permettent une production de qualité presque parfaite.

✎ Le contrôle des coûts de production

Pour établir ce critère, on évaluera la capacité du fournisseur à contrôler ses coûts en vue d'obtenir un prix de revient lui permettant de vendre à un prix raisonnable. On note que le prix demandé par le fournisseur correspond habituellement au prix de revient du produit majoré d'une marge de profit acceptable.

✎ La compétence technique

La forte compétence technique d'un fournisseur comprend non seulement une assurance de qualité, mais permet également de faire bénéficier l'entreprise des améliorations qui pourraient être apportées au produit.

✎ La capacité (la rapidité) de production

La capacité de production constitue la principale garantie qu'il n'y aura pas rupture des approvisionnements et que les délais de livraison seront respectés. Elle permet aussi de s'ajuster rapidement à toute augmentation imprévue de la demande.

Les critères suivants, bien qu'ils puissent sembler moins évidents devraient aussi être examinés.

✎ La situation financière du fournisseur

Il est préférable pour l'entreprise de s'approvisionner auprès de fournisseurs dont la situation financière est saine. Une entreprise en difficulté risque d'être obligée de diminuer ou d'interrompre sa production. De plus, une telle entreprise aura de la difficulté à supporter les investissements souvent nécessaires pour répondre aux demandes de l'acheteur.

✎ La qualité des relations de travail chez le fournisseur

Tout conflit de travail chez le fournisseur risque de ralentir ou de compromettre la production. Ils peuvent également entraîner une diminution de la qualité. Il est donc important de s'assurer que la qualité des relations de travail chez le fournisseur permette d'éviter les débrayages, les ralentissements de travail ou les grèves du zèle.

✎ La conformité aux législations et aux réglementations

De plus en plus de biens font l'objet de réglementations relatives notamment à la santé, à la sécurité ou à l'environnement. Il est donc essentiel de s'assurer que les fournisseurs soient en règle avec les législations concernant les produits qu'ils fournissent aux entreprises.

L'importance de la certification des fournisseurs a amené l'établissement, de plus en plus répandu, de systèmes d'**accréditation**. Ces accréditations sont des *reconnaissances officielles accordées par des organismes d'affaires aux entreprises répondant à un ensemble de critères de qualité* et on en retrouve dans de nombreux domaines. Il peut s'agir d'accréditations auprès d'une association de producteurs d'un même domaine ou auprès d'organismes indépendants (privés ou gouvernementaux). Le principal avantage de ces accréditations est qu'elles facilitent la tâche de certification des fournisseurs par les entreprises acheteuses; elles n'ont plus à vérifier elles-mêmes tous les critères de qualité. Il faut toutefois s'assurer que les exigences de l'organisme accréditeur soient au moins aussi fortes que celles de l'acheteur et que les critères exigés par ce dernier fassent partie de ceux retenus pour l'accréditation. Aux États-Unis, les trois grands producteurs d'automobiles, le ministère de la Défense ainsi que de nombreuses entreprises industrielles exigent de leurs fournisseurs une accréditation connue sous le nom de **ISO 9000**. Pour obtenir cette accréditation, une entreprise doit répondre à un nombre impressionnant de normes et de critères garantissant la qualité non seulement de la production, mais aussi du service et de la gestion administrative de l'entreprise.

4. L'ÉVALUATION COMPARATIVE DES FOURNISSEURS

Il se peut fort bien, et c'est même probable, que plusieurs entreprises répondent aux exigences fixées. Il faut donc, une fois les certifications accordées, procéder à une évaluation comparative des fournisseurs présélectionnés afin de déterminer quel est le meilleur. Pour ce faire on doit pondérer les critères, c'est-à-dire, leur accorder une importance relative selon les priorités de l'entreprise. La pondération est établie en allouant à chaque critère un nombre de points plus ou moins élevé selon son importance par rapport aux objectifs de l'entreprise.

On prend l'exemple d'un fabricant d'appareils domestiques à bas prix. Pour lui, le prix des composants constitue le critère le plus important. Si l'on veut pouvoir vendre à un prix modique, il faut que les matières utilisées dans la fabrication soient d'un faible coût. Vient ensuite la capacité technique du fournisseur sur qui l'on doit pouvoir compter pour des procédés ou pour rechercher des matériaux moins coûteux. La livraison à temps constitue un troisième critère : comme les biens à faible prix doivent être, afin qu'ils soient rentables, produits en grande quantité, la livraison dans les délais requis est essentielle si l'on désire éviter les ruptures de stock sans avoir à maintenir un stock de sécurité volumineux. La qualité ne vient, ici, qu'au quatrième rang ; ceux qui achètent les produits à prix modique, optent pour un bien bas de gamme qui devrait offrir une qualité correspondant à des exigences de fonction moins élevées qu'un bien milieu ou haut de gamme.

On pourrait, dans cet exemple, établir la pondération suivante :

Prix :	40 points
Capacité technique :	30 points
Livraison à temps :	20 points
Qualité :	10 points
Total :	**100 points**

Chaque fournisseur qui répond aux critères établis sera évalué sur la base de ces quatre facteurs. Voici quels pourraient être les résultats de l'examen comparatif des trois fournisseurs A, B et C :

	Fournisseur A	Fournisseur B	Fournisseur C
Prix:	40/40	32/40	30/40
Capacité technique:	28/30	26/30	23/30
Livraison à temps:	18/20	16/20	18/20
Qualité:	7/10	9/20	6/10
Total:	91/100	83/100	77/100

Le total des points indique que l'entreprise A représente le meilleur fournisseur. Si l'écart entre les fournisseurs semble trop faible pour être significatif, on peut poursuivre l'évaluation en ajoutant d'autres critères moins importants, mais permettant tout de même de démarquer le meilleur candidat.

Pour faciliter l'attribution des points, on peut établir un barème pour chaque critère. Par exemple, les points attribués pour le prix peuvent être calculés de façon inversement proportionnelle au meilleur prix. On suppose que les fournisseurs A, B et C demandent respectivement un prix de 60 $, 75 $ et 80 $. L'attribution des points se fera alors comme suit:

A: $60/60 \times 40 = 40$ points

B: $60/75 \times 40 = 32$ points

C: $60/80 \times 40 = 30$ points

Pour la livraison à temps, le barème pourra être le suivant:

Retard moyen	Points
0 jour	20 points
1 jour	18 points
2 jours	16 points
3 jours	12 points

On souligne que de tels calculs doivent être faits avec discernement et nuances. Ainsi un retard exceptionnel dû à des circonstances incontrôlables, par exemple un incendie chez le fournisseur, devrait être exclus du calcul, car il n'est pas représentatif de la situation normale.

Il y a de plus un facteur que l'on ne peut pas négliger; il s'agit de l'expérience antérieure avec le fournisseur. Un fournisseur qui a toujours donné satisfaction devrait se voir accorder une certaine préférence. Autrement dit : doit-on laisser tomber un partenaire de longue date parce qu'un nouveau fournisseur offre pour une commande en particulier, un prix légèrement inférieur ou une qualité à peine supérieure ? On pourrait tenir compte de cet aspect en bonifiant en conséquence les points accordés au fournisseur habituel ou négocier avec lui de meilleures modalités de paiement, des garanties accrues ou des services additionnels. On doit se rappeler que l'objectif visé n'est pas de choisir à tout prix le meilleur achat, mais plutôt le meilleur fournisseur.

C L'APPEL D'OFFRES

L'appel d'offres est une opération par laquelle une entreprise invite des fournisseurs potentiels à présenter une proposition précise en vue d'obtenir un contrat de fourniture. Il est dit *ouvert* ou *public* lorsque quiconque peut déposer une offre et, *restreint* lorsqu'il ne s'adresse qu'aux fournisseurs que l'entreprise a décidé de consulter. *Les termes* **soumission** *et* **soumissionnaire** *désignent respectivement la proposition présentée et le fournisseur potentiel qui présente cette proposition.*

1. LES OBJECTIFS ET LES CONDITIONS REQUISES

L'appel d'offres vise essentiellement quatre objectifs :

1- obtenir les meilleures conditions possibles en créant une concurrence entre plusieurs fournisseurs ;

2- acquérir une connaissance plus approfondie du marché ;

3- connaître de façon plus détaillée les possibilités et les conditions offertes par chaque fournisseur intéressé ;

4- éviter les choix arbitraires et assurer une meilleure transparence dans le processus aboutissant à l'octroi des contrats.

Par contre, un appel d'offres constitue une démarche plus complexe qu'une simple commande ; il requiert par conséquent plus de temps et plus de coûts. L'entreprise doit notamment définir clairement les spécifications des produits et les barèmes selon lesquels les soumissions seront retenues. L'appel d'offres ne peut donc être recommandé pour tous les achats, mais plutôt pour ceux qui comportent les préalables suivants:

❖ Le montant prévu du contrat d'approvisionnement doit être suffisant pour justifier les coûts d'un appel d'offres.

❖ Le produit doit pouvoir faire l'objet d'une description suffisamment claire et détaillée pour que les soumissionnaires éventuels puissent établir un prix en toute connaissance de cause.

❖ On doit avoir à l'avance une idée approximative des coûts de fabrication du produit demandé, et par conséquent, du montant des soumissions qui seront présentées.

Il ne sert à rien d'enclencher le processus si l'on prévoit que les montants des soumissions iront au-delà de ce que l'entreprise est prête à investir. Ainsi, en ce qui concerne les biens destinés à la fabrication ou à la revente, on ne doit faire des appels d'offres que si le prix de vente prévu des articles dépasse suffisamment le montant prévu des soumissions pour permettre de réaliser une marge bénéficiaire acceptable; en ce qui concerne les biens destinés à d'autres fins que la revente, la limite acceptable dépend de l'importance du besoin à combler. De plus un appel d'offres devient tout à fait inutile si l'entreprise est sûre de pouvoir combler elle-même le besoin à un coût moins élevé que le montant prévisible des soumissions.

❖ Il faut que la concurrence entre les fournisseurs soit réelle. Si ces derniers se sont entendus pour présenter à tour de rôle le prix le plus bas, ou s'il est prévisible que la différence entre les diverses soumissions sera négligeable, la démarche d'appel d'offres devient alors inutile.

❖ Il faut bénéficier des délais nécessaires à la démarche. L'appel d'offres ne peut donc pas convenir pour combler les besoins urgents.

En revanche, l'appel d'offres n'est pas à conseiller dans les situations suivantes:

❖ Il n'y pas de véritable concurrence, ce qui peut être dû au fait qu'il n'existe qu'un seul fournisseur ou qu'il y a une entente entre eux pour offrir un prix et des conditions identiques.

❖ On prévoit devoir modifier la commande en cours de route. Dans ce cas, il vaut mieux négocier avec les fournisseurs.

Bien qu'il ne constitue nullement une promesse qu'un contrat sera accordé, il est important que l'appel d'offres ne soit pas lancé à la légère. Il faut par conséquent que l'entreprise se dote, dans ce domaine, d'une politique précise et transparente. En effet l'entreprise qui n'est pas en mesure de donner suite à ses appels d'offres risque de perdre sa crédibilité auprès des soumissionnaires potentiels. La présentation d'une soumission requiert un investissement important en temps et en énergie et les fournisseurs dont l'effort serait fait en pure perte se montreraient très réticents à répondre par la suite à d'autres appels d'offres.

Voici un exemple de politique que peut adopter une entreprise :

✍ pour les contrats de moins de 5 000 $, on s'approvisionne auprès du fournisseur habituel ;

✍ pour les contrats de 5 000 $ à 20 000 $, on fait un appel d'offres restreint auprès de trois fournisseurs ;

✍ pour les contrats de plus de 20 000 $, on fait un appel d'offres ouvert.

La figure 8-1 montre un appel d'offres publié par le Conseil du trésor du gouvernement du Québec.

Figure 8-1

appel d'offres

Gouvernement du Québec
Conseil du trésor
Services gouvernementaux

Le ou les présents projets sont assujettis à l'Accord Intergouvernemental sur les marchés du secteur public et ils sont ouverts aux fournisseurs des provinces et territoires des gouvernements signataires.

Projet	Description	Livraison
801771	110 déchiqueteuses à papier	Montréal

CLÔTURE DES SOUMISSIONS : LE 25 OCTOBRE 1994 À 15 H

050704	110 000 000 formules tabulatrices de différents formats	Différents endroits

Garantie de soumission exigée :

- 70 000 $ sous forme de cautionnement ou

- 35 000 $ sous forme de chèque visé, mandat, traite, lettre de garantie irrévocable ou obligations payables au porteur émises ou garanties par le gouvernement du Canada ou celui d'une province ou d'un territoire visé par cet accord et dont l'échéance ne dépasse pas cinq (5) ans.

CLÔTURE DES SOUMISSIONS : LE 26 OCTOBRE 1994 À 15 H

Prix des documents : 20 $ non remboursables, en argent comptant ou sous forme de chèque ou de mandat à l'ordre du Fonds des approvisionnements et services – Direction des acquisitions.

Les conditions d'appel d'offres sont contenues dans les documents disponibles au :

Fonds des approvisionnements et services
Bureau des appels d'offres
Édifice Lomer-Gouin
575, rue Saint-Amable, 4e étage
Québec (Québec) G1R 5N9
Pour information : Mme Lise Morin, tél. : (418) 643-5438

Le directeur général des achats se réserve le droit, au moment de l'analyse des soumissions, de refuser toutes les soumissions présentées, même la plus basse.

Toute personne désirant assister à l'ouverture des soumissions doit se présenter à l'adresse susmentionnée, à l'heure et à la date indiquées.

PROGRAMME D'OBLIGATION CONTRACTUELLE — ÉGALITÉ DANS L'EMPLOI

Tout fournisseur du Québec dont l'entreprise compte plus de cent (100) employés doit, pour se voir adjuger une commande de 100 000 $ et plus, s'engager au préalable à implanter un programme d'accès à l'égalité dans l'emploi, conforme à la Charte des droits et libertés de la personne du Québec (L.R.Q., c. C-12) ou détenir une attestation d'engagement à cet effet.

De même, un fournisseur hors du Québec mais au Canada dont l'entreprise compte plus de cent (100) employés, devra fournir au préalable une attestation à l'effet qu'il s'est déjà engagé au programme d'équité en emploi de sa province ou de son territoire s'il en est ou, à défaut, à un programme fédéral d'équité en emploi.

Ces obligations s'appliquent également pour tout sous-contrat d'un montant de 100 000 $ et plus, s'adressant à un sous-contractant ayant plus de cent (100) employés.

Le directeur général des achats
Michel Gagnon, ing.

Québec ⠿

2. LA DESCRIPTION DU PROCESSUS D'APPEL D'OFFRES

Après avoir clairement identifié son besoin et s'être assurée que la situation s'y prête, l'entreprise rédige un appel d'offres. Comme, habituellement, le besoin exige le respect des spécifications précises, l'appel d'offres est assorti d'un **cahier des charges**, c'est-à-dire *un exposé des prescriptions techniques, administratives et financières qui régissent l'exécution des travaux, les délais de production et de livraison, les garanties offertes et les modalités de paiement.*

On établit ensuite les critères de sélection des soumissions. Certes les critères doivent être basés sur le prix offert, mais doivent aussi porter sur d'autres aspects, tels que les garanties d'exécution, les garanties de qualité, les conditions de livraison, les modalités de paiement ou tout autre point jugé important.

Pour obtenir des soumissions valables et être en mesure de faire un choix rationnel, l'entreprise doit veiller soigneusement à la préparation et à la rédaction de l'appel d'offres ; l'appel d'offres, le cahier des charges et les critères retenus doivent être clairs, précis et complets.

Lorsque l'entreprise est prête, elle communique son appel d'offres. Les appels d'offres ouverts (destinés à tout fournisseur intéressé) sont publiés dans les journaux ; ceux restreints sont simplement transmis par l'entreprise à un nombre limité de fournisseurs potentiels. L'appel d'offres peut parfois contenir le cahier des charges, mais la plupart du temps, étant donné son ampleur, celui-ci fait l'objet d'un document distinct remis aux fournisseurs qui en font la demande. Dans toutes les situations, l'appel d'offres doit mentionner le délai de présentation des soumissions, les critères de sélection et la date à laquelle les soumissionnaires sont avisés de l'acceptation ou non de leur soumission.

Le fournisseur intéressé répond à l'appel d'offres en présentant, à l'intérieur d'un délai prescrit, une **soumission**, c'est-à-dire *un document dans lequel il soumet sa candidature au contrat, fait connaître son prix, sa capacité de production, ses conditions et ses garanties de réalisation du contrat et s'engage à respecter les clauses du cahier des charges et tout échéancier s'y rattachant.*

Une fois écoulé le délai de soumission, l'entreprise procède à l'examen de chacune puis elle choisit celle jugée la meilleure à la lumière des critères préalablement établis. L'entreprise doit se méfier des soumissions comportant un prix anormalement bas ; il peut s'agir d'un fournisseur ayant mal évalué les coûts ou prêt à transiger sur la qualité. Dans certains cas, il y aura lieu d'examiner également l'expérience antérieure auprès de certains fournisseurs; les fournisseurs ayant toujours donné satisfaction doivent être préférés à ceux dont on a déjà été insatisfait.

Il peut arriver qu'aucune soumission ne rencontre les critères fixés et que, par conséquent, aucune ne puisse être retenue. On doit toutefois chercher à éviter une telle situation, quitte à réviser les exigences qui sont peut-être irréalistes ou reporter, si possible, le délai afin de permettre la présentation de soumissions additionnelles. On peut également demander au meilleur soumissionnaire de modifier son offre pour la rendre plus conforme aux exigences de l'entreprise. En effet, le refus de l'ensemble des soumissions compromet l'approvisionnement requis et risque d'entacher la crédibilité de l'entreprise auprès de ses fournisseurs.

L'entreprise communique finalement la décision, tant au fournisseur retenu qu'à ceux dont la soumission a été refusée. Il serait souhaitable d'aviser ces derniers des motifs du refus tout en les encourageant à soumissionner de nouveau advenant d'autres appels d'offres. Les soumissionnaires refusés ont probablement consacré un effort important dans la préparation de leur offre. Ils ont peut-être fait certains aménagements en vue du contrat et retardé d'autres projets en attendant la réponse; il est donc important de les informer dans les meilleurs délais.

Dans toutes ces démarches, il faut traiter les fournisseurs potentiels avec respect, attention et de façon équitable. Si les fournisseurs sentent qu'ils sont traités de façon cavalière ou inéquitable, il y a de fortes chances que les prochains appels d'offres n'obtiennent que peu de réponses.

◆ D ▶ LA NÉGOCIATION

La **négociation** *est l'ensemble des discussions et des démarches entreprises pour conclure une affaire.* Dans le contexte des approvisionnements, la négociation porte sur les éléments à inclure dans les contrats d'approvisionnement.

1. UN PRÉREQUIS À LA NÉGOCIATION

Pour qu'il y ait négociation, il faut qu'il y ait matière à négociation, c'est-à-dire, que tout n'ait pas déjà été décidé dès le départ. Ainsi dans les contrats accordés à la suite d'un appel d'offres, les conditions étant établies à l'avance, il y a peu de place pour la négociation. Au contraire, lorsqu'une entreprise sollicite directement un fournisseur, l'ensemble des éléments de l'entente à conclure doivent pouvoir être l'objet d'une négociation. Évidemment, il faut que chaque partie soit ouverte à cette démarche. Si, de part et d'autre, on exige, sans en démordre, tel prix, telle qualité, tel délai de livraison ou toute autre condition, il ne peut s'établir aucune négociation. L'acheteur et le vendeur n'ont d'autre choix que de se soumettre aux exigences de l'autre ou de refuser de contracter. Une telle attitude n'est guère profitable : elle risque, d'un côté comme de l'autre, de faire échouer des occasions d'affaires intéressantes. Elle oblige également les entreprises à multiplier les démarches jusqu'à ce qu'elles trouvent un vis-à-vis prêt à accepter leurs conditions sans discussion, ce qui n'est jamais garanti.

2. LES CONDITIONS D'UNE NÉGOCIATION PROFITABLE

Pour que la négociation soit profitable, il est essentiel qu'elle se déroule sous certaines conditions.

Il faut d'abord qu'elle vise à obtenir **la meilleure entente pour les deux parties**. Un fournisseur qui se sent exploité se montrera moins enclin à collaborer et cherchera sans doute à compenser les inconvénients subis en rognant sur la qualité ou sur le service.

Il faut que **les objectifs de la négociation soient clairement définis**. Ces objectifs doivent comprendre les éléments suivants :

❖ *L'obtention d'un prix juste.* Pour obtenir ce prix, on tient compte des éléments suivants :
  - le coût de production du produit demandé (son prix de revient);
  - la marge de profit acceptable du fournisseur. Dans la mesure où cette marge semble raisonnable, les négociations à la baisse doivent miser non pas sur la réduction de celle-ci, mais sur la réduction des coûts de production du fournisseur. En ce

qui concerne un nouveau fournisseur ou un nouveau produit, on doit de plus tenir compte des coûts d'apprentissage : ce n'est qu'avec l'expérience acquise, au fur et à mesure qu'il produit le bien demandé, que le fournisseur devient plus apte à réduire ses coûts de production et, par conséquent, le prix qu'il demande ;

* le taux d'inflation prévu au cours de la réalisation du contrat d'approvisionnement ;
* le prix demandé par les concurrents ;
* les contraintes reliées à des domaines réglementés.

❖ *La définition de la qualité.* Il s'agit non seulement de s'entendre sur les spécifications et sur la performance attendue, mais également d'établir les modalités d'évaluation de ces éléments et les critères de rejet, de déterminer l'attribution des responsabilités relatives aux produits non conformes. Il faut également prévoir les modifications pouvant survenir en cours de route. Quelles seront-elles ? Combien peut-il y en avoir ? Dans quels délais seront-elles communiquées ? Quels ajustements (prolongement des délais, compensations ou réduction du prix) au contrat entraîneront-elles ?

❖ *L'établissement des délais et des modalités de livraison.* Il faut s'entendre sur des délais rapides mais réalistes. Le fournisseur qui se voit imposer des délais trop courts risque de négliger la qualité ou sera forcé de produire en heures supplémentaires ce qui entraîne nécessairement un accroissement des coûts de production. Pour les autres modalités de livraison, la négociation vise à déterminer : l'endroit où seront livrés les biens ; le responsable du transport et du déchargement des produits ; le mode de transport ; celui qui en assumera les coûts.

❖ *L'instauration d'un service après vente.* Ce point comporte les garanties et le soutien technique offert, la disponibilité des pièces de rechange et les modalités de reprises des articles inutilisés ou non conformes à ceux demandés.

On doit éviter toute équivoque dans les termes négociés.

Si les termes sont vagues et sujets à interprétation, il est évident que l'imprécision de l'entente conclue provoquera des équivoques et des contentieux importants et coûteux, tant sur le plan des finances que sur celui de la qualité des relations établies avec le fournisseur.

Une entente bien négociée ne doit pas laisser de place à l'interprétation.

Toutes les exigences et toutes les contraintes présentes ou prévisibles doivent être abordées et réglées de façon claire. On a souvent vu une mésentente se produire à cause de certains détails que l'on a négligés de régler au moment de la négociation. Certes, les imprévus ne peuvent être éliminés complètement, mais on doit pouvoir s'entendre à l'avance sur tous les éléments pouvant causer un litige.

E ▶ LES TYPES DE CONTRATS

Un **contrat** est *une convention qui entraîne des obligations réciproques et crée un lien entre les parties qui y souscrivent.* Dans le contexte des approvisionnements, le contrat oblige le fournisseur à fournir les biens demandés, au moment et au lieu voulus, tout en lui garantissant une contrepartie déterminée à l'avance.

Étant donné qu'il lie légalement les parties contractantes, il est extrêmement important que les clauses régissant les divers aspects des ententes contractuelles soient clairement rédigées, particulièrement celles ayant trait au prix du bien demandé. Or la fixation du prix d'achat d'un produit n'est pas toujours aisée; le coût de production d'un bien ne peut pas toujours être facilement déterminé d'avance et, de plus, il peut fluctuer au cours d'une période donnée surtout si cette période s'étend sur plusieurs mois ou plusieurs années. Il est alors normal que les fournisseurs n'acceptent de s'engager pour un prix fixé définitivement que si leurs coûts de production peuvent eux-mêmes être estimés de façon relativement certaine pour la durée du contrat. C'est pourquoi on retrouve diverses sortes de contrats comportant différentes mécaniques de fixation du prix. On a examiné, dans cet ouvrage, que les types les plus courants en laissant de côté les nombreux aménagements particuliers que l'on peut facilement imaginer.

Toutefois, avant d'examiner ces différents types de contrats, il serait bon de noter la différence entre un **contrat d'achat ponctuel** et un **contrat d'approvisionnement**. Le premier concerne un seul achat effectué à un moment précis. Il s'agit d'une « entente à la pièce ». Le second, au contraire, consiste en une « entente cadre » régissant plusieurs achats à venir et porte sur une durée pouvant aller jusqu'à plusieurs années. Les types de contrats que l'on examine dans les paragraphes qui suivent concernent les deux sortes d'ententes.

1. LES CONTRATS FERMES

Les contrats fermes comportent un prix précis qui est déterminé dès la signature. Ces contrats sont utilisés pour les ententes à court terme et lorsque le coût du bien à fournir est facilement déterminable. Ce type d'entente comprend plusieurs avantages : il est simple à administrer, ses termes ne laissent place à aucune interprétation et il ne comporte aucune incertitude sur le montant. On devrait toujours y recourir lorsque la situation s'y prête.

2. LES CONTRATS AVEC CLAUSE D'INDEXATION

Ces types de contrats sont recommandés pour les produits dont le coût est fortement soumis à l'inflation. On connaît d'avance la quantité de matière et de travail nécessaire, mais on ne sait pas dans quelle mesure leurs prix varieront pendant la durée du contrat, surtout si celui-ci s'échelonne sur une longue période. Ces contrats comportent normalement un montant de départ assorti d'une clause d'indexation basée sur les variations prévues des prix du marché et des coûts de la main-d'œuvre. Cette clause devrait normalement reposer sur des données reconnues tels les indices publiés par les gouvernements ou par des organismes du secteur.

3. LES CONTRATS AVEC CLAUSE DE RENÉGOCIATION

Contrairement aux contrats avec clause d'indexation, il s'agit ici d'ententes dont on ne connaît pas exactement la quantité de matière et de main-d'œuvre que nécessite la production du bien demandé. Dans ce type de contrat, on établit un prix de départ sujet à renégociation dès qu'un pourcentage prédéterminé du contrat est réalisé. On devrait, à ce moment, être en mesure d'estimer les coûts de réalisation de façon suffisamment précise. Le moment de la renégociation ne devrait pas normalement se situer au-delà de trente pour cent de la réalisation du contrat. Certains de ces contrats comportent un prix de départ maximum avec clause de renégociation à la baisse seulement; d'autres comprennent un prix flexible qui peut être renégocié à la baisse comme à la hausse. Dans ce dernier cas, la hausse comportera, la plupart du temps, une limite préétablie (le plus souvent de 10 %).

4. LES CONTRATS EN RÉGIE INTÉRESSÉE

Ces contrats s'établissent habituellement dans un contexte où l'on ne peut pas prévoir raisonnablement ni le coût ni la quantité de matière et de main-d'œuvre. On les retrouve entre autres dans le domaine de la construction et dans les approvisionnements nécessitant de la recherche ou de l'exploration de la part du fournisseur. Le montant versé à ce dernier correspond aux coûts qu'il a engagés, majoré d'un montant prédéterminé de profit. Ce montant peut être une somme fixe ou un pourcentage des coûts. Par exemple, un contrat qui accorde au fournisseur une marge bénéficiaire de 30 % pour la construction d'un navire. Périodiquement, habituellement à des moments prévus dans le contrat, ce fournisseur transmet une facture dont le montant correspond aux coûts de construction déjà engagés plus une majoration de 30 %. Ainsi, si ces coûts sont de 250 000 $, le montant facturé s'élèvera à 325 000 $ (250 000 $ + 30 % × 250 000 $ = 325 000 $). Le profit basé sur le pourcentage des coûts constitue l'entente la moins recommandable puisqu'elle est une forme d'encouragement à la non-productivité et au gaspillage: «plus ça coûte cher, meilleur sera le profit». On ne devrait recourir à ce type de contrat que si on ne peut pas l'éviter. On note cependant que dans de tels contrats, l'acheteur effectue normalement un suivi serré et s'assure d'un important droit de regard sur le déroulement des travaux effectués par le fournisseur.

5. LES CONTRATS DE SOUS-TRAITANCE

La sous-traitance consiste à *faire fabriquer par un fournisseur une partie des produits finis ou des composants*. Les contrats de sous-traitance sont semblables aux contrats d'achat; la principale différence réside dans le fait que, lors d'un achat ordinaire, l'entreprise se procure un bien que le fournisseur produit déjà alors que dans la sous-traitance, c'est l'acheteur qui décide de ce que produira le fournisseur. On note que, dans bien des situations, le fournisseur fabrique déjà un produit semblable; il n'aura alors qu'à adapter sa production en fonction des spécifications particulières de la commande.

On a indiqué, pour chacun des types de contrats, les conditions dans lesquelles ils étaient les plus appropriés. Il est important que l'entreprise évalue adéquatement le contexte afin de conclure une entente profitable surtout dans les contrats d'approvisionnement qui lient l'entreprise pour une longue période ou pour un volume important d'achats.

F ▶ LES CONSIDÉRATIONS JURIDIQUES

1. LE LIEN JURIDIQUE

Le contrat explicite, ou implicite, qui s'installe entre l'acheteur et le fournisseur, crée un lien juridique et établit des obligations pour les deux parties. Le non-respect de l'une ou l'autre de ces obligations peut entraîner un conflit dont la résolution passe alors par la voie juridique.

C'est le service juridique de l'entreprise, ou ce qui en tient lieu, par exemple tout bureau juridique engagé à cet effet, qui devra procéder lorsqu'un litige ne peut être réglé au premier niveau. Mais les gestionnaires de l'approvisionnement de même que les acheteurs doivent:

❖ connaître leurs obligations;

❖ respecter les politiques de l'entreprise;

❖ respecter les ententes intervenues;

❖ respecter la loi en général;

❖ éviter les ambiguïtés.

2. LES CAUSES ÉVENTUELLES DE LITIGES

Voici les éléments où il peut y avoir litige ou mésentente entre acheteur et fournisseur:

- ❖ Relativement à la qualité du produit:
  - ◆ l'adéquation à ce qui est demandé;
  - ◆ l'inspection et les tests de qualité;
  - ◆ la détérioration dont le fournisseur serait responsable.

- ❖ Relativement à la garantie:
  - ◆ les points couverts par la garantie;
  - ◆ la durée de la garantie;
  - ◆ les limites de la garantie;
  - ◆ le respect de la garantie.

- ❖ La quantité:
  - ◆ litige sur la quantité livrée.

- ❖ Le transport:
  - ◆ le mode de transport;
  - ◆ la responsabilité du transport;
  - ◆ la protection des biens durant le transport.

- ❖ Les délais de production et de livraison.

- ❖ L'application des clauses de compensation:
  - ◆ relativement aux délais;
  - ◆ relativement au pourcentage d'articles défectueux.

- ❖ Les coûts:
  - ◆ les coûts inclus et ceux exclus;
  - ◆ les coûts cachés.

- ❖ Les modalités de paiement:
  - ◆ les délais de paiement;
  - ◆ les conditions d'escompte;
  - ◆ les remises sur quantité.

- ❖ Les conditions d'appel d'offres.

- ❖ Les pratiques frauduleuses.

- ❖ La confidentialité des informations.

3. LES CONSÉQUENCES D'UN LITIGE

Les mésententes qui peuvent survenir lors d'une entente d'approvisionnement sont souvent la cause de préjudices importants pour l'entreprise. Les principaux sont :

- ❖ la perte d'un fournisseur fiable ;
- ❖ d'importants délais dans les approvisionnements ;
- ❖ les coûts engagés pour régler le litige ;
- ❖ la mauvaise publicité faite à l'entreprise.

4. LES RESPONSABILITÉS JURIDIQUES DE L'ACHETEUR

L'acheteur a une double responsabilité. Il engage d'une part son entreprise pour toute entente qu'il prend à l'intérieur de son mandat. Il a, d'autre part, une responsabilité personnelle lorsqu'il outrepasse son mandat ou qu'il agit frauduleusement. Il est donc important que l'entreprise définisse clairement l'étendue et les limites du mandat confié à ses acheteurs.

5. LES MESURES DE PROTECTION

Même si en principe une entreprise peut poursuivre un employé qui a mal agi, c'est elle qui, au départ, est responsable à l'égard d'un fournisseur traité injustement. Pour se protéger, l'entreprise doit adopter les mesures suivantes :

- ❖ avoir des politiques écrites claires, précises et connues ;
- ❖ vérifier régulièrement les contrats et ententes conclues avec les fournisseurs ;
- ❖ contracter une assurance contre les malversations éventuelles de ses employés.

6. LES AVANTAGES D'UN CONTRAT BIEN ÉTABLI

Les contrats établis avec les fournisseurs doivent, comme tout autre contrat, être rédigés de façon claire et couvrir tous les aspects de l'entente d'approvisionnement. On doit y traiter de tous les points qui, sans accord préalable, seraient susceptibles de causer une mésentente. Outre le fait d'éviter les litiges, de tels contrats permettent :

- ❖ de resserrer les contrôles ;

- ❖ de préciser les exigences de l'entreprise en matière de qualité, de coûts, de délais, de service et de garantie, et de mieux garantir la satisfaction de ces exigences ;

- ❖ de limiter les ententes verbales ;

- ❖ d'assurer la collaboration fournisseur-acheteur ;

- ❖ de fixer clairement les politiques et les procédures ;

- ❖ d'assurer une protection contre les manquements de part et d'autre.

G LA COLLABORATION

On a mentionné, à quelques reprises, l'importance de la collaboration entre le fournisseur et l'acheteur. On a également indiqué, pour qu'une relation de partenariat s'établisse solidement, que chaque partie doit être convaincue que la collaboration maximisera ses avantages. Dans la présente section, on va examiner plus en détail les différents aspects de cette collaboration. Étant donné que le présent ouvrage porte sur la gestion des approvisionnements on abordera la question du point de vue de l'acheteur.

1. LES ÉLÉMENTS DE LA COLLABORATION

La collaboration doit débuter dès le début du cycle d'achat et se poursuivre jusqu'à la livraison du bien demandé. L'aide du fournisseur peut même toucher à certains aspects de la production. On examine d'abord sur quels éléments doit s'établir cette communication.

Collaboration dans l'identification du besoin

L'entreprise retire essentiellement deux avantages à collaborer dès cette étape avec le fournisseur. Premièrement, une collaboration étroite dans l'identification des besoins permet de s'assurer que le fournisseur comprend exactement les besoins et les exigences qu'on lui transmet. On rappelle qu'il lui faudra adapter sa propre production pour répondre aux besoins ; il aura à planifier son travail, à calibrer ses machines et peut-être aussi à engager du personnel ou à effectuer de nouveaux investissements. Deuxièmement, son expérience et sa compétence pourront être mises à contribution pour mieux identifier ce dont l'entreprise a réellement besoin. Il pourra faire voir des aspects importants auxquels on n'a peut-être pas songé ou suggérer des produits plus adéquats ou moins coûteux. Il doit pour cela connaître les procédés de fabrication de l'entreprise et du marché visé par celle-ci. Malgré sa fonction de vendeur, un fournisseur bien choisi peut se révéler un excellent conseiller.

Collaboration dans la transmission des commandes

La collaboration à cette étape vise à implanter avec le fournisseur des mécanismes efficaces et rapides de communication du besoin. Il faut notamment établir avec lui les renseignements dont il a besoin, la meilleure façon de profiter des rabais ou le meilleur moment pour éviter les périodes de pointe pouvant occasionner des délais additionnels. Lorsqu'on veut transmettre une demande à un individu, la meilleure façon d'obtenir une réponse satisfaisante n'est-elle pas de définir avec lui la meilleure façon de transmettre la demande ? Il serait souhaitable de soumettre au fournisseur un modèle du bon de commande que l'entreprise prévoit utiliser et de lui demander d'indiquer, s'il y a lieu, les modifications et les ajouts qui permettent de rendre le document plus fonctionnel.

Collaboration dans la réalisation du produit par le fournisseur

Il arrive qu'un fournisseur ait de la difficulté à répondre au besoin qui lui est transmis. L'objectif de l'entreprise, qui a contracté avec ce fournisseur, étant d'abord de satisfaire son besoin, il est donc dans son intérêt d'aider le fournisseur à résoudre les problèmes rencontrés durant la production. Il peut s'agir d'une assistance technique comme les conseils et l'aide du personnel spécialisé de l'entreprise, d'un certain encadrement pouvant aller jusqu'à donner une formation aux employés du fournisseur, d'un soutien financier nécessaire au financement des matières et de la main-d'œuvre du fournisseur. La collaboration doit permettre aussi d'établir des contrôles de qualité directement chez le fournisseur. Ces contrôles exercés à la source des approvisionnements sont beaucoup plus avantageux que l'inspection effectuée à la livraison du produit; ils permettent d'assurer, dès le départ, que les articles reçus seront conformes et n'auront pas à être corrigés. On évite ainsi les coûts importants, les délais compromettants et le climat d'insatisfaction qu'engendre le rejet d'articles défectueux ou de qualité insatisfaisante.

Collaboration au processus de fabrication de l'entreprise

Le fournisseur peut apporter une aide précieuse à la production et aux ventes de l'entreprise. C'est lui qui connaît le mieux les matières fournies; c'est donc lui qui est le mieux placé pour conseiller l'entreprise sur leur utilisation optimale et suggérer, si nécessaire, des améliorations au processus de production ou de vente. Il peut même être nécessaire que le personnel de l'entreprise obtienne du fournisseur une formation et un entraînement sur l'utilisation adéquate du produit acheté.

Collaboration au processus de mise en marché et de vente

Cette collaboration est précieuse surtout dans les entreprises commerciales. Le fournisseur, on l'a déjà mentionné, est celui qui connaît le mieux la marchandise fournie: ses particularités, ses avantages et ses limites. Il est donc en mesure d'indiquer aux vendeurs de l'entreprise les éléments de publicité et les arguments de vente à utiliser. *Exemple S.O.t.*

2. Les conditions d'une bonne collaboration

Comme on vient de le voir, les liens avec le fournisseur vont bien au-delà de la signature d'un contrat et de la transmission des commandes. Il est donc essentiel, on n'insistera jamais assez sur ce point, d'effectuer le choix du fournisseur avec beaucoup de soin et de discernement et par la suite d'assurer, avec celui choisi, le maintien de conditions propices à une communication réciproque constante et productive. Afin de conclure ce chapitre, on tentera de dégager les conditions nécessaires à une collaboration fournisseur-acheteur pleinement rentable.

Un climat de confiance

Le fournisseur qui se méfie n'est certainement pas intéressé à collaborer. S'il craint d'être exploité, il cherchera au contraire à restreindre ses efforts afin de minimiser les préjudices que peut lui causer une entente peu avantageuse. Pour cela, l'entreprise doit démontrer à son fournisseur qu'elle a elle-même tout intérêt à le voir prospérer et que les succès qu'elle obtient entraînent des retombées avantageuses pour lui. Le fournisseur choisi doit évidemment montrer la même attitude.

Une fidélité à ses fournisseurs

Le fournisseur doit pouvoir compter sur des avantages à long terme découlant de sa pleine participation aux objectifs de l'entreprise. Si l'entreprise a tendance à changer constamment de fournisseur à cause des prix ou des conditions légèrement avantageuses qu'elle peut à l'occasion trouver ailleurs, on comprend aisément que le fournisseur se montrera peu enclin à une collaboration sans lendemain.

La participation du service de production et du marketing

Les représentants de la production et du marketing doivent participer aux rencontres avec le fournisseur en vue de définir les spécifications et les conditions de livraison du produit demandé. Le service des approvisionnements sert, en fait, d'intermédiaire entre ces services et le fournisseur; en faisant intervenir directement ceux qui utiliseront les articles fournis, on a une meilleure assurance que ce qui est demandé au fournisseur correspond exactement aux besoins de l'entreprise. Les responsables de la production seront plus en mesure de donner au fournisseur les précisions nécessaires sur le produit demandé, d'examiner avec lui la possibilité d'utiliser d'autres produits, de discuter de certaines spécifications à préciser ou même à modifier. Leur participation est également essentielle si l'on veut profiter pleinement des suggestions du fournisseur afin d'améliorer le processus de fabrication ou de vente de l'entreprise.

Le respect des règles d'affaires

L'entreprise doit respecter l'ensemble des principes et des règles qui régissent les comportements basés sur l'honnêteté, la justice, l'équité et la franchise. Ces notions ne sont pas toujours faciles à cerner, mais on peut tout de même établir certaines attitudes qui s'y rattachent. En voici quelques-unes applicables aux relations acheteur-fournisseur :

✣ **Démontrer un souci de justice.** L'entreprise devrait se baser sur la conviction intime qu'une action, un prix ou toute autre condition est juste, plutôt que sur l'article d'une loi, d'un règlement ou d'un contrat. Tout ne peut pas toujours être prévu dans une entente contractuelle et la stricte observance légale pourrait dans certains cas permettre de tirer indûment avantage de situations imprévues.

✣ **Faire montre de franchise dans l'information transmise.** Cela implique de ne pas chercher à induire un fournisseur en erreur ou à lui cacher des faits qu'il devrait connaître, notamment sur les éléments d'une commande et sur les exigences relatives à la production et à la livraison des biens commandés. Autrement dit il s'agit de lui donner l'heure juste.

✣ **Assurer l'équité.** C'est-à-dire, l'équivalence dans le traitement des fournisseurs. Ceci s'applique entre autres choses aux délais de soumission, aux règles d'accréditation et à l'information donnée à chaque soumissionnaire. Aucun soumissionnaire ne devrait profiter d'avantages particuliers.

✣ **Ne pas chercher à tirer avantage des erreurs d'un fournisseur** que ce soit dans le prix, dans la qualité ou dans la quantité. Toute erreur ou tout oubli à l'avantage de l'entreprise devront être signalés au fournisseur.

On pourrait s'interroger sur le bien-fondé du respect de l'équité. Un dicton ne dit-il pas : « en affaires et en politique, il n'y a pas d'amis ». Pourquoi alors se soucier de respecter des règles d'éthique ? Il y a pour cela deux raisons. D'abord une attitude injuste ou peu honnête crée une image négative de l'entreprise et provoque, chez les fournisseurs, la perte de la confiance et du respect indispensables à la bonne collaboration. De plus une telle attitude risque d'inciter les fournisseurs à adopter eux-mêmes un comportement malhonnête ou injuste.

RÉSUMÉ

Le cycle des achats regroupe les six grandes étapes suivantes : l'identification des besoins des différentes fonctions de l'entreprise ; leur transmission à la fonction « approvisionnement » ; la communication des demandes aux fournisseurs ; la réception des biens demandés ; la réception des factures ; le paiement des achats.

Tout au long de ces étapes, il est primordial d'entretenir de bonnes relations avec les fournisseurs. L'entreprise doit donc, dès le départ, établir des politiques en vertu desquelles elle définira ses critères de choix. Elle devra, entre autres choses, évaluer s'il vaut mieux faire des affaires avec un seul fournisseur, ce qui dans la plupart des cas est préférable, ou avec plusieurs. Elle devra également décider entre s'approvisionner sur le marché local ou auprès de fournisseurs nationaux ou internationaux.

Pour choisir un fournisseur, l'entreprise devrait établir une procédure de certification en fonction d'un ensemble de critères : la qualité des biens produits par le fournisseur ; sa capacité de produire à un coût raisonnable ; sa compétence technique ; sa capacité et sa rapidité de production ; sa situation financière ; la qualité des relations de travail avec ses employés et sa conformité aux législations et aux réglementations. Il existe des accréditations accordées par divers organismes d'affaires et dont l'obtention est assujettie à la vérification de nombreux critères.

Lorsque plusieurs fournisseurs semblent valables, on procède à une analyse comparative pour choisir celui qui semble répondre le mieux aux attentes. Pour ce faire, il faut établir un système de pondération des critères en fonction de leur importance relative.

L'appel d'offres est une opération par laquelle une entreprise invite des fournisseurs potentiels à présenter une proposition précise en vue d'obtenir un contrat de fourniture. Il est dit *ouvert* ou *public* lorsque quiconque peut déposer une offre et, *restreint* lorsqu'il ne s'adresse qu'aux fournisseurs que l'entreprise a décidé de consulter. Dans certains secteurs réglementés l'appel d'offres est obligatoire.

La négociation est l'ensemble des discussions et des démarches entreprises pour conclure une affaire. Pour être profitable, elle doit respecter certaines conditions : viser l'obtention de la meilleure entente pour les deux parties ; définir clairement les objectifs ; éviter toute équivoque dans les termes; aborder et régler de façon claire toutes les exigences et contraintes présentes ou prévisibles.

Il existe de nombreuses formes de contrats. Les plus courants sont: le contrat ferme; le contrat avec clause d'indexation; le contrat avec clause de renégociation; le contrat en régie intéressée; le contrat de sous-traitance.

Le contrat crée un lien juridique entre les parties. Il est donc essentiel de connaître ses implications légales et les conséquences possibles des litiges dont ils pourraient faire l'objet. Ceux qui négocient les contrats doivent identifier et prévenir les causes éventuelles de litiges. L'entreprise doit établir clairement le mandat des acheteurs et prendre toutes les mesures possibles pour se protéger.

Un contrat bien établi procure un certain nombre d'avantages. Il permet: de resserrer les contrôles; de préciser les exigences de l'entreprise et de mieux garantir la satisfaction de ces exigences; de limiter les ententes verbales; d'assurer la collaboration fournisseur-acheteur; il incite à respecter les politiques et les procédures et assure une protection contre les manquements de part et d'autre.

La collaboration du fournisseur doit être assurée pour chaque étape du cycle des achats de même que dans le processus de fabrication et de vente de l'entreprise. D'autre part, l'entreprise qui achète doit soutenir son fournisseur dans la production des biens commandés.

La collaboration des fournisseurs exige de l'entreprise acheteuse l'établissement d'un climat de confiance, la fidélité à ses fournisseurs et le respect des règles d'affaires.

QUESTIONS DE RÉVISION

1. Identifiez les six étapes du cycle des achats et indiquez, en regard de chacune, les procédures qui s'y rattachent.

2. Pour quelles raisons de plus en plus d'entreprises industrielles préfèrent-elles, pour un besoin donné, faire des affaires avec un seul fournisseur plutôt qu'avec un nombre important de ceux-ci ?

3. Quels pourraient-être les inconvénients résultant de ce choix ?

4. Mentionnez les avantages qu'il peut y avoir à faire des affaires avec de nombreux fournisseurs.

5. Quelles sont les raisons qui motivent certaines entreprises à adopter une politique d'achats locaux ?

6. Indiquez quatre avantages qu'offre le choix de fournisseurs nationaux ou multinationaux.

7. Que signifie le terme certification des fournisseurs ?

8. Nommez six critères généraux sur lesquels on se base pour accorder une certification à un fournisseur.

9. Pour quelles raisons (pour quels objectifs) a-t-on recourt aux appels d'offres ?

10. Nommez cinq conditions pour que le choix de procéder par appels d'offres constitue une décision valable.

11. Décrivez cinq types de contrats d'approvisionnement.

12. Énumérez les inconvénients qu'occasionnent les litiges avec les fournisseurs.

13. Quels sont les éléments sur lesquels devrait porter la collaboration acheteur-fournisseur ?

PROBLÈME SOLUTIONNÉ

Afin d'effectuer la classification des trois fournisseurs M, N et O, Jean Lussier, directeur des approvisionnements de la société Centralin ltée, a établi la pondération et les critères suivants :

Qualité	35 points
Prix	30 points
Délai de livraison garanti par le fournisseur	20 points
Capacité de production	15 points

La qualité évaluée à partir d'échantillons fournis par les fournisseurs a permis d'attribuer, sur ce plan, 30 points à M, 35 points à N et 27 points à O.

Jean Lussier a également obtenu les informations qui suivent.

	M	N	O
Prix demandés	600 $	700 $	500 $
Délai de livraison garanti	15 jours	18 jours	12 jours
Capacité de production quotidienne	180 unités	100 unités	160 unités

Pour ces trois critères, les points accordés à chaque fournisseur sont calculés de la façon suivante :

Pour le prix : $30 \times \dfrac{\text{le plus bas prix demandé}}{\text{le prix du fournisseur en question}}$

Pour le délai de livraison : $20 \times \dfrac{\text{le plus court des délais indiqués}}{\text{le délai garanti par le fournisseur en question}}$

Pour la capacité, les points seront accordés proportionnellement à la capacité la plus forte des trois.

Établissez la classification des trois fournisseurs d'après le total des points accordés à chacun.

Solution

Points accordés	**M**	**N**	**O**
Qualité	30,0	35,0	27,0
Prix	25,0	21,4	30,0
Délai de livraison	16,0	13,3	20,0
Capacité de production	15,0	8,3	13,3
Total	**86,0**	**78,0**	**90,3**

Calculs

Pour le prix :

$$M = 30 \times \frac{500\ \$}{600\ \$} = 25,0$$

$$N = 30 \times \frac{500\ \$}{700\ \$} = 21,4$$

$$O = 30 \times \frac{500\ \$}{500\ \$} = 30,0$$

Pour le délai :

$$M = 20 \times \frac{12\ \text{jours}}{15\ \text{jours}} = 16,0$$

$$N = 20 \times \frac{12\ \text{jours}}{18\ \text{jours}} = 13,3$$

$$O = 20 \times \frac{12\ \text{jours}}{12\ \text{jours}} = 20,0$$

Pour la capacité :

$$M = 15 \times \frac{180\ \text{unités}}{180\ \text{unités}} = 15,0$$

$$N = 15 \times \frac{100\ \text{unités}}{180\ \text{unités}} = 8,3$$

$$O = 15 \times \frac{160\ \text{unités}}{180\ \text{unités}} = 13,3$$

Selon le nombre de points accordés, O se classe premier, M deuxième et N troisième.

AUTRES PROBLÈMES

1. En tant qu'acheteur de Chaleur inc., une entreprise de vente et d'installation de systèmes de chauffage à l'électricité, vous devez choisir un fournisseur de thermostats. Plusieurs fournisseurs sont intéressés et pour les évaluer, vous devez d'abord choisir et pondérer les critères de comparaison. Le système et son installation coûtent à l'entreprise 1 800 $ et le thermostat devrait lui coûter environ 85 $. L'entreprise fournit un service pendant deux ans. Durant les mois d'août à novembre de même qu'en avril et en mai, l'entreprise installe deux systèmes par jour. Le délai d'installation est normalement de 10 jours, mais vous avez à l'occasion des urgences de 24 heures.

Choisissez quatre critères de sélection des fournisseurs de Chaleur inc., et établissez leur pondération respective. Justifiez vos décisions.

2. Une entreprise a établi un mode de calcul de l'exactitude de la livraison en pondérant les retards basés sur 30 commandes de la façon suivante :

1 à 5 jours   30

6 à 14 jours   60

15 jours et plus 100

Un fournisseur a livré 30 commandes avec les retards suivants :

2 jours   2 fois

4 jours   3 fois

10 jours   1 fois

20 jours   1 fois

Calculez le pourcentage d'exactitude de ce fournisseur.

3. Vous avez entrepris une négociation pour l'achat du principal composant d'une machine que vous fabriquez. Vous avez évalué le juste prix de cette machine à 180 $, mais votre fournisseur habituel exige un prix de 190 $ et vous savez qu'il sera très difficile de faire baisser ce montant.

Expliquez comment vous négocierez et sur quels éléments vous insisterez davantage.

4. En tant que responsable des approvisionnements on vient de vous demander de négocier les contrats pour les éléments suivants:

1) l'achat de matières devant servir pour la fabrication au cours des deux prochains mois; *contrat ferme*

2) l'achat des composants nécessaires à la construction de pièces d'équipement spécialisé devant servir dans un domaine de haute technologie. Comme il s'agit d'un domaine encore peu connu, on ne sait pas encore quelles seront les difficultés de production du fournisseur ni quel sera le prix de revient de ces composants;

contrat en régie intéressé

3) l'approvisionnement en matières premières pour répondre au besoin de l'usine pour la prochaine année. Ces matières sont vendues sur un marché dont les prix augmentent constamment. *contrat avec clause d'indexation.*

Choisissez le type de contrat d'approvisionnement convenant le mieux à chacun de ces produits.

ÉTUDE DE CAS

1. La société Labelle inc.

Les responsables de l'approvisionnement de la société Labelle inc. négocient avec 3 fournisseurs pour obtenir 50 moteurs de grande puissance devant être installés sur des machines de haute précision. La livraison de ces machines doit être complétée d'ici trois mois. La direction de l'entreprise a accordé au service des approvisionnements un budget serré de 320 000 $. Les discussions ont abouti aux résultats suivants :

Fournisseur A : le prix demandé est de 6 000 $ par moteur. La livraison peut être faite à raison de 10 moteurs par semaine à partir de la cinquième semaine suivant la signature du contrat. C'est un fabricant d'expérience dont les produits sont sûrs à 98 %. Il offre une garantie de cinq ans couvrant la réparation ou le remplacement si le moteur ne peut être réparé.

Fournisseur B : le prix demandé est de 6 200 $ par moteur. La livraison des 50 moteurs serait effectuée au cours de la sixième semaine. Ce fournisseur débute dans la production de ce genre de produit, mais il jouit d'une bonne réputation pour ses autres produits. Il garantit une qualité totale pour cinq ans et le remplacement immédiat de tout moteur défectueux.

Fournisseur C : le prix demandé est de 5 400 $ par moteur. La livraison débuterait trois semaines après la signature du contrat et se ferait à raison de 10 moteurs par semaine. Ce fournisseur a déjà connu des difficultés avec sa production, mais il prétend s'être amélioré depuis. Il offre une garantie de dix ans pour les pièces et une garantie de cinq ans pour la main-d'œuvre.

a) Déterminez quatre critères qui devraient servir à départager les fournisseurs et expliquez ce choix.

b) Déterminez l'importance relative que l'on devrait accorder à ces critères en indiquant, pour chacun, sous quel seuil il devient éliminatoire. Expliquez vos décisions.

c) Évaluez chacun des fournisseurs d'après les quatre critères retenus. Présentez le résultat sous la forme d'un tableau et justifiez vos réponses.

d) Indiquez lequel des fournisseur devrait être choisi. Commentez ce choix.

2. Fabrication Métropole ltée

Le président de Fabrication Métropole ltée, une importante entreprise d'assemblage d'appareils électriques vient de prendre connaissance des rapports fournis par le directeur des ventes et celui de la production relativement à un nouvel appareil produit et mis en marché depuis plusieurs semaines.

Le directeur des ventes signale que de nombreux clients se sont plaint du manque de maniabilité de l'appareil et de son piètre rendement. Il s'agit à son avis d'un problème de production.

Le rapport du directeur de la production soulève, pour sa part, les problèmes causés par les deux principaux composants du produit. Ces composants, achetés à l'extérieur, s'adaptent mal aux autres pièces et ont nécessité des modifications coûteuses. À son avis le service des approvisionnements n'a pas obtenu du fournisseur le matériel adéquat. Le problème s'est accentué du fait qu'il a fallu précipiter la production à cause des importants délais d'approvisionnement.

Pourtant le responsable des approvisionnements affirme avoir procédé à une sélection rigoureuse avant de choisir le fournisseur actuel. Il dit également avoir communiqué, lors de commandes, toutes les spécifications mentionnées dans les demandes d'achat transmises par le service de la production. Les commandes ont toujours été passées dès que les besoins lui étaient signalés. Quant au délai d'approvisionnement, il n'y peut rien; le fournisseur choisi était celui offrant les plus courts délais de livraison.

Indiquez quelle est la cause principale du problème et ce qu'on devrait faire à l'avenir pour éviter que les problèmes signalés se perpétuent.

Chapitre

9

VÉRIFICATION ET CONTRÔLE

OBJECTIFS

Ce chapitre a pour but de vous présenter les différentes façons de tenir un compte exact des stocks. On parle de l'identification des marchandises, de la façon d'en faire l'inventaire et des méthodes pour calculer la valeur financière de ces stocks. On vous présente aussi les modalités de la vérification de la qualité à la réception de la marchandise et la façon de disposer des rebuts.

OBJECTIFS D'APPRENTISSAGE

À la fin du chapitre, vous serez en mesure de :

✓ décrire comment identifier un produit ;

✓ décrire les modes d'inventaire ;

✓ calculer la valeur des stocks selon différentes méthodes ;

✓ décrire les objectifs et modalités de la vérification de la qualité ;

✓ indiquer quelles sont les étapes nécessaires à l'établissement d'un plan de prélèvement ;

✓ décrire les causes des rebuts ;

✓ indiquer comment disposer des rebuts et produits en surplus.

A IDENTIFICATION

Pour bien contrôler les stocks, il faut un certain nombre d'éléments qui doivent permettre d'identifier les stocks de l'entreprise, d'en connaître la quantité de même que la valeur comptable.

La description qui est faite d'un produit particulier, soit dans le catalogue de l'entreprise, soit dans les fichiers du magasin ou de la production, doit être précise et distinguer ce produit de tous les produits similaires.

Cette description doit être simple et claire pour que tous les services, utilisateurs, responsables du fichier, acheteurs ou vendeurs se réfèrent au même produit.

1. SYSTÈMES D'IDENTIFICATION

La description d'un produit par ses caractéristiques : type, fonction, couleur, dimensions, peut parfois laisser à désirer. Tout le monde ne perçoit pas les objets de la même façon. On procédera plutôt en accolant à chaque produit un code, numérique ou alphanumérique. Entre deux produits semblables mais différents, une lettre ou un chiffre différent permettra de faire la distinction. Le produit A2B31 n'est pas le même que le produit A2B32, même si à première vue il peut être difficile de les distinguer.

Ce code peut être formé de diverses façons. On numérote les uns après les autres tous les produits de l'entreprise. Un nouveau produit obtient le numéro suivant. Cette façon simple différencie les produits mais ne donne pas, à la lecture, beaucoup d'informations. La plupart du temps on verra à ce que certains éléments du code, ou même tous les éléments, véhiculent une information précise.

Voici ce qu'on pourrait trouver pour un produit d'un fabricant d'appareils électroniques.

CT137Q95 ;

Le C indique un produit canadien ;

Le T indique que c'est un téléviseur;

Le 0 ou 1 en troisième position indique si c'est un appareil portable;

Le 3 peut indiquer la grandeur de l'écran;

Le 7 indique la couleur;

Le Q indique l'usine;

Le 9 indique l'année de fabrication;

Le 5 indique un numéro de lot.

On peut ainsi imaginer toutes sortes de combinaisons possibles.

Pour le consommateur, ce code est souvent muet. Mais pour le magasinier, l'acheteur, le responsable de la codification, il est très significatif: les premiers apprennent vite à quelle catégorie un code particulier réfère; le dernier trouve facilement un code à un nouveau produit en tenant compte de ses caractéristiques.

Dans de tels cas, il s'agit de codes propres à une entreprise. Il existe aussi des codes qui sont propres à un secteur ou à toute une économie.

2. LA CODIFICATION À BARRES

L'inscription des codes sur les produits et la lecture ultérieure de ces codes peuvent se faire de différentes façons.

La méthode qui se généralise et qui occasionne le moins d'erreurs à la retransmission est la codification à barres lue par un lecteur optique.

Ce lecteur, qui est couramment utilisé, lit uniquement ce qui a été préparé à son intention, c'est-à-dire la codification à barres, constituée d'une série de barres parallèles, plus ou moins larges et plus ou moins espacées. En voici une reproduction.

Le code universel des produits

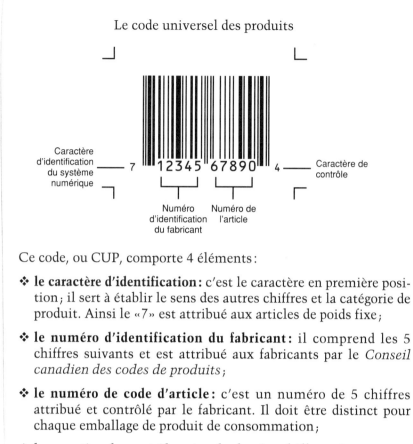

Ce code, ou CUP, comporte 4 éléments :

❖ **le caractère d'identification :** c'est le caractère en première position ; il sert à établir le sens des autres chiffres et la catégorie de produit. Ainsi le «7» est attribué aux articles de poids fixe ;

❖ **le numéro d'identification du fabricant :** il comprend les 5 chiffres suivants et est attribué aux fabricants par le *Conseil canadien des codes de produits* ;

❖ **le numéro de code d'article :** c'est un numéro de 5 chiffres attribué et contrôlé par le fabricant. Il doit être distinct pour chaque emballage de produit de consommation ;

❖ **le caractère de contrôle :** c'est le dernier chiffre qui permet au système optique de vérifier, en cours de lecture, si le code à barres a été interprété correctement.

C'est l'agencement et la largeur des barres et des espaces qui déterminent l'information numérique encodée et lisible à l'aide d'un lecteur optique. L'impulsion lumineuse envoyée par le lecteur optique est reflétée par l'étiquette codée et peut être transmise directement au fichier central d'information.

B ▶ L'INSPECTION

Même si de plus en plus d'entreprises contrôlent à la source, chez le fournisseur la qualité des produits achetés, il en reste suffisamment qui doivent faire une inspection des produits reçus.

1. LES OBJECTIFS

Lors de la réception des marchandises, le responsable doit s'assurer que la marchandise reçue correspond bien à ce qui avait été commandé. Il comparera le bon de commande avec le bon de livraison, vérifiera si les quantités livrées correspondent au bon de livraison et au bon de commande. Il fera une première vérification de la nature du produit ; ce sont bien des pommes et non des oranges ; des réfrigérateurs et non des machines à laver.

Une fois cette première étape complétée, il s'agit ensuite de vérifier si la qualité des produits reçus correspond bien à la qualité demandée.

La qualité réfère à la marchandise ou aux fonctions exigées. L'entreprise détermine dès la commande, dès la définition du besoin, quels sont les aspects qu'elle inspectera compte tenu de ses besoins, de la facilité de vérification, de la crédibilité de la source et de la garantie fournie par cette dernière.

On pourra donc vérifier les éléments suivants :

❖ les dommages causés par le transport ;

❖ la présence de tous les éléments du produit ;

❖ les dimensions de la marchandise (au moins approximativement) ;

❖ le matériau ;

❖ le fonctionnement ;

❖ la performance.

La nature et le niveau de l'inspection dépendent de la façon dont la qualité est spécifiée. S'il s'agit d'un produit standard, identifié par une marque ou une norme, peu d'inspection est nécessaire. Par contre, plus les spécifications seront nombreuses, plus une inspection détaillée sera nécessaire.

2. L'ÉTENDUE DU PROCESSUS

Un produit est satisfaisant ou acceptable par rapport à une caractéristique donnée lorsqu'il demeure à l'intérieur d'une marge de tolérance. Cette marge de tolérance est fixée d'avance lors de la détermination de la qualité désirée, au moment de la commande.

L'idéal consiste à inspecter chacune des unités de chacun des lots; à en vérifier les caractéristiques, le fonctionnement, la performance. Pour certains produits, l'inspection à 100 % est plus qu'un idéal, c'est une nécessité. On rejette alors toute unité défectueuse.

À cause de la répétitivité de l'opération et souvent du grand nombre de produits, une inspection de tous les produits un par un risque toutefois de laisser passer quelques produits inacceptables. On peut, dans ce cas, doubler l'inspection pour limiter les possibilités d'erreur.

Dans beaucoup de situations cependant, l'inspection à 100 % est contre-indiquée pour les raisons suivantes:

- ❖ le test de performance est destructif: on ne testera pas les bâtons de dynamite, on ne goûtera pas tous les petits gâteaux;
- ❖ le coût élevé en temps, en main-d'œuvre et en énergie;
- ❖ la non-faisabilité de la vérification intégrale.

Dans ces cas il faudra tirer une conclusion sur l'ensemble du lot à partir de l'inspection qui sera limitée à une partie seulement de ce lot. Ce procédé s'appelle échantillonnage et doit respecter certaines normes pour être valable.

3. L'ÉCHANTILLONNAGE

On procède en prélevant dans la population, c'est-à-dire parmi les unités à inspecter, un certain nombre d'unités sur lesquelles on effectuera les tests de composition ou de performance. À partir des résultats obtenus sur ces unités, on tirera des conclusions sur l'ensemble des unités et on prendra la décision de les accepter ou de les rejeter globalement.

Pour qu'une telle inspection soit valable, il faut au préalable répondre à trois questions.

❖ Quel est le pourcentage de produits non conformes que l'on considère acceptable ?

❖ Quels sont les effets de la décision que l'on prendra d'accepter ou de rejeter le lot ?

❖ Quelle procédure d'échantillonnage et quels critères de décision utiliser ?

a) Le pourcentage de rejets acceptable

Ce pourcentage résulte de l'arbitrage entre les coûts générés par les produits non satisfaisants et les coûts de renvoi d'une commande complète.

Coûts des rejets : délais de production ;
pénurie ;
garantie à respecter ;
remplacements ;
réparations.

Coûts de l'inspection : main-d'œuvre et frais généraux ;
destruction ;
délais.

b) Les effets de la décision

Les informations fournies par l'échantillon ne donnent pas nécessairement une image exacte de l'ensemble de la population étudiée. Il existe toujours une marge d'erreur, marge qui est inversement proportionnelle à la taille de l'échantillon. Il est donc possible de prendre une décision basée sur une perception faussée de la réalité.

On est en face d'un diptyque :

Décision d'accepter ou décision de refuser.

Le % réel de produits insatisfaisants est en deçà ou au-delà du maximum fixé.

On peut combiner ces éléments dans le tableau suivant. À l'intérieur du tableau on trouve la valeur de la décision prise compte tenu du % réel de produits non conformes.

	% acceptable	% inacceptable
accepter	bonne	mauvaise
refuser	mauvaise	bonne

Si on accepte, sur la foi des résultats de l'échantillonnage, un lot qui comporte trop de produits à rejeter, on prend une mauvaise décision. Nous subirons les conséquences de cette mauvaise décision puisque trop de rejets nous occasionneront des frais imprévus. Les statisticiens appellent ce type de mauvaise décision une erreur de type *beta*.

D'autre part si on refuse un lot acceptable, c'est une mauvaise décision dont on dit que le fournisseur subit les conséquences puisqu'on lui retourne ce lot. Mais nous en subissons aussi les conséquences puisque cela occasionne des délais, en plus des frais administratifs inhérents. C'est une erreur de type *alpha*.

Si on accepte un bon lot, ou si on refuse un mauvais lot, la décision est bénéfique pour l'entreprise.

On voudra donc connaître les probabilités de commettre l'une ou l'autre erreur, et choisir un plan de prélèvement qui permettra de minimiser autant que possible l'une et l'autre possibilités d'erreur.

c) Le plan de prélèvement

L'entreprise doit choisir ce que l'on appelle un **plan de prélèvement**, *plan qui définit, selon le nombre d'unités dans la population, et le nombre d'unités dans l'échantillon, quel est le pourcentage maximum de produits non conformes que l'on peut accepter pour satisfaire les objectifs fixés.*

Il existe des tables présentant des plans de prélèvement répondant aux circonstances et aux exigences de chaque situation. C'est l'entreprise qui détermine quels sont les risques d'erreur de type *alpha* ou *beta* qu'elle est prête à courir. (Cette détermination peut se faire en collaboration avec son fournisseur.)

En fonction de ces exigences et de la taille de la population, ces tables fixent la valeur de n, la taille de l'échantillon, ainsi que la valeur de c, le nombre maximum de rejets.

Le mode de prélèvement doit être aléatoire. Tout produit doit avoir autant de possibilités qu'un autre de faire partie de l'échantillon. On y parvient en utilisant des tables de nombres aléatoires ou en procédant par échantillons stratifiés.

> **Message :** Pour un même produit on peut vérifier à 100 % une caractéristique et procéder par échantillonnage pour une ou plusieurs autres caractéristiques.

 **L'INVENTAIRE**

Le terme « inventaire » s'applique au décompte et à l'enregistrement des stocks. Pour connaître le volume des stocks il faut en faire l'inventaire.

Cet inventaire peut être fait périodiquement ; c'est ce qu'on appelle la **méthode de l'inventaire périodique**. Il peut aussi être maintenu à jour en permanence ; on parle dans ce cas de la **méthode de l'inventaire permanent**.

Le maintien à jour d'un fichier des stocks constitue une tâche fastidieuse et coûteuse qui requiert souvent le travail à plein temps d'un ou de plusieurs employés. Cette tâche est toutefois grandement facilitée par l'utilisation d'outils informatiques tels que les lecteurs optiques et les logiciels de gestion des stocks.

Il est important de souligner qu'un inventaire permanent ne dispense pas l'entreprise de procéder à des décomptes périodiques. En effet, la quantité réellement en stock peut ne pas concorder avec celle indiquée dans le fichier des stocks ; certains articles peuvent avoir été volés ou détruits alors que d'autres peuvent avoir été mal enregistrés dans le fichier. Périodiquement on devra vérifier la concordance entre les quantités inscrites et celles réellement détenues. Toute différence doit être expliquée et le fichier ajusté, pour correspondre à ce que possède réellement l'entreprise.

1. LE MOMENT

La prise d'inventaire représente souvent une période de travail intense et requiert une organisation importante. Elle exige normalement la participation d'une partie du personnel et s'effectue de préférence à un moment où l'entreprise n'est pas en opération, afin d'éviter tout mouvement des stocks durant le décompte.

Certaines entreprises ferment leurs portes pour une journée ou deux; d'autres effectuent la prise d'inventaire durant la fin de semaine ou durant une période de congé. Il arrive également que l'on fasse appel aux services d'une entreprise spécialisée dans la prise d'inventaire.

Le décompte périodique permet de déterminer à un moment précis la valeur réelle des stocks. Par contre, ce montant n'est disponible qu'au moment du décompte, ce qui ne permet pas la gestion quotidienne du stock. De plus, ce décompte est fait en bonne partie par des personnes dont ce n'est pas le travail habituel et qui, de ce fait, risquent de mal identifier certains articles ou de mal les compter. Le risque est d'autant plus important que la tâche doit être effectuée rapidement afin de ne pas interrompre trop longtemps les opérations de l'entreprise.

Pour pallier ces inconvénients, de plus en plus d'entreprises utilisent la méthode du **dénombrement en rotation** (inventaire tournant). Une équipe constituée d'employés du service des approvisionnements effectue, quotidiennement ou à chaque semaine, le décompte d'une partie des stocks et compare l'information ainsi recueillie avec celle indiquée dans le fichier des stocks.

Le premier avantage de ce procédé est que le travail est effectué par des employés qualifiés qui connaissent l'identification et les méthodes de décompte et qui peuvent prendre le temps nécessaire pour bien vérifier.

On peut aussi noter comme avantage le fait que cette méthode permet une vérification à l'improviste. En choisissant de façon aléatoire les produits à compter, on prévient plus facilement le vol ou la négligence. En effet, nul ne sait à quel moment sera vérifié tel ou tel article et personne ne peut miser sur le fait que l'absence anormale de certains articles ne sera découverte que dans un an.

Le principal inconvénient de la méthode du dénombrement en rotation provient des entrées et des sorties de stocks qui se poursuivent durant le décompte. On peut y remédier en interrompant momentanément les opérations touchant les articles que l'on est en train de compter.

2. LES TOLÉRANCES

Même avec des décomptes attentifs, des contrôles sévères et un système informatique perfectionné, il y a presque toujours une différence entre les quantités inscrites et celles inventoriées lors du décompte. Lorsque la différence est minime, on se contente de corriger le fichier des stocks pour le faire correspondre à la réalité. Il faut toutefois que l'entreprise détermine au préalable ce qu'elle juge comme une différence minime. Voici à cet effet la recommandation faite par l'*Association canadienne pour la gestion de la production et des stocks* concernant la différence sur la quantité :

Catégorie	Pourcentage jugé minime
A	0,2 %
B	1,0 %
C	5,0 %

Pour ce qui est de la valeur, on recommande plutôt un montant identique pour chaque catégorie.

3. L'ÉVALUATION FINANCIÈRE

Dans l'entreprise commerciale de même que dans l'entreprise de services, la valeur financière du stock en magasin est le coût. Nous inscrivons au bilan de l'entreprise ce que les stocks ont coûté et non le prix auquel on espère les vendre.

Dans l'entreprise de fabrication, la valeur des produits en cours et des produits finis comprend, en plus du coût des matières, tout le travail qui y a été incorporé; seule la valeur des matières premières correspond à un coût d'achat.

Nous nous intéresserons ici à la détermination de la valeur financière des stocks de marchandises et de matières.

Une fois la quantité connue, il faut établir le coût de chaque unité. Mais celui-ci varie constamment; d'année en année, souvent aussi de semaine en semaine ou de jour en jour. Les unités d'un même produit, payées ou non le même prix, sont entreposées ensemble, au même endroit et lorsque l'entreprise en a fait le dénombrement, il faut aussi qu'elle puisse en fixer la valeur.

Il existe deux modes de détermination de cette valeur; un premier mode vise à une évaluation précise; l'autre permet une estimation qui peut satisfaire certains besoins.

a) Les méthodes d'évaluation précise

1) LE COÛT SPÉCIFIQUE

Cette méthode utilise le coût précis payé pour chaque unité d'un produit. Il faut absolument que chaque unité soit identifiée séparément, avec son coût d'achat. C'est difficile, sinon impossible, dans le cas de produits où les unités ne se distinguent pas facilement les unes des autres.

Toutefois, c'est une méthode facile dans le cas où il y a peu d'unités semblables d'un même produit. Meubles rares, automobiles, etc. Dans ce cas elle est très utile et permet d'obtenir une évaluation financière exacte du stock.

2) LE COÛT MOYEN PONDÉRÉ

Le coût moyen des unités achetées est calculé en tenant compte du poids respectif, en valeur, des différentes livraisons reçues. Voici une illustration du calcul du coût moyen pondéré de l'ensemble des petits transformateurs achetés par un distributeur électrique pendant ses deux premières années d'opération.

	Date	Quantité	Prix $	Coût $
5 février	19-0	20 000	2,00	40 000
22 avril	19-0	40 000	2,20	88 000
18 juin	19-0	65 000	2,15	139 750
20 octobre	19-0	30 000	2,40	72 000
		155 000		339 750

À la fin de 19-0, il reste 11 000 transformateurs en magasin.

Le distributeur a acheté 155 000 transformateurs pour un coût total de 339 750 $. Le coût moyen par unité est alors de $\frac{339\ 750\ \$}{155\ 000}$ soit 2,192 $.

C'est ce coût moyen qui sert à déterminer la valeur monétaire du stock de transformateurs à la fin de l'année 19-0.

Pour ce faire, on multiplie le stock restant par le coût unitaire moyen.

$$2,192\ \$ \times 11\ 000 = 24\ 112\ \$$$

> **Message:** Il est fréquent qu'aucune unité n'ait été payée au coût moyen.

Pour l'année suivante, il faudra, dans le calcul du coût moyen, tenir compte du nombre d'unités en magasin au début de l'année et de leur valeur financière. Pour établir notre tableau on inscrira :

	Date	Quantité	Prix $	Coût $
1er janvier	19-1	11 000		24 112
3 mars	19-1	30 000	2,40	72 000
14 juillet	19-1	20 000	2,50	50 000
4 novembre	19-1	40 000	2,55	102 000
		101 000		248 112

S'il reste 9 000 transformateurs à la fin de l'année, on calcule ainsi leur valeur.

Coût moyen pondéré de toutes les unités à notre disposition pendant l'année :

$$\frac{248\ 112\ \$}{101\ 000} = 2,457\ \$$$

Valeur financière à la fin de 19-1 : 9 000 × 2,457 $ = 22 113 $.

3) L'ÉPUISEMENT SUCCESSIF[1]

Il s'agit de considérer que ce sont les stocks les plus anciens qui sont utilisés ou vendus en premier. C'est la situation qui correspond le plus à ce qui se passe dans la réalité. Les stocks qui restent sont les derniers achetés et on en détermine la valeur financière à l'aide du prix payé lors des derniers achats.

Voici à nouveau le tableau indiquant les transformateurs achetés en 19-0.

	Date	Quantité	Prix $	Coût $
5 février	19-0	20 000	2,00	40 000
22 avril	19-0	40 000	2,20	88 000
18 juin	19-0	65 000	2,15	139 750
20 octobre	19-0	30 000	2,40	72 000

Avec un stock restant de 11 000, on suppose que toutes ces unités proviennent du dernier achat, soit celui du 20 octobre. Leur valeur financière totale est donc de :

11 000 × 2,40 $ = 26 400 $.

Par contre, si le stock restant avait été de 40 000, on aurait réparti ce 40 000 en supposant que 30 000 provenaient du dernier achat d'unités, et les 10 000 autres de l'achat précédent (65 000) ; ces dernières ayant coûté 2,15 $.

---

1. Cette méthode est souvent appelée celle du premier entré, premier sorti (PEPS).

La valeur totale de 40 000 unités serait donc de:

$$30\,000 \times 2{,}40\ \$ + 10\,000 \times 2{,}15\ \$ = 93\,500\ \$.$$

4) L'ÉPUISEMENT À REBOURS[2]

Cette méthode pose comme postulat que ce sont les dernières unités reçues qui sont les premières utilisées ou vendues. La justification de cette méthode, qui, à première vue, semble à rebours du bon sens (comme son nom l'indique d'ailleurs), est strictement comptable. Pour calculer le profit réalisé à la vente d'une unité, il semble plus réaliste de soustraire du prix de vente, la valeur actuelle du produit et non le prix payé pour ce produit il y a déjà quelque temps; or, la valeur actuelle du produit se rapproche plus du prix des derniers achats de ce produit que du prix des achats plus anciens. On obtient ainsi une meilleure image des résultats de l'entreprise.

Voici comment cette méthode fonctionne.

	Date	Quantité	Prix $	Coût $
5 février	19-0	20 000	2,00	40 000
22 avril	19-0	40 000	2,20	88 000
18 juin	19-0	65 000	2,15	139 750
20 octobre	19-0	30 000	2,40	72 000

On considère ici que ce sont les dernières unités achetées qui ont été vendues. Par conséquent, ce sont les premières achetées qui demeurent en stock, et la valorisation financière se fera à partir de leur coût d'achat.

Les 11 000 qui restent sont d'abord évaluées à partir du stock du début de la période, et ensuite à partir de l'achat le plus ancien, jusqu'à l'achat le plus récent.

Dans ce cas, on aurait 11 000 à 2,00 $, soit 22 000 $.

S'il en reste 40 000, on prendra les 20 000 premières, et ensuite 20 000 sur la livraison suivante, celle du 22 avril 19-0.

On obtient $20\,000 \times 2{,}00\ \$ + 20\,000 \times 2{,}20\ \$ = 84\,000\ \$.$

---

2. On désigne souvent cette méthode comme celle du dernier entré, premier sorti (DEPS).

> **Message :** Dans nos exemples, le coût du stock a été calculé à la fin de chaque année. Il peut aussi être calculé à des périodes plus rapprochées, et même, dans des situations d'inventaire permanent, après chaque achat. Avec les méthodes du coût spécifique et de l'épuisement successif, cela ne fait aucune différence alors qu'avec la méthode du coût moyen le résultat variera selon la fréquence du calcul. Dans le cas de la méthode de l'épuisement à rebours le résultat peut être différent ou rester le même.

b) Les méthodes d'estimation

L'autre type d'évaluation se base sur les achats et les ventes effectués depuis la dernière évaluation. Il comporte deux méthodes.

1) LA MÉTHODE DE MARGE BÉNÉFICIAIRE BRUTE

Dans l'application de cette méthode, on utilise souvent la marge bénéficiaire brute calculée pour l'exercice précédent. On peut également calculer celle réalisée sur les ventes les plus récentes. S'il existe différentes marges bénéficiaires selon les catégories de produits, on fera des calculs séparés pour chacune. Autrement, cette méthode donnera comme résultat le stock global du magasin ou de l'entreprise.

Voici le fonctionnement de cette méthode.

La valeur du stock à la fin d'une période est égale à : la valeur du stock au début + les achats − la valeur du stock vendu.

C'est ce dernier élément qu'on calcule à l'aide de la marge bénéficiaire brute et du chiffre des ventes.

Exemple : L'entreprise Belaire a une marge bénéficiaire brute de 40 %. Au début de l'année ses stocks étaient de 43 000 $. Elle a fait des achats pour 90 000 $ et ses ventes nettes de la période ont été de 160 000 $. Elle veut calculer la valeur de son stock au 30 juin.

On procédera ainsi :

Stock vendu = Ventes − Marge bénéficiaire brute

Stock vendu = 160 000 \$ − 160 000 \$ × 40 % = 96 000 \$

Stock actuel = Stock au début + achats − stock vendu

soit : 43 000 \$ + 90 000 \$ − 96 000 \$ = 37 000 \$.

Ceci ne donne qu'une estimation parce que la marge bénéficiaire brute est calculée sur les ventes nettes et les achats nets qui incorporent des éléments autres que le coût : rendus et rabais sur ventes, escomptes sur ventes, démarquages (baisse du prix de vente) et majorations (hausse du prix de vente). De même cette marge est une moyenne et peut varier quelque peu d'une période à l'autre et d'un type de produit à l'autre.

> **Message :** Il est à noter que dans ce cas-ci on peut évaluer le stock sans faire d'inventaire physique. Cette méthode est surtout utilisée pour corroborer la valeur obtenue par une autre méthode ou lorsqu'on ne peut pas procéder à une prise d'inventaire.

2) LA MÉTHODE DE L'INVENTAIRE AU DÉTAIL

Selon cette méthode, aujourd'hui beaucoup moins usitée, on établit un inventaire et on détermine d'abord la valeur au prix de détail, c'est-à-dire au prix de vente. On établit ensuite le coût en appliquant le ratio du coût au prix de détail.

c) Commentaire comptable

La méthode de l'épuisement successif donne une évaluation financière des stocks au bilan qui se rapproche beaucoup de la réalité, puisqu'elle utilise le coût des dernières unités achetées. Par contre, la méthode de l'épuisement à rebours donne une idée plus réaliste des résultats puisqu'elle fait intervenir dans le calcul du bénéfice brut les coûts les plus récents engagés pour se procurer les produits que l'on a revendus.

Dans une période d'inflation importante, la méthode d'épuisement à rebours sous-évalue considérablement la valeur du stock en entreprise ; celle de l'épuisement successif sous-évalue le coût des marchandises vendues.

Le gestionnaire des stocks à qui on a fixé comme objectif d'immobiliser le moins d'argent possible dans les stocks doit être conscient de l'impact que peut avoir sur la valeur du stock au bilan, la méthode comptable utilisée. Dans le cas de l'épuisement successif, une augmentation de la valeur peut être uniquement due à l'inflation et non pas à la difficulté de maintenir les stocks à un niveau raisonnable.

Par exemple, un stock de 900 unités à 100 $ vaut plus qu'un stock de 1 000 unités à 85 $. Il y a donc augmentation de la valeur des stocks, à l'encontre des objectifs fixés, alors qu'en réalité il y a eu diminution de la quantité en stock.

D LES REBUTS ET LES SURPLUS

Toute entreprise se retrouve régulièrement avec des articles en surplus, pour différentes raisons :

- ❖ on a en trop commandé ;
- ❖ on a fait des erreurs dans la description des produits ;
- ❖ ils sont devenus désuets ;
- ❖ ils sont de mauvaise qualité ;
- ❖ ils se vendent très peu (on a pu mal prévoir la demande surtout dans les domaines où la mode et le développement évoluent très vite).

En plus de ces marchandises il peut y avoir des outillages qui pour une raison ou pour une autre ne font plus l'affaire.

Dans les entreprises de fabrication se rajoutent des **rebuts**, qui sont les sous-produits prévisibles du système de production : copeaux de bois, trous de beigne, coins de plaques de métal, morceaux de tapis, etc. À ceci s'ajoutent à l'occasion des rebuts qui sont le résultat de gaspillages, ou d'erreurs de production.

Tous ces éléments ont une valeur certaine pour l'entreprise. Qu'on pense, par exemple aux rebuts métalliques, à la poudre d'or, aux retailles d'hostie.

C'est le service des approvisionnements qui a la responsabilité de la gestion et de la disposition des rebuts et des surplus. Il doit donc les gérer comme les autres produits, c'est-à-dire, entre autres, bien les identifier, et en tenir un inventaire précis.

Pour en disposer il existe plusieurs possibilités :

❖ les recycler dans l'entreprise ;

❖ les retourner au fournisseur ;

❖ les offrir aux employés ;

❖ les mettre en vente à prix réduit ; (Il faut éviter de concurrencer nos détaillants, ou de gâcher le marché.)

❖ les offrir à des organismes sans but lucratif. (Moisson Montréal vit avec les surplus de nourriture de plusieurs chaînes d'alimentation.)

Les entreprises sont de plus en plus conscientes des coûts de ces rebuts, et des frais nécessaires pour en disposer. Il faut donc tenter de les éviter ou, du moins, les restreindre autant que possible. Voici certains moyens de le faire :

Pour les surplus :

❖ affiner les prévisions ;

❖ prendre les marchandises en consignation[3] plutôt que de les acheter.

Pour les rebuts :

❖ revoir le design ;

❖ revoir le procédé de fabrication ;

❖ prévoir, dès l'établissement du procédé de fabrication, les modalités de recyclage.

---

3   Les marchandises prises en consignation ne sont pas achetées ; elles sont confiées à l'entreprise par le fournisseur. Si l'entreprise les vend, elle remet le produit de la vente au fournisseur. Si elle ne réussit pas à les vendre, elle les retourne tout simplement à ce dernier.

Résumé

Toute entreprise doit bien identifier son stock et vérifier régulièrement à l'aide d'un inventaire physique quelle quantité de chaque produit elle possède. Le résultat de cet inventaire est comparé aux données des fichiers informatiques et la correction apportée ou les ajustements faits lorsque nécessaire.

La valeur financière des stocks peut être calculée de différentes façons : coût spécifique, moyenne pondérée, épuisement successif, épuisement à rebours. On peut aussi obtenir une estimation de cette valeur par la méthode de la marge bénéficiaire brute. Certains commerces utilisent aussi la méthode de l'inventaire au détail.

La qualité d'un produit reçu est vérifiée à l'aide d'une simple inspection visuelle ou à l'aide de tests et d'examens approfondis. L'entreprise doit déterminer quel pourcentage de produits non conformes elle tolère. Il est impossible ou contre-productif dans certains cas de faire une inspection à 100 %. On procède alors par échantillonnage, selon des règles précises, et on tire des conclusions sur le lot complet à partir des résultats obtenus sur l'échantillon.

Les rebuts et les surplus constituent des stocks dont le service des approvisionnements est responsable. Il doit voir à en disposer de la façon la plus rentable possible, mais il doit surtout voir, avec les autres services de l'entreprise, à les prévenir.

QUESTIONS DE RÉVISION

1. Décrivez le principal avantage lié à la codification des différents produits.

2. Si vous vous préoccupez de la précision du bilan, quelle méthode d'évaluation financière des stocks utiliserez-vous?

3. Décrivez les deux méthodes d'inventaire et leurs avantages et désavantages respectifs.

4. Quelle exactitude d'inventaire recommande-t-on pour les produits de la catégorie A?

5. Dans quelles situations l'inspection à 100 % des produits est-elle contre-indiquée?

6. Quels sont les principaux coûts découlant de l'acceptation de produits non conformes?

7. Décrivez les deux situations où la décision d'accepter ou de refuser un lot est une erreur. Laquelle correspond à une erreur de type *alpha* et laquelle à une erreur de type *beta*?

8. Quelle est l'information fournie par les tables de prélèvements?

9. Quelles sont les différentes façons de disposer des surplus ou des rebuts?

10. Comment faire pour éviter la formation de rebuts?

PROBLÈME SOLUTIONNÉ

La compagnie Beaubain est un distributeur de produits de salles de bain et plus particulièrement de draps de bain. Elle se procure ces draps par boîtes contenant 8 ensembles. À la fin de son exercice financier elle constate qu'elle a en stock 38 de ces boîtes. Pour en déterminer la valeur, elle recueille les renseignements suivants sur les achats de l'année.

date	quantité	prix $
23-02	20	70,00
15-04	30	72,00
11-08	50	71,50
29-11	20	74,00

Vous demandez quelle était la valeur du stock au début de l'année et on vous répond qu'il y avait 15 unités en stock mais que selon une méthode de calcul ou une autre, la valeur était de 1 030 $, 1 035 $ ou 1 020 $. Sachant que ces valeurs correspondent respectivement aux méthodes de moyenne pondérée, d'épuisement successif et d'épuisement à rebours, calculez la valeur du stock selon ces mêmes méthodes à la fin de l'année.

Solution

a) moyenne pondérée

nombre de boîtes offertes à la vente :
$$15 + 20 + 30 + 50 + 20 = 135$$

valeur totale :
$$1\ 030\ \$ + 1\ 400\ \$ + 2\ 160\ \$ + 3\ 575\ \$ + 1\ 480\ \$ = 9\ 645\ \$$$

coût unitaire : $\dfrac{9\ 645\ \$}{135} = 71{,}444\ \$$

valeur des 38 boîtes : $38 \times 71{,}444 = 2\ 714{,}89\ \$$

b) épuisement successif
$$20 \text{ à } 74{,}00\ \$ + 18 \text{ à } 71{,}50\ \$ = 2\ 767\ \$$$

c) épuisement à rebours

les 15 du début pour 1 020 $ + 20 à 70,00 $ + 3 à 72,00 $ = 2 636 $.

AUTRES PROBLÈMES

1. Un commis calcule la valeur du stock de classeurs 4 tiroirs, 8 1/2 ×
14. Il utilise pour ce faire 3 des 4 méthodes connues, laissant de
côté celle du coût spécifique. Il a retenu les 3 valeurs obtenues mais
a oublié à quelle méthode chacune correspond. Ces trois valeurs
sont les suivantes : 5 000 $, 5 200 $ et 5 100 $. Vous savez que les
prix ont légèrement augmenté pendant l'année. Dites à quelle
méthode correspond chacune des valeurs trouvées.

2. Une entreprise a fait les achats suivants dans l'ordre pendant son
dernier exercice financier.

150 unités à 12,00 $

300   à 12,50

200   à 13,50

180   à 13,25

Elle avait au début de l'année 180 unités en stock pour une valeur de
2 000 $. Il lui reste 200 unités à la fin de l'année.

Déterminez la valeur de ces unités selon les 3 méthodes connues :
moyenne pondérée, épuisement successif, épuisement à rebours.

3. Une entreprise a commandé des arbres de couche d'un diamètre de
30 mm. Elle tolère pour chaque arbre une différence de + ou −
0,5 mm. Son plan de prélèvement précise qu'elle doit rejeter le lot si
plus de 2 produits sont défectueux. Voici les mesures en mm
obtenues dans son échantillon de 20 arbres de couche.

29,55; 30,22; 30,55; 30,05; 30,45; 30,00; 29,67; 29,92;
30,08; 29,62; 29,37; 30,37; 30,18; 29,58; 30,28; 29,95;
30,00; 30,00; 29,88; 29,56.

Le lot doit-il être rejeté ?

4. Une entreprise a une marge bénéficiaire brute de 35 %. Elle avait au
début de son exercice un montant de 148 000 $ de stock. Elle s'en
est procuré pour 2 000 000 $ pendant la période, et a fait des ventes
nettes de 3 200 000 $. Quelle est la valeur de son stock actuel ?

5. L'entreprise Congelex effectue la vente d'aliments congelés. Depuis quelques mois, de nouvelles normes gouvernementales exigent que ces aliments soient conservés à une température beaucoup plus basse que par le passé. Cette température ne permet plus d'effectuer le dénombrement de tous les articles congelés. Comme l'entreprise n'utilise pas de système d'inventaire permanent, les responsables de l'approvisionnement se demandent comment faire pour déterminer le montant du stock à la fin de la période en cours.

CAS

Les rebuts non rentables

L'entreprise XYZ utilise du métal en feuilles pour la fabrication de tuyaux d'échappement de chaudières au mazout. Les rebuts de métal se montent à 15 % de la matière première achetée. Depuis quelques années, ces rebuts sont rejetés, avec d'autres rebuts métalliques, vis, clous, boulons, etc. dans un conteneur et vendus ensuite à bas prix à une entreprise de recyclage de métaux.

Le nouveau responsable des approvisionnements et des stocks a constaté que les sommes obtenues ne correspondaient qu'à une faible partie du coût de ces 15 % de matières. Il en a saisi le comité de régie de l'entreprise qui s'est demandé, dans un premier temps, si on pouvait réduire ce pourcentage, et si on pouvait obtenir un meilleur prix pour ces rebuts, ou en faire une meilleure utilisation.

Actuellement les achats de métal en feuilles se montent à 1 M $ annuellement. La vente, au poids, des rebuts mélangés, dont ce métal en feuilles constitue les trois quarts, rapporte en moyenne 20 000 $ par année. Les frais de gestion sont minimes : 500 $.

Deux solutions sont mises de l'avant :

- Isoler ces rebuts des autres. On pourrait les vendre 30 000 $. Les frais de mise en place du système seraient de 15 000 $ et les frais annuels de gestion de 8 000 $.

- Modifier le procédé de fabrication. Cela nécessiterait un investissement de 80 000 $ et des coûts annuels de 30 000 $.

Le pourcentage des rebuts baisserait à 7,5 % de la matière achetée.

a) Calculez le coût actuel des pertes dues à ces rebuts.

b) Calculez l'économie réalisée avec chacune des deux solutions proposées.

c) Dites quelle serait votre décision et justifiez-la.

Chapitre

10

TRANSPORT ET ENTREPOSAGE

◆ O B J E C T I F S ◆

Ce chapitre présente les différentes composantes du transport externe. On y décrit les principaux modes de transport (maritime, ferroviaire, par camion, aérien), les types de transporteurs avec les avantages et inconvénients de chacun. On présente les facteurs du coût de transport. Ce chapitre présente ensuite les différents éléments de l'entreposage: réception, type de mise en entrepôt, manutention, itinéraire des produits dans l'entreprise, et expédition de ces produits. On termine en décrivant comment déterminer le nombre et la localisation des entrepôts.

OBJECTIFS D'APPRENTISSAGE

À la fin du chapitre vous pourrez:

✓ décrire les modes de transport et les types de transporteurs;

✓ présenter les critères présidant au choix d'un moyen de transport;

✓ décrire les fonctions de l'entreposage;

✓ décrire les modes d'entreposage avec leurs avantages et désavantages.

Une fois qu'un produit est acheté il commence un périple plus ou moins long, allant du fournisseur jusqu'à l'utilisateur éventuel. La première partie de son voyage le mènera, par un ou plusieurs transporteurs, jusqu'au lieu de l'entreprise acheteuse.

Rendu à l'entreprise, le produit sera acheminé jusqu'à sa destination ultime en faisant toutefois, dans plusieurs cas, un passage obligé par un ou plusieurs lieux d'entreposage.

Les marchandises achetées pour la revente, sont acheminées soit vers un lieu d'entreposage, d'où on les retirera pour les placer sur les étalages de vente; soit directement sur ces étalages. On pourra même voir un produit passer d'un entrepôt à un autre : entrepôt central, entrepôt de distribution, entrepôt du point de vente.

Les composants et matières premières peuvent aussi cheminer à travers plusieurs entrepôts avant de parvenir à l'atelier où ils seront incorporés au produit fabriqué. Les fournitures ont, *grosso modo*, le même destin. Elles passent de l'entrepôt au service qui les utilisera.

C'est la responsabilité des approvisionnements et de la gestion des stocks de voir au cheminement et à l'entreposage de tout produit que l'entreprise se procure. Voyons donc comment on transporte, comment on fait cheminer les produits, et comment on les entrepose.

A TRANSPORT

L'acheteur d'un produit peut prendre en charge le transport de ce produit à n'importe quel point entre le lieu d'expédition du fournisseur et le lieu de réception de l'acheteur. Ce point-là est déterminé lors de la passation de la commande; il correspond en fait à l'endroit où l'acheteur prend possession officielle du produit. Le terme qu'on emploie **F.A.B.** (en anglais F.O.B.) qui signifie **Franco à bord** détermine ce qui en est. On accole à cette expression les mots indiquant l'endroit où l'acheteur prend possession de la marchandise (point de destination ou point d'origine, ou tout autre point intermédiaire).

Dans les cas où il est précisé F.A.B. point de destination, le vendeur demeure propriétaire de la marchandise, et en est responsable, jusqu'à ce que celle-ci parvienne à destination. C'est le vendeur qui choisit le transporteur et c'est à ce vendeur que celui-ci doit répondre. L'acheteur ne prend possession et ne devient responsable de cette marchandise qu'à son arrivée à destination : entrepôt, usine ou magasin.

Dans le cas de F.A.B. point d'origine, l'acheteur devient propriétaire de la marchandise et en assume toute la responsabilité à partir du point de départ, c'est-à-dire généralement de l'usine du fabricant ou vendeur. L'acheteur doit donc voir lui-même à choisir le moyen de transport qui répondra le mieux à ses besoins.

Il existe plusieurs variables du F.A.B. selon le point de changement de la responsabilité et selon que les frais sont payés d'avance par le vendeur et remboursables par l'acheteur, ou payés à l'arrivée par ce dernier. On peut envisager qu'un fournisseur de l'Ontario assume la responsabilité de ses produits jusqu'au port ou à l'aéroport de Montréal et que l'acheteur prenne le relais à cet endroit et assure le transport jusqu'à son usine de Varennes ou de la Beauce.

On dira que la livraison est faite F.A.B. port ou aéroport de Montréal.

> **Message :** Le coût du transport d'un produit, du fournisseur à l'acheteur, fait partie du coût de ce produit. L'acheteur l'assume directement ou bien il l'assume indirectement dans le prix du produit lorsque c'est le fournisseur qui prend la responsabilité de ce transport.

La responsabilité du transport implique alors le choix d'un moyen de transport, d'un type de transporteur, et la négociation des conditions particulières liées au produit.

1. LES MOYENS DE TRANSPORT

On peut transporter les produits de toutes sortes de façons en fonction des caractéristiques des divers produits. On considère toutefois qu'il existe quatre moyens principaux de déplacement :

- ❖ le transport maritime ;
- ❖ le transport ferroviaire ;
- ❖ le transport par camion ;
- ❖ le transport aérien.

À ces moyens se rajoutent les transports par autobus, par pipeline, par fil, par câble.

Voici les caractéristiques principales de chacun des quatre principaux moyens de transport :

a) Transport maritime

Il s'applique généralement aux produits en vrac (pétrole, blé, vin, minerai) ainsi qu'aux produits très lourds et très volumineux. Il est souvent le seul transport possible pour traverser les océans ou contourner des régions désertiques ou montagneuses. Les océaniques sont de gros navires, à fort tirant d'eau et de grande capacité. Par contre, de petits navires, les caboteurs, alimentent les endroits situés le long de fleuves ou de rivières.

Ce transport maritime s'est transformé radicalement depuis près de 30 ans avec l'arrivée des conteneurs. On ne retrouve plus de caisses de dimensions diverses, mais les entreprises regroupent tous leurs articles dans ces conteneurs. Il y a facilité de manutention et aussi de contrôle.

Le transport maritime est lent, souvent très lent. Il est parfois à la merci des éléments qui peuvent le retarder; les naufrages, largement médiatisés, sont toutefois assez rares. Les coûts de ce transport sont minimes; compte tenu des volumes ou des poids importants le rapport coût / volume-km ou coût / poids-km est faible.

b) Transport ferroviaire

Il sert lui aussi à transporter des produits en vrac, par exemple le blé de l'Ouest canadien, le minerai; des wagons spéciaux peuvent servir à transporter des produits toxiques, du pétrole, des produits réfrigérés, du bétail, etc. On transporte en principe tout type de produit. Pour des raisons économiques, et à cause du manque de souplesse de ses itinéraires, le transport ferroviaire perd de l'importance au Canada et au Québec.

Ce transport est plus rapide que le transport maritime, et est généralement plus cher que celui-ci.

c) Transport par camion

Ce moyen permet de transporter à peu près tout et d'avoir accès presque partout. On transporte sur les routes les conteneurs déchargés d'un bateau, on utilise toutes sortes de camions-citernes que ce soit pour le lait ou le pétrole, les camions réfrigérés nous apportent en quelques jours les légumes de Californie et les fruits de Floride.

C'est un moyen assez rapide, les camions pouvant rouler vingt-quatre heures par jour. Les tarifs, largement diversifiés, sont plus élevés que ceux des transports maritime et ferroviaire.

d) Transport aérien

Ce dernier moyen est généralement réservé aux produits de luxe, aux journaux et revues, aux produits légers. Toutefois pour les régions éloignées, ou pour les régions dangereuses, l'avion transporte de tout, des produits de subsistance aux tanks. La rapidité est la marque de commerce de ce mode de transport, mais les coûts sont élevés et souvent dissuasifs.

Selon l'origine et la destination d'un produit, il n'est pas rare de devoir utiliser une combinaison de deux ou trois moyens de transport. On parle alors de *transport intermodal*. Les colis reçus par avion doivent quitter l'aéroport, le pétrole arrivé au port doit continuer par camion-citerne ou par pipeline, les grandes cargaisons transportées par camion transcontinental seront redistribuées dans de plus petits véhicules. Le gestionnaire devra alors s'assurer que les transferts se font sans perte de temps et sans risque.

2. LES TYPES DE TRANSPORTEURS

Les transporteurs peuvent être des tiers auxquels on confie notre marchandise; on peut aussi agir comme transporteur, soit avec des véhicules loués, soit avec nos propres véhicules.

a) Transport effectué par un tiers

1) TRANSPORTEURS PUBLICS

Ceux-ci sont accessibles à tous, que ce soit un wagon du CN ou un avion des lignes courantes d'Air Canada. Ils ont des contraintes de routes et d'horaires mais ils coûtent relativement peu, leurs tarifs sont fixes et ils n'exigent pas de contrats à moyen ou à long terme. Une entreprise va utiliser ce type de transporteur lorsqu'elle n'a pas d'exigence particulière quant à la protection de ses produits ou quant aux endroits et moments de réception.

2) TRANSPORTEURS À FORFAIT

Les transporteurs à forfait ou contractuels sont en mesure de répondre aux *desiderata* de l'entreprise. Leurs tarifs sont plus élevés que ceux des transporteurs publics, mais ils garantissent la qualité du transport, les délais de livraison, la disponibilité de leurs véhicules.

b) Transport privé

C'est le transport effectué par l'entreprise elle-même que ce soit à l'aide de ses propres moyens ou de moyens loués.

1) LA LOCATION DES MOYENS DE TRANSPORT

La location de bateaux, camions ou autres, permet à l'entreprise une grande flexibilité. L'entreprise n'a pas à investir dans l'achat mais peut planifier l'utilisation de ces moyens en fonction de ses différents besoins et échéanciers.

2) LA PROPRIÉTÉ DES MOYENS DE TRANSPORT

La propriété des moyens de transport assure une certaine intégration des opérations de l'entreprise, mais elle exige des investissements à long terme et des gestionnaires compétents. Il faut, entre autres, s'assurer que les actifs en question soient efficacement utilisés. Par exemple, un véhicule, qui lors d'un aller-retour fait un des deux voyages à vide, est mal utilisé. On doit alors ajouter au coût de transport d'un produit les coûts du voyage à vide.

Les principes présidant au choix entre achat et location que nous avons vus au chapitre 7 s'appliquent ici.

Lorsqu'on passe d'un type de transporteur à un autre, on parle alors de **livraison intermodale**.

3. LES CRITÈRES DE CHOIX D'UN MOYEN ET D'UN TYPE

❖ La concordance avec les particularités du produit.

❖ La disponibilité des transporteurs.

❖ Le coût.

❖ La qualité du transport.

a) La concordance avec les particularités du produit

Certains produits exigent un moyen de transport particulier, soit à cause de leur nature, de leur dimension, des risques pour la sécurité, etc. Dans ces cas-là la contrainte peut être telle que l'entreprise n'a pas le choix du mode de transport. C'est le cas du pétrole qu'on transporte par pétrolier.

Par contre le transport de diamants peut se faire de multiples façons mais on utilisera l'avion plutôt que le bateau, le coût de transport étant minime par rapport à la valeur de ce produit.

b) La disponibilité des transporteurs

Il s'agit de vérifier si le transport peut se faire à temps en fonction des besoins de l'acheteur. On peut exiger du transporteur une garantie quant au délai de livraison. La disponibilité tient compte aussi des situations d'urgence.

Si le délai est très court on pourra utiliser l'avion, par exemple, alors que dans des situations courantes, le coût de ce moyen est prohibitif.

c) Le coût

Les facteurs du coût sont :

❖ la distance parcourue ;

❖ le poids, le volume ;

❖ la vitesse ;

❖ les modalités particulières : prise en charge, manutention, précautions ;

❖ le pourcentage de remplissage (dans toute situation le coût unitaire de transport est inversement proportionnel au pourcentage d'espace occupé par le produit).

Le coût unitaire peut être exprimé en :

❖ kg-km ;

❖ volume-km ;

❖ valeur-km.

Par exemple, s'il coûte 20 $ pour transporter un produit pesant 20 kg sur une distance de 40 km, on calculera le coût unitaire ainsi :

$$\frac{20\ \$}{20\ \text{kg} \times 40\ \text{km}} = 0{,}025\ \$/\text{kg-km}.$$

d) La qualité du transport

Par qualité on entend les éléments suivants :

❖ la protection contre le vol ou les pertes. On pourra considérer que moins il y a de transferts pendant le transport moins il y a de risques ;

❖ la protection contre les dommages ;

❖ l'empaquetage adéquat ;

❖ le respect des exigences particulières : climatisation, réfrigération, manipulation, absence de secousses, mode de cueillette et de livraison ;

❖ la simplicité et la facilité de communication.

Comme dans le cas de la poursuite des objectifs de la fonction « approvisionnement », le gestionnaire devra prendre une décision en équilibrant chacun de ces éléments.

Un outil : le connaissement

Le transport de marchandises nécessite *un contrat qui établit les responsabilités du transporteur et du propriétaire des marchandises.* Ce contrat s'appelle un **connaissement**. Il indique normalement les points de prise en charge et de livraison, les engagements du transporteur et les conditions du transport.

La copie principale du connaissement demeure entre les mains du propriétaire des biens ; s'il y a pertes ou dommages c'est ce document qui servira pour toute réclamation.

Le transporteur signe ce document au point de départ pour indiquer qu'il a pris possession des marchandises ; à l'arrivée, la copie du transporteur signée par la personne qui reçoit les biens, constitue alors un reçu.

B L'ENTREPOSAGE

L'entreposage comporte un certain nombre de fonctions, ou d'opérations, effectuées sur les marchandises à partir de leur arrivée dans l'entreprise jusqu'à leur utilisation ou leur sortie.

Ces opérations sont les suivantes :

❖ la réception ;

❖ la mise en entrepôt ;

❖ l'acheminement et la manutention ;

❖ la protection ;

❖ l'expédition.

Occasionnellement, il y a des opérations de modification du stock : peinture, ajout d'options.

Toutes ces opérations doivent s'intégrer de façon à assurer un flot continu de marchandises, sans goulot d'étranglement, et au moindre coût possible.

1. LA RÉCEPTION

Nous avons vu au chapitre précédent comment vérifier la qualité de la marchandise reçue. Il faut de plus en vérifier la quantité.

2. LA MISE EN ENTREPÔT

Il y a deux façons principales d'effectuer la mise en entrepôt.

a) Le stockage fixe

Selon cette façon de faire, chaque produit a une place particulière dans l'entrepôt, une place prédéterminée connue à la fois de ceux qui y mettent le produit, de ceux qui doivent en effectuer le retrait et de ceux qui en font l'inventaire.

Le produit K245 par exemple doit être entreposé dans l'allée B, 5ᵉ colonne, 3ᵉ rangée. Les avantages et inconvénients de ce type de stockage sont les suivants :

Avantages : La position d'un produit est connue, tant de ceux qui le disposent que de ceux qui en prennent possession. Tous les produits de même nature sont regroupés en un même endroit ; on peut estimer visuellement la quantité en stock et l'opération inventaire est plus facile. On peut aussi prévoir, selon la nature du produit, un lieu d'entreposage possédant des caractéristiques spéciales : climatisation, etc.

Inconvénients : Puisque le stock maximum n'est pas atteint en même temps pour tous les produits, il y a toujours une partie de l'entrepôt qui est vide. Si un produit est renouvelé alors que son stock est près de zéro, l'espace d'entreposage ne sera rempli qu'à moitié la plupart du temps. Il faudra donc un entrepôt dont la capacité sera le double du volume de stock en mains.

b) Le stockage aléatoire

À son arrivée chaque produit est disposé à l'endroit disponible dans l'entrepôt ; il n'y a pas de place prédéterminée. Pour pouvoir retrouver éventuellement ce produit il faut, selon cette méthode, un enregistrement immédiat dans le fichier des produits de l'endroit où le produit en question a été entreposé. D'autre part si la demande pour un produit augmente ou si un nouveau produit fait son apparition il faut modifier l'agencement de toute l'aire de stockage.

Les avantages et inconvénients sont les suivants :

Avantages : Aucun espace n'est réservé ; on peut donc viser une utilisation allant jusqu'à 85 ou 90 % de l'espace total. Les préposés n'ont pas à apprendre la disposition des produits dans l'entrepôt, ils peuvent consulter les fichiers. Les frais de transport interne sont aussi moindres.

Inconvénients : Le fichier des produits avec leur localisation doit être tenu à jour rigoureusement. Les erreurs sont difficiles à déceler et l'inventaire est plus difficile puisque les mêmes produits ne sont pas regroupés. Il faut toujours se référer au fichier ; à peu près personne ne sait par cœur où se trouve tel ou tel produit.

3. LES MODALITÉS D'ENTREPOSAGE

Les produits de tout genre, les marchandises pour la revente, les matières premières, produits en cours et produits finis doivent transiter dans l'entreprise selon le modèle premier entré — premier sorti. On assure ainsi l'écoulement ordonné et on évite la désuétude ou la détérioration des produits plus anciens.

La disposition de l'entrepôt, tablettes, allées, et les véhicules de transport interne doivent permettre ce type de fonctionnement. L'organisation des fichiers doit aussi faciliter cette méthode.

On pourra avoir des tablettes étroites avec plusieurs produits côte à côte, ou bien on installera les produits par l'arrière ou le côté et on les retirera par le devant. Dans le cas de produits de peu de poids et de volume, comme dans les allées de supermarchés on placera à l'arrière les derniers produits arrivés.

On entrepose dans les endroits les plus accessibles, pour le client ou pour le préposé aux stocks, les produits les plus en demande. Les autres se retrouveront par exemple sur les tablettes les plus élevées ou les plus basses ou dans les coins les plus isolés de l'entrepôt.

4. L'ACHEMINEMENT ET LA MANUTENTION

À l'intérieur de l'entreprise, et particulièrement dans le ou les entrepôts, l'acheminement des produits doit répondre à certaines normes et contraintes visant à maintenir la quantité de travail nécessaire ainsi que les coûts au minimum.

Il est recommandé de tracer un plan du cheminement prévu des articles en visant les objectifs suivants :

❖ la distance totale à parcourir est minimale ;

❖ un produit ne devrait pas revenir sur ses pas ;

❖ il y a un minimum de croisements entre les routes ;

❖ on évite les culs-de-sac forçant les véhicules à reculer ;

❖ on restreint le plus possible les transbordements.

Le choix des moyens de manutention, chariots-élévateurs de tout genre, véhicules motorisés, pont roulant, etc. se fera en fonction de la nature des produits, de la distance à parcourir, du coût d'utilisation de ces équipements, de la largeur et de la hauteur des allées de circulation.

Pour déterminer la quantité nécessaire de chacun, il suffit de quantifier le travail total à faire par période, jour, semaine ou mois, et de tenir compte du travail fourni par unité de transport.

Parmi les autres équipements de la manutention on retrouve :

❖ les accessoires nécessaires à l'emballage ;

❖ les accessoires de remisage ;

❖ le matériel nécessaire au transbordement des marchandises.

5. LA PROTECTION DES STOCKS

La sécurité de l'entreposage c'est *l'ensemble des moyens mis en œuvre pour que tous les produits en stock conservent leur qualité et soient utilisés aux fins prévues.*

Les conditions d'entreposage doivent éviter toute détérioration de la qualité : empoussièrement, assèchement, couleur délavée, coins brisés, marques, rouille, etc. Ces conditions doivent aussi protéger contre le vol, la mauvaise utilisation, le mauvais enregistrement.

Voici deux modèles d'entreposage où la protection des stocks est différente.

a) L'entreposage sécuritaire

Certains produits sont plus susceptibles d'être volés, surtout ceux qui se prêtent à une revente rapide ou qui sont peu facilement reconnaissables par la suite. Mentionnons : les fils, les métaux précieux, les appareils électroniques, les bijoux, les cigarettes.

Voici certaines règles à suivre :

❖ Déterminer quelles sont les personnes autorisées à avoir accès à l'entrepôt et limiter cet accès à ces personnes.

❖ Fermer à clé l'entrepôt en dehors des heures de travail.

❖ Tenir sous clé les produits de valeur, de même que les produits dangereux : couteaux, produits toxiques, etc.

❖ Pour toute transaction, exiger une signature autorisée.

❖ À la réception des produits de même qu'à leur sortie, les compter, les peser, les mesurer, etc.

❖ Clôturer, éclairer et faire garder les entrepôts externes.

b) L'entreposage ouvert

Dans ce système il n'existe pas d'entrepôt ou de magasin propre-ment dit. Les matières premières et composants sont déposés le plus près possible de leur lieu d'utilisation et tous les travailleurs y ont directement accès.

Ce système est utilisé dans les entreprises de fabrication pour les produits de masse, fabriqués en grande quantité et où l'approvision-nement est répétitif et continu.

Le gestionnaire des stocks est responsable de l'acheminement de ces produits jusqu'à leur lieu d'utilisation. Ensuite c'est le responsable de la production ou de l'atelier qui en prend la responsabilité.

Il va sans dire que l'aspect sécuritaire ici est secondaire ou inexis-tant. Les produits en cause ne sont pas fragiles ; personne n'a intérêt à les voler, ou encore ils sont difficilement dissimulables ou transporta-bles.

Ce système fonctionne avec peu de stocks, et le contrôle est faible. Puisque l'opérateur d'une machine a à sa disposition les matières nécessaires, il n'aura pas besoin d'une autorisation écrite pour en prendre possession.

6. L'EXPÉDITION

On retire les produits de l'entrepôt pour répondre aux commandes des clients, ou, lorsqu'il s'agit d'un entrepôt central ou intermédiaire, pour répondre aux demandes des entrepôts en aval.

Il s'agit là aussi de procéder avec méthode pour recueillir les différents produits qui composent une commande donnée.

❖ On peut charger un employé de faire le tour de l'entrepôt et de ramasser chaque article où il se trouve. Cela peut être long et l'employé risque de devoir retourner dans la même allée à plusieurs reprises.

❖ On divise la commande selon les catégories de produits et le responsable de chacune des catégories ramasse les articles dont il a besoin.

❖ On classe les articles demandés selon leur disposition dans l'entrepôt et on les ramasse en suivant un cheminement minimal.

7. NOMBRE ET LOCALISATION DES ENTREPÔTS

Que ce soit à l'intérieur de son installation principale, ou entre ses diverses installations toute entreprise doit déterminer la localisation de ses entrepôts, leur capacité respective, leur nombre et leurs liens.

Il existe plusieurs possibilités:

❖ Un entrepôt central d'où tout est coordonné, les produits et marchandises passant directement de cet entrepôt à l'utilisateur final.

❖ Un entrepôt par lieu physique, usine ou magasin, où sont dirigés les produits et marchandises.

❖ À l'intérieur d'une usine ou d'un magasin, des entrepôts spécifiques à proximité des utilisateurs.

❖ Un entrepôt central, des entrepôts intermédiaires dits centres de distribution, des entrepôts locaux ou spécifiques.

Voici les éléments et les critères de choix.

a) Centralisation ou décentralisation des activités d'entreposage

La centralisation des activités d'entreposage en un seul lieu a les avantages suivants:

❖ Le contrôle est plus facile, tant pour le dénombrement physique des stocks que pour la sécurité.

❖ Pour des articles similaires, l'espace d'entreposage nécessaire est moindre que si ces derniers sont répartis en plusieurs entrepôts.

❖ Il est plus facile d'établir des sections spéciales pour les produits nécessitant un environnement particulier.

❖ La quantité totale de stocks nécessaire pour satisfaire un certain nombre d'usines ou de magasins est inférieure à la quantité totale que devraient tenir l'ensemble des entrepôts de ces usines ou magasins.

La décentralisation des activités d'entreposage permet par contre de :

❖ rapprocher les stocks des utilisateurs ;

❖ satisfaire plus rapidement à la demande ;

❖ identifier plus facilement les goulots d'étranglement.

Message : La centralisation ou décentralisation des lieux d'entreposage est, en principe, indépendante de la centralisation ou décentralisation des décisions d'achat. Cependant, il est rare que des marchandises achetées au niveau local se retrouvent dans un entrepôt central.

---

b) Optimisation de la localisation

L'entreprise qui établit un ou des centres de distribution de ses marchandises ou matières, doit déterminer comment, d'une part, elle alimentera ces centres, et d'autre part, comment elle alimentera ses usines et ateliers, ou ses points de vente à partir de ces centres.

Les éléments dont elle tient compte sont les suivants :

❖ les coûts unitaires de transport.

Pour alimenter les centres de distribution il faut généralement des transporteurs de grande capacité. De ces centres aux différentes destinations en bout de ligne, il est souvent plus profitable d'utiliser des transporteurs de moindre capacité (une camionnette Econoline, par exemple). Les coûts unitaires de ces transporteurs différents peuvent aussi être très différents.

❖ les itinéraires de transport ;

❖ le nombre d'entrepôts locaux alimentés par les centres de distribution ;

❖ la quantité totale de marchandises, leur répartition, le nombre de voyages par période de temps ;

❖ la structure administrative pour assurer le contrôle et l'acheminement des stocks à leur lieu d'utilisation.

Il faut trouver le nombre, la localisation, la capacité, le type de transport, la fréquence, etc. Toute opération d'optimisation fait appel à des modèles mathématiques sophistiqués. Regardons quand même un exemple où les éléments de décision ont été simplifiés :

Une entreprise doit desservir dix magasins dans la région est du Québec. Elle a le choix entre établir un ou deux centres de distribution. Voici ce qu'elle envisage comme coûts :

Coût de transport de l'usine aux centres de distribution :

S'il y a un seul centre :   8,00 $/km.

S'il y a deux centres :   7,00 $/km.

Coût de la distribution :

Un seul centre : 4,00 $/km.

Deux centres :   3,50 $/km.

S'il y a un seul centre il sera à 200 km de l'usine.

S'il y en a deux, ils seront respectivement à 170 km et à 190 km de l'usine.

La distance à parcourir pour faire l'ensemble des distributions sera la suivante :

Du centre unique : 450 km.

Du centre A :   200 km.

Du centre B :   150 km.

Solution :

Un seul centre :
200 km × 8,00 $/km + 450 km × 4 $/km = 3 400 $.

Deux centres :
(170 km + 190 km) × 7,00 $/km + (200 km + 150 km) × 3,50 $/km
= 3 745 $.

On choisirait donc de n'avoir qu'un seul centre de distribution.

Il faut toutefois remarquer que nous avons considéré que tous les autres éléments étaient égaux : coûts de commande, frais de stockage, coûts de pénurie, etc.

Dans tous les cas, en plus des considérations plus stratégiques liées à la centralisation ou à la décentralisation, il faut tenir compte de l'ensemble des coûts de transport, de stockage, de pénurie, de commande.

RÉSUMÉ

Le transport constitue un élément, souvent important, du prix d'achat. Tant pour économiser que pour s'assurer d'une livraison à temps, l'acheteur aura profit à assumer la responsabilité du transport quand c'est possible.

Il y aura toujours un choix à faire entre les coûts, la fiabilité, et la rapidité du moyen de transport. La décision d'utiliser un transporteur public ou privé, ou même de louer ou de posséder sa propre flotte de transporteurs relève d'une planification à moyen ou à long terme.

L'entrepôt n'est pas un fourre-tout et l'entreposage comporte aussi des règles de répartition, de cheminement interne. Il faut pouvoir avoir accès rapidement aux produits et limiter à la fois la quantité de déplacements et la longueur de ceux-ci. La localisation et le nombre d'entrepôts dépend de l'arbitrage entre les coûts de stockage et les différents coûts de transport, mais aussi des objectifs liés à toute centralisation ou décentralisation.

Questions de révision

1. Quels sont les critères qui sont à la base du choix d'un moyen de transport?

2. De quels éléments dépendent les coûts de transport?

3. Énumérez les quatre principaux moyens de transport et les principaux produits qu'ils véhiculent.

4. Décrivez les avantages et désavantages de chacun de ces modes.

5. Que signifie l'expression F.A.B. point d'origine?

6. Décrivez ce que l'on entend par mode de stockage aléatoire.

7. Faites la comparaison, en indiquant les avantages et les inconvénients, entre mode de stockage fixe et mode de stockage aléatoire.

8. Nommez deux préceptes à observer dans la préparation du schéma de cheminement d'un produit dans un entrepôt.

PROBLÈME SOLUTIONNÉ

Une entreprise de fabrication de matériel lourd doit transporter quotidiennement 125 000 kg de matériel dans son usine. Elle doit faire un choix entre deux types de chariots.

Le type A peut transporter 250 kg à la fois et sa vitesse moyenne, compte tenu des arrêts, est de 12 km/h. La distance moyenne de déplacement du matériel, de l'entrepôt à l'atelier est de 650 m.

Le type B peut transporter 500 kg à la fois. Par contre ses dimensions exigent un cheminement différent, de 10 % plus long que le cheminement précédent. De même sa vitesse est inférieure du tiers à celle du chariot A.

La journée de travail est de 7 heures 30 minutes.

a) Déterminez le nombre de chariots nécessaires selon que l'on opte pour A ou pour B.

Solution

Chariot A:

Travail à faire par jour: 125 000 kg × 650 m = 81 250 kg-km.

Travail par chariot par jour: 250 kg × 12 km/h × 7,5 h = 22 500 kg-km.

Nombre de chariots nécessaires: 81 250 /22 500 = 3,6111 soit 4 chariots.

Chariot B:

Travail à faire par jour: 125 000 kg × 650 m × 110 % = 89 375 kg-km.

Travail par chariot par jour: 500 kg × 12 km/h × 2/3 × 7,5 h = 30 000 kg-km.

Nombre de chariots nécessaires: 89 375/30 000 = 2,98 chariots, soit 3 chariots.

b) De quoi devrait-on tenir compte dans le choix entre A et B?

Solution: Il faut tenir compte des coûts de chaque type de chariots, en n'oubliant pas le salaire des opérateurs.

Dans le cas de l'achat de chariots de type A, on doit considérer que le quatrième chariot sera inutilisé 40 % du temps.

Dans le cas de l'achat de chariots de type B, on doit considérer qu'on n'a aucune marge de sécurité si la demande augmente, même de très peu.

AUTRES PROBLÈMES

1. La compagnie BIVOUAC fabrique des tentes. Elle a le choix entre deux locations pour son entrepôt de distribution. Un des endroits, appelons-le A1 est très bien situé, alimenté à la fois par rail et par route; l'autre, que nous nommerons B2 est desservi uniquement par la route.

Cependant, il va de soi, que le premier endroit coûte plus cher à l'achat et que les taxes y seront plus élevées.

Voici les différentes informations obtenues.

A1 : Frais de transport prévus :   300 000 $ par année.
     Frais fixes de stockage :   80 000 $ par année.
     Frais variables de stockage :   15 % de la valeur du stock.

B2 : Frais de transport prévus :   340 000 $ par année.
     Frais fixes de stockage :   30 000 $ par année.
     Frais variables de stockage :   16 % de la valeur du stock.

À quelle valeur du stock doit-on préférer l'entrepôt A1 ?

2. En ventilant ses coûts de transport BIVOUAC constate ce qui suit :

A1 : Coût par $-km 0,006 $.

B2 : Coût par $-km 0,0068 $.

a) Quel est le nombre de $-km prévu ?

b) Si le stock parcourt en moyenne 30 km, quelle est la valeur du stock qu'elle prévoit transporter ?

c) Déterminez le choix à faire dans les cas suivants :

	1	2	3
Stock moyen :	480 000 $	500 000 $	520 000 $
Stock distribué :	1 750 000 $	1 600 000 $	1 800 000 $

CAS

M. Aurèle Bien-Aimé est acheteur chez BONANMALAN, qui fabrique des cercueils et autres produits pour salons funéraires. Il y a quelques mois il a négocié avec ses fournisseurs habituels des prix plus avantageux en retour du fait qu'il prend la responsabilité du transport de ses achats dès la sortie de l'usine du fournisseur.

Depuis lors, les relations de M. Bien-Aimé avec les transporteurs accaparent une grande partie de son temps; il recherche le meilleur et les conditions de livraison les plus avantageuses.

Sa supérieure immédiate, Mme Denise Larivée, lui a reproché de négliger les aspects plus importants de sa tâche, soit les contacts avec les fournisseurs. De fait, il y a eu des embrouilles dans deux commandes récentes où Aurèle n'avait pas eu le temps de revérifier avec le fournisseur certaines informations importantes.

C'est la première fois qu'on prend Aurèle en défaut. Il se sent mal à l'aise, et se demande s'il doit revenir à la situation antérieure et cesser de s'occuper des transporteurs. Il croit cependant que ce qu'il fait est pour le plus grand bien de l'entreprise.

Que lui conseillez-vous?

Chapitre

11

L'ÉVALUATION
DE LA FONCTION
«APPROVISIONNEMENT»

Dans ce chapitre vous verrez pourquoi l'évaluation de la fonction « approvisionnement » est importante et vous verrez comment on établit les modalités de contrôle. Nous vous présenterons les causes possibles d'écarts entre les résultats et les objectifs et nous vous proposerons des correctifs à apporter. Vous apprendrez quels sont les principaux indicateurs qui permettent d'effectuer le contrôle et comment les calculer et les utiliser.

OBJECTIFS D'APPRENTISSAGE

À la fin du chapitre vous pourrez :

✓ décrire l'importance du contrôle ;

✓ définir les modalités d'exercice de tout contrôle ;

✓ présenter les principaux indicateurs des différentes parties de la gestion des approvisionnements et des stocks ;

✓ calculer les ratios ;

✓ déterminer les écarts entre les résultats et les objectifs ;

✓ énumérer les principales causes d'écarts ;

✓ décrire comment interpréter les écarts.

A L'ÉVALUATION DE LA FONCTION «APPROVISIONNEMENT»

Nous avons, dès le début, identifié les objectifs poursuivis par la fonction «approvisionnement», et nous avons, depuis, décrit ces objectifs et étudié les moyens propres à les atteindre.

Mais il ne suffit pas de définir des objectifs et de connaître les moyens disponibles, pour prétendre avoir réussi; il y a loin de la coupe aux lèvres. Dans le processus de gestion, (planification, organisation, direction, contrôle) l'étape du contrôle est aussi importante que toute autre; inexistante ou mal effectuée elle rend inutiles les efforts déployés dans les autres étapes.

1. LE CONTRÔLE

Le contrôle vise à vérifier l'atteinte des objectifs, à mesurer l'écart, s'il y a lieu, entre les résultats et les objectifs, à identifier les causes de cet écart, et à proposer les correctifs nécessaires pour l'éliminer. En même temps cette vérification fixe de nouveau l'attention sur les objectifs. Le contrôle peut s'exercer à divers moments.

❖ Le **contrôle préventif** est celui établi avant même le début des opérations afin d'éviter les problèmes prévisibles.

❖ Le **contrôle continu** s'exerce concurremment aux opérations. Dans ce cas on fait immédiatement les ajustements nécessaires et on apporte les correctifs qui s'imposent. Par exemple, si on constate que la concurrence entre fournisseurs est inexistante on peut mettre fin à un processus d'appel d'offres avant d'avoir engagé des frais inutiles.

❖ Le **contrôle rétroactif** est celui qui s'exerce à la fin de l'opération ou de l'exercice. C'est de lui dont nous parlerons particulièrement.

2. LES ÉLÉMENTS À ÉVALUER

Examinons donc maintenant comment évaluer le service des approvisionnements, comment qualifier sa performance, afin de pouvoir proposer des actions correctrices.

Rappelons quels sont les principaux objectifs que doit viser le service des approvisionnements.

Nous devons vérifier si :

❖ l'entreprise a obtenu des produits de qualité satisfaisante ;

❖ l'entreprise a payé un coût raisonnable pour ces produits (prix cibles, économies, remises, etc.) ;

❖ l'entreprise a obtenu ces produits en quantité suffisante ;

❖ l'entreprise a obtenu les produits requis en temps voulu ;

❖ l'entreprise a bien choisi sa source d'approvisionnement.

Il faudra également évaluer les aspects connexes suivants :

❖ le degré d'intégration face aux autres services de l'entreprise ;

❖ le contrôle des coûts administratifs du service ;

❖ l'efficacité de la gestion des stocks et des achats ;

❖ l'efficacité de la gestion du personnel et la qualité des relations de travail ;

❖ la situation face à la concurrence ;

❖ le volume des stocks et l'investissement qu'ils nécessitent ;

❖ l'effet des stocks sur les résultats d'exploitation et sur la situation financière (bilan).

On doit finalement vérifier l'atteinte d'objectifs plus particuliers que le service des approvisionnements pourrait s'être fixé au cours de la période. Ce pourrait être notamment :

❖ l'augmentation du nombre de commandes ;

❖ une diminution des temps de mise en route ;

❖ un resserrement des critères d'évaluation et des normes de certification des fournisseurs.

Comme on l'a souligné dès le début de cet ouvrage, les objectifs poursuivis ne sont pas indépendants les uns des autres mais, au contraire, reliés entre eux. On doit viser à la fois une qualité satisfaisante et un prix raisonnable. Dans la vérification des résultats, il faut s'assurer que les décisions prises permettent un équilibre entre ces deux objectifs.

Message: L'évaluation ou contrôle ne doit pas avoir une connotation punitive dans ses objectifs et aussi dans les faits. On évite ainsi:

❖ la frustration;

❖ la rétention d'informations;

❖ la mauvaise identification des causes.

---

3. LA MESURE

Pour mesurer si un objectif a été atteint il faut, le mot mesure le dit, des éléments mesurables. Il importe aussi d'avoir des informations fiables et précises. L'instrument de mesure doit être précis et mesurer ce qu'il doit mesurer.

Il faut qu'à tous les niveaux de l'organisation on accepte d'avance que le rendement et le comportement soient mesurés, évalués. Les gens qui contrôlent et ceux qui sont contrôlés doivent s'entendre sur les instruments de mesure, sur la façon de colliger les données, de les regrouper.

Certaines notions sont plus qualitatives, comme par exemple la qualité de la gestion. On est alors porté à baser le jugement, l'évaluation sur des perceptions, des impressions, ce qui risque d'être contesté et de mener à des décisions douteuses. Il faut alors, pour faire une évaluation le plus objectivement possible, identifier des indicateurs. Ainsi par exemple, pour évaluer la qualité de la gestion des ressources humaines, on pourra calculer le nombre de jours d'absence ou de griefs, le rendement de chacun des membres d'une équipe, le pourcentage d'erreurs ou le temps par opération (achat, commande, etc.).

L'indicateur doit donner un signal et celui-ci doit être perçu facilement et rapidement. Il faut pour cela qu'il soit simple. Il faut qu'il n'y ait pas d'ambiguïté pour que personne ne puisse avoir un prétexte pour l'ignorer.

4. RENDEMENT ET EFFICACITÉ

Le **rendement** et l'**efficacité** sont deux choses différentes. Un service ou une personne est efficace si il ou elle atteint l'objectif fixé. Par exemple avons-nous réussi à obtenir à temps tous nos produits, à satisfaire les besoins de tous les services?

Le **rendement, ou efficience** définit la bonne utilisation des ressources. Quel est le nombre de commandes passées par chaque acheteur durant l'année? Quels sont les coûts du service?

> **Message:** Il est primordial ici de rechercher un juste équilibre afin de s'assurer que la recherche de l'efficacité n'engendre pas des coûts trop élevés. C'est ainsi que l'on devra faire en sorte que la disponibilité des produits dans les délais voulus n'entraîne pas constamment des coûts de livraisons d'urgence ou des frais de stockage excessifs dus à des achats faits longtemps à l'avance.

Le respect à tout prix de tous les délais de disponibilité assure certes l'efficacité du service, mais certainement pas celle de la gestion financière de l'entreprise. Les responsables de la production ou du marketing seront enchantés d'une telle efficacité mais certainement pas le responsable du service des finances, étant donné les coûts additionnels que cela peut comporter.

Inversement, on pourra toujours améliorer le rendement en réduisant constamment les coûts de gestion, en coupant des postes ou en diminuant les budgets alloués. Ces mesures peuvent certainement être valables lorsque le rendement laisse à désirer; elles cessent toutefois de l'être quand elles entraînent la non-disponibilité des approvisionnements.

La question à se poser est : le coût additionnel à engager pour respecter un délai donné est-il inférieur ou supérieur aux pertes qu'entraînerait le non-respect de ce délai ?

B ▸ LE CONTRÔLE CONTINU
LES SYMPTÔMES

Le contrôle préventif vise à mettre en place dans le système des mécanismes permettant d'éviter les erreurs et d'autres permettant de déceler ponctuellement les erreurs.

Il s'agit de points de vérification temporels ou spatiaux.

On peut vérifier à tous les mois où en est le budget.

On peut vérifier si tel passage obligé du cheminement des produits est engorgé ou pas.

On peut vérifier à tous les trimestres le niveau des stocks.

D'autres éléments qui ne font pas partie des vérifications courantes agissent comme symptômes d'un dysfonctionnement du système d'approvisionnement et de gestion des stocks :

❖ Les rejets fréquents de produits non conformes.

❖ Les livraisons en retard.

❖ L'encombrement des aires de stockage, l'engorgement des voies de circulation du stock, les problèmes de circulation interne.

❖ La difficulté d'obtenir des informations à temps.

❖ Les litiges avec les fournisseurs ; les conflits entre les services.

Ces éléments, et bien d'autres, doivent être interprétés comme un signal d'alarme. Le gestionnaire ne doit pas attendre la fin de l'exercice financier et une évaluation formelle pour réagir.

C LES INDICATEURS

Chaque entreprise fixe ses objectifs en fonction de ses ressources, de son organisation, de son évolution. Il revient donc à chacune de choisir ses indicateurs, et d'en déterminer le niveau acceptable. Elle tirera ensuite les conclusions selon la comparaison entre ses résultats et ses objectifs.

Les indicateurs ou les ratios qui suivent sont les plus couramment utilisés en fonction des différents objectifs généraux.

1. LES OBJECTIFS DE QUALITÉ

❖ Le pourcentage de rejets lors de l'inspection.

❖ Le pourcentage de pièces défectueuses lors de l'utilisation.

❖ Le nombre ou le pourcentage de pièces qui ont été réparées sous garantie.

❖ Le nombre ou le pourcentage de produits retournés par le client.

❖ La durée d'utilisation des outillages achetés.

❖ Le nombre de pannes de ces outillages.

2. LES OBJECTIFS DE PRIX

❖ Le coût total des achats.

❖ Le pourcentage de dépassements du budget.

❖ L'atteinte des prix cibles.

❖ Le pourcentage d'augmentations ou de diminutions des prix.

❖ Le rapport qualité-prix.

❖ Le coût du transport en fonction du coût d'achat.

3. LES OBJECTIFS DE LIVRAISON

❖ Le pourcentage de livraisons à temps.

La définition de ce qu'est une **livraison à temps** relève de chaque entreprise. Une entreprise qui utilise le juste-à-temps est certes plus exigeante qu'une autre qui utilise le transport maritime pour se procurer ses produits.

On établit un pointage correspondant à chaque situation de retard. À l'aide de ce pointage on calcul un indice de la façon suivante :

$$\text{Indice} = 1 - \Sigma \frac{N_i I_i}{N}$$

où N_i = Nombre de commandes ayant un pointage donné
I_i = La valeur d'un pointage
N = Nombre total de commandes
i = Le nombre de pointages différents.

Voyons un exemple :

Une entreprise a établi les définitions suivantes :

heures (ou jours) de retard :	définition :
de 0 à 2	à temps
de 2 à 4	en retard mais acceptable
plus de 4	retard inacceptable.

Elle fait correspondre à chacune de ces situations un pointage respectif de 0, 1 et 2.

Dans l'année on a reçu 235 commandes à temps, 46 commandes en retard mais acceptables, et 19 commandes trop en retard.

L'indice est alors de

$$1 - \frac{(235 \times 0 + 46 \times 1 + 19 \times 2)}{235 + 46 + 19} = 0,72 \text{ ou } 72\,\%.$$

Un indice de 1 représente une situation sans aucun retard.

Remarque : Ce genre de calcul est punitif et l'indice atteint rapidement 0 et peut même devenir négatif lorsque le fournisseur est très fautif. On pourrait calculer un pourcentage positif en accordant des points pour les livraisons à temps. On aurait pu accorder ici 2 points pour les livraisons à temps, et 1 point pour celles peu en retard. On calcule ainsi le pourcentage par rapport au maximum de points possible.

$$\frac{235 \times 2 + 46 \times 1}{300 \times 2} = 0,86 \text{ ou } 86\,\%$$

4. LES OBJECTIFS DE QUANTITÉ

En amont :

❖ Le pourcentage de commandes complètes reçues.

Ce pourcentage tient compte du nombre de commandes incomplètes sans égard à la quantité en souffrance dans chaque cas. On ne discrimine pas entre une commande satisfaisante à 90 % et une autre dont 30 % seulement des produits commandés ont été reçus.

Exemple : 429 des 500 commandes effectuées ont été reçues sans quantité en attente. Le pourcentage de commandes complètes est de 85,8 %.

❖ Le pourcentage moyen de complétions des commandes.

On tient compte ici de la quantité de produits en souffrance dans les commandes. Certaines commandes peuvent être complétées à 100 %, d'autres à 90 %, d'autres encore à 60 %, etc.

Dans ce cas, on calcule une moyenne pondérée.

Exemple : 429 commandes complétées à 100 % ;
32 commandes complétées à 90 % ;
23 commandes complétées à 70 % ;
10 commandes complétées à 50 % ;
et 6 commandes complétées à 20 %.

La moyenne pondérée est calculée comme suit :

$$\frac{429 \times 100\% + 32 \times 90\% + 23 \times 70\% + 10 \times 50\% + 6 \times 20\%}{500}$$

$= 96,02\%$.

En aval :

❖ Le nombre de jours sans rupture de stock. (Quant à la demande du client ou à celle de la production.) Le calcul est rapide mais l'information peu significative.

❖ Le pourcentage de ruptures de stock.

Il peut être établi en fonction du nombre de demandes ou, ce qui est plus significatif, de la valeur des demandes.

❖ Le pourcentage de demandes satisfaites.

Il peut être calculé de 3 façons :

• le nombre de demandes satisfaites/le nombre total de demandes ;

• la valeur des demandes satisfaites/la valeur totale des demandes ;

• le nombre de jours sans rupture/le nombre de jours de vente.

5. LES OBJECTIFS DE CONTRÔLE DES COÛTS DE LA GESTION DES STOCKS

Il existe 4 principaux indicateurs qui touchent des aspects différents de la gestion des stocks. Le plus important est le ratio de rotation des stocks.

a) Le ratio de rotation des stocks

Le ratio de rotation des stocks indique le nombre de fois que les stocks ont été renouvelés au cours d'une période. Un ratio élevé signifie un renouvellement rapide des stocks ; inversement, un ratio faible signifie un renouvellement lent. Étant donné les coûts importants d'entreposage, de manutention, d'assurance, de financement et de gestion qu'entraîne la détention des stocks, les entreprises ont tout à gagner à ne détenir qu'un minimum de stock. Un ratio élevé sera donc considéré comme la marque d'une bonne gestion.

En fait, deux facteurs jouent sur la détermination de ce ratio: le volume de stock que conserve l'entreprise et le volume des articles vendues.

Voici comment on calcule ce ratio:

$$\text{Rotation des stocks} = \frac{\text{Coût des marchandises vendues}}{\text{stocks}}$$

Pour ce calcul, on utilise de préférence le stock moyen. Il s'agit de la moyenne des stocks du début et de la fin de la période ou idéalement de la moyenne des stocks à la fin de chaque mois, surtout si les opérations fluctuent beaucoup d'un mois à l'autre. Toutefois, dans les cas où l'on ne connaît que le stock de la fin, le calcul sera fait à l'aide de ce montant.

À titre d'exemple, supposons que les états financiers d'une entreprise comportent les données suivantes relatives à la dernière année:

Ventes		1 200 000 $
Coût des marchandises vendues		
Stock au début	19 000 $	
Achats	732 000	
	751 000	
Stock à la fin	21 000	730 000
Bénéfice brut		470 000 $

Le stock moyen se calcule comme suit:

$$\text{Stock du début + Stock de la fin}: \frac{19\,000 + 21\,000}{2} = 20\,000 \text{ \$}$$

Le ratio de rotation des stocks de cette entreprise se calcule comme suit:

$$\frac{\text{Coût des marchandises vendues}}{\text{Stock moyen}} = \frac{730\,000 \text{ \$}}{20\,000 \text{ \$}} = 36,5$$

Ce ratio indique que les stocks ont été renouvelés 36,5 fois durant l'année, soit à tous les 10 jours en moyenne (365 jours/36,5 fois = 10 jours).

Dans l'entreprise industrielle, on peut calculer trois ratios de rotation des stocks :

1. Un ratio de rotation des stocks de produits finis calculé de la façon que nous venons d'examiner.

2. Un ratio de rotation des produits en cours, calculé comme suit :

$$\frac{\text{Coût des produits fabriqués}}{\text{Stock moyen de produits en cours}}$$

3. Un ratio de rotation des matières premières, calculé comme suit :

$$\frac{\text{Coût des matières premières utilisées}}{\text{Stock moyen de matières premières}}$$

On évalue souvent ce ratio en le comparant à la moyenne des ratios obtenus par les entreprises œuvrant dans le même secteur d'activité.

Message : On peut aussi calculer ce ratio en mettant au numérateur les ventes au lieu du coût des marchandises vendues. Le montant des ventes est plus facilement disponible dans les états financiers et par conséquent les comparaisons avec d'autres entreprises sont plus faciles.

---

b) Autres indicateurs

On retient dans le domaine du stock les autres indicateurs suivants :

❖ le pourcentage d'exactitude de l'inventaire :

soit le pourcentage de dénombrements correspondant exactement aux données du fichier, soit le pourcentage de la valeur réelle en stock par rapport à la valeur inscrite au fichier ;

❖ la valeur du stock au bilan par rapport à la valeur budgétisée ;

❖ le pourcentage des espaces d'entreposage utilisés.

6. LES OBJECTIFS RELATIFS AU FONCTIONNEMENT DU SERVICE

a) Le rendement

L'évaluation de l'efficacité du travail du service est implicite dans plusieurs des indicateurs que nous avons vus précédemment: qualité, livraison à temps, etc. Une fois que l'on a identifié dans quelle proportion ces objectifs ont été réalisés, il faut évaluer si ces résultats ont été atteints grâce à une utilisation rationnelle des ressources. On est donc ici dans le domaine du rendement.

Voici trois aspects particuliers à mesurer:

❖ la charge de travail par acheteur: soit le nombre de commandes, le nombre de produits, le montant des commandes, le nombre de fournisseurs, le nombre de secteurs de responsabilités;

❖ les coûts unitaires de commande et les coûts par dollar d'achat;

❖ le temps de réalisation d'une commande, de l'expression du besoin jusqu'à la confirmation de la commande;

❖ le budget du service: les charges réellement assumées par rapport aux montants budgétisés.

b) Les aspects organisationnels et les ressources humaines

Dans ce domaine, il est beaucoup plus difficile d'établir des ratios ou de déterminer des indicateurs. On visera toutefois à identifier les aspects suivants:

❖ la participation du service à la définition des objectifs de l'entreprise;

❖ la place du service dans la structure en fonction de ses responsabilités;

❖ les qualifications des gestionnaires et du personnel;

❖ l'existence de programmes de formation et leur pertinence;

❖ le nombre de griefs, les absences, le taux de rotation du personnel;

❖ le stress induit par la mise en œuvre de nouvelles méthodes: juste-à-temps, plan des besoins matières, qualité totale;

❖ les problèmes d'éthique.

c) Les litiges

❖ le nombre de litiges avec les fournisseurs;

❖ la nature et l'ampleur de ces litiges;

❖ leur répartition selon les acheteurs, les types de commande;

❖ le pourcentage de litiges réglés hors cour;

❖ le pourcentage de causes gagnées en cour;

❖ les coûts de règlements de ces litiges.

D ► L'UTILISATION DES INDICATEURS

Les indicateurs et les ratios que nous venons d'examiner permettent de mesurer et d'évaluer différents aspects de la gestion d'une entreprise. En les comparant aux objectifs fixés et aux indicateurs et ratios des entreprises du même secteur, on peut dégager certains écarts et obtenir ainsi une évaluation assez précise de la façon dont l'entreprise gère ses approvisionnements et ses stocks.

On peut également comparer avec les ratios et autres indicateurs des exercices précédents pour vérifier si la situation s'est améliorée ou, au contraire détériorée.

L'examen des écarts et l'identification de leurs causes permettront de décider des correctifs à apporter, des modifications à effectuer ou des actions à poursuivre. Il faut toutefois procéder prudemment et bien distinguer les situations nécessitant d'importants correctifs de celles qui ne requièrent que de légers ajustements. Autrement, on risque d'éliminer des méthodes, des individus ou des processus qui pourraient, moyennant quelques correctifs, s'avérer rentables.

1. LES CAUSES DES ÉCARTS

Les causes des écarts peuvent être de différents ordres :

Les causes internes à l'entreprise :

❖ objectifs irréalistes ;

❖ ressources inadéquates (en quantité ou en compétence) ;

❖ comportements inadéquats ;

❖ politiques, procédures ou processus fautifs.

Les causes externes :

❖ les fournisseurs ;

❖ le marché.

Certaines causes externes ne peuvent être corrigées ; l'entreprise ne peut à elle seule influencer le marché. Par contre elle peut évidemment tenter d'obtenir plus d'informations sur les tendances éventuelles de ce marché, affiner la justesse de ses prévisions. L'entreprise ne contrôle pas les fournisseurs, mais peut en faire un choix plus judicieux et raffermir la collaboration avec eux.

Les éléments sur lesquels l'entreprise a prise directe sont les causes internes des écarts perçus. On peut modifier des objectifs, on peut ajouter des ressources, on peut former le personnel, on peut corriger ou sanctionner les comportements inadéquats. Mais on ne pourra rien faire de ceci si on ne commence pas par déceler les carences et en identifier les causes.

2. L'INTERPRÉTATION DES ÉCARTS

Les difficultés d'interprétation des écarts sont grandes. Plusieurs facteurs entrent en ligne de compte :

❖ Les normes ou standards de référence sont peu nombreux ; dans certains cas ils sont même inexistants.

❖ Les critères d'interprétation comportent souvent des aspects qualitatifs difficilement mesurables.

❖ Les informations sont souvent parcellaires ; quelquefois biaisées, intentionnellement ou pas.

❖ Plusieurs causes peuvent avoir joué : un rejet peut découler d'une erreur du fournisseur mais aussi d'une mauvaise description par l'acheteur.

❖ Plusieurs facteurs peuvent avoir joué en même temps : l'inflation, une concurrence plus agressive et un acheteur peu expérimenté peuvent être conjointement responsables d'une augmentation des prix.

❖ Les facteurs qui ont joué sont peut-être disparus et il est difficile de les évaluer.

❖ Une mesure peut favoriser l'atteinte d'un objectif et nuire à l'atteinte d'un autre : une commande d'urgence peut éviter une pénurie ; d'autre part elle occasionne des coûts additionnels et peut obérer le budget.

Lorsque la direction de l'entreprise ou du service a identifié un domaine où il y a des écarts importants entre objectifs et réalité, elle peut alors aller chercher des informations additionnelles.

RÉSUMÉ

Le contrôle est un élément essentiel du processus administratif de l'approvisionnement et de la gestion des stocks. L'entreprise doit définir les critères qu'elle utilisera et déterminer ses indicateurs. Pour une grande partie des opérations il existe, ou on peut construire, des indicateurs mesurables. On peut citer le ratio de rotation des stocks, le pourcentage de livraisons à temps, le pourcentage de rejets, etc.

Le contrôle sera profitable si tous les intervenants l'acceptent, si les instruments de mesure sont adéquats et s'il n'est pas fait dans un esprit punitif.

Les causes des écarts peuvent être multiples ; il faut faire preuve de prudence dans leur identification et surtout dans le choix des correctifs à apporter.

QUESTIONS DE RÉVISION

1. Dites quel est l'objectif du contrôle de la gestion des approvisionnements et des stocks.

2. Les dépenses d'un service des approvisionnements ont été de 450 000 $, soit 30 000 $ de plus que le budget prévu. Énumérez cinq causes qui ont pu occasionner cet écart.

3. Faites la distinction entre rendement et efficacité et illustrez cette distinction à l'aide d'un exemple d'achat de parapluies pour une chaîne de grands magasins.

4. Énumérez 3 indicateurs permettant de vérifier l'atteinte des objectifs de qualité d'approvisionnement.

5. Distinguez contrôle préventif et contrôle rétroactif. Donnez-en un exemple.

6. Vous êtes appelé(e), en tant que consultant(e), à évaluer la performance du service des approvisionnements d'une entreprise de broche à foin. Une des premières informations que l'on vous fournit c'est que le ratio de rotation des stocks a été de 20 pour l'année qui vient de se terminer. De quelles autres informations auriez-vous besoin pour pouvoir porter un jugement sur ce ratio?

PROBLÈME SOLUTIONNÉ

La nouvelle responsable des approvisionnements de l'entreprise LAMBINET veut vérifier le rendement de son service et de ses fournisseurs pour le semestre qui vient de se terminer. Elle a obtenu de son secrétaire les données suivantes :

Commandes reçues à temps : 190.

Commandes reçues avec moins de 3 jours de retard : 35.

Commandes reçues avec 3 jours ou plus de retard : 25.

a) Quel est l'indice de commandes à temps si on accorde 5 points pour une commande à temps, 2 points pour une commande en retard de moins de 3 jours et aucun point pour les autres commandes.

Solution : $\dfrac{190 \times 5 + 35 \times 2}{5 \times (190 + 35 + 25)} = 0{,}816$ ou $81{,}6\,\%$

b) Malheureusement seule une portion des commandes reçues, était complète. En voici la répartition en %.

	À temps	Retards	
		moins de 3 jours	3 jours et plus
Complètes	90 %	85 %	70 %

Calculez le % de commandes complètes reçues.

Solution :

On fait une moyenne pondérée :

$$\frac{190 \times 0{,}90 + 35 \times 0{,}85 + 25 \times 0{,}70}{250} = 87{,}3\ \%$$

AUTRES PROBLÈMES

1. Une entreprise achète pour 9 M $ de matières premières pendant son exercice financier. Le stock varie de façon saisonnière. L'inventaire trimestriel a donné les résultats suivants:

   31 mars   200 000 $;

   30 juin   900 000;

   30 septembre   400 000;

   31 décembre   100 000.

   Au début de l'année, le stock s'élevait à 90 000 $.

   Déterminez le coefficient de rotation des matières premières et la période de renouvellement en jours ouvrables (total annuel de 250 jours).

2. Une entreprise a établi un mode de calcul de la livraison à temps en pondérant les retards de la façon suivante:

   1-5 jours   2;

   6-12 jours   6;

   15 jours et plus   10.

   Un fournisseur a livré 30 commandes avec les retards suivants:

   2 jours   3 fois;

   4 jours   2 fois;

   9 jours   1 fois;

   18 jours   1 fois.

   Calculez son pourcentage de livraison à temps.

3. Le pourcentage de livraisons à temps, globalement ou pour un fournisseur, est construit sur une moyenne pondérée. Un fournisseur qui est régulièrement en retard d'une journée ou deux peut avoir la même moyenne qu'un fournisseur qui n'est généralement pas en retard mais qui a eu un retard considérable sur une commande particulière. Doit-on traiter ces deux fournisseurs de la même manière? Dites pourquoi. Si vous répondez non, dites comment les différencier.

CAS

L'entreprise de fabrication de clones d'ordinateurs, APLBM, a accordé un budget restreint au service des approvisionnements. Le directeur de ce service a insisté pour que tout soit mis en œuvre pour respecter ce budget car le directeur général évalue ordinairement les directeurs de service selon l'atteinte de cet objectif.

Les acheteurs, en nombre restreint, sont débordés et doivent se contenter, plus souvent qu'autrement, de passer commande au premier fournisseur qu'ils ont sous la main.

Le service a pu, malgré tout, respecter le budget qui lui avait été alloué. Mais deux acheteurs chevronnés ont quitté l'entreprise ; ils ont été remplacés au pied levé.

Le directeur du service ayant été victime d'un accident cardio-vasculaire, un nouveau directeur provenant de l'extérieur de l'entreprise a été engagé. Constatant rapidement que le budget constituait un carcan, il s'est demandé s'il était possible, en modifiant ce contexte, d'améliorer à moyen terme le rendement du service.

a) Le respect du budget est-il un signe que le service est efficace ? Qu'il a un bon rendement ?

b) Décrivez quels sont les effets néfastes que peut avoir une évaluation basée sur un seul élément, dans ce cas-ci le budget.

c) Quels sont les principaux objectifs, en tant que nouveau directeur, que vous fixeriez aux acheteurs ?

d) Quelle argumentation utiliseriez-vous pour obtenir un budget supplémentaire et pour cesser d'être évalué sur ce seul objectif ?

Chapitre

12

L'ÉVOLUTION
DE LA GESTION DES
APPROVISIONNEMENTS

OBJECTIFS

Nous vous présentons dans ce chapitre l'évolution récente et prévisible de la fonction « approvisionnement ». Vous verrez en particulier la description du juste-à-temps, ses objectifs, ses méthodes et ses effets sur l'organisation de la production et de l'approvisionnement. Nous insistons sur l'intégration de la fonction « approvisionnement » avec d'une part, les autres fonctions de l'entreprise et d'autre part avec les fournisseurs. Nous complétons en présentant les domaines de recherche propres à l'approvisionnement.

OBJECTIFS D'APPRENTISSAGE

À la fin du chapitre, vous pourrez :

✓ décrire les objectifs de la gestion du juste-à-temps ;

✓ distinguer un système à flux tiré d'un système pousseur ;

✓ décrire le fonctionnement du juste-à-temps et en particulier l'utilisation de la carte *kanban* ;

✓ décrire l'évolution des relations du service des approvisionnements avec les autres services et avec les fournisseurs ;

✓ énumérer les domaines de recherche en approvisionnement.

On peut résumer les tenants et les aboutissants de la gestion des approvisionnements et des stocks comme l'ensemble des opérations déclenchées par la manifestation d'un besoin, ces opérations devant se dérouler de la façon la plus harmonieuse et la plus rentable possible jusqu'à la satisfaction complète du besoin en question.

Le développement des méthodes d'analyse des processus et des calculs de coûts, de même que les installations informatiques de toutes sortes maintenant offertes et toujours plus performantes ont commencé à changer du tout au tout la gestion des approvisionnements et des stocks.

Nous voulons, dans ce dernier chapitre, voir vers quoi tend cette gestion, quelles sont les stratégies que développent dans ce domaine les entreprises les plus avancées. Il n'y a pas de modifications majeures des éléments déjà examinés, mais de nouveaux modèles ont déjà fait leur apparition.

Les Japonais ont été parmi les premiers à vouloir connaître la vérité des choses pour pouvoir les améliorer. Ils ont utilisé une analogie, largement reprise depuis, entre le débit d'une rivière et son niveau d'eau, d'une part et d'autre part l'écoulement des produits dans l'entreprise et le niveau des stocks.

Lorsque le niveau de la rivière est élevé on ne peut pas détecter les obstacles et les débris qui encombrent son lit et ralentissent son débit. De même lorsque le niveau des stocks est élevé, on ne peut pas détecter les goulots d'étranglement qui ralentissent le cheminement des produits ni identifier les débris ou stocks inutilisables qui encombrent l'entreprise.

L'analyse qu'ils ont faite, parallèlement à cette analogie, les a amenés à orienter leurs efforts vers la diminution du niveau des stocks, et vers l'amélioration du processus de cheminement des produits dans l'entreprise. Toute la procédure d'approvisionnement et de stockage est plus transparente et concurremment les coûts sont réduits. La méthode mise de l'avant pour ce faire et largement utilisée partout maintenant c'est le juste-à-temps.

A ◆ LE JUSTE-À-TEMPS (JAT)

1. DÉFINITION ET OBJECTIFS

Le **juste-à-temps** est *un processus visant à répondre instantanément à la demande, sans avoir à constituer des stocks de réserve.* Cette méthode porte à son aboutissement normal l'amélioration constante du flux des produits et la diminution du coût de stockage.

Il doit y avoir une première concertation entre le gestionnaire des stocks et le responsable des approvisionnements pour assurer que les produits s'écoulent le plus facilement et le plus rapidement possible dans l'entreprise.

Cette concertation doit aussi s'étendre aux autres services de l'entreprise et, dans le cas de l'entreprise de fabrication, le flux des matières doit aussi être coordonné avec les responsables de la production. Dans l'entreprise commerciale, c'est le responsable du marketing qui est impliqué.

Si on veut un flux ininterrompu, avec un minimum de stocks, cela suppose que l'arrivée d'un produit doit se faire au moment même de son besoin d'utilisation, c'est-à-dire **juste-à-temps**.

> **Message :** La méthode que nous allons décrire peut s'appliquer, avec des variantes, à toutes les entreprises. Cependant, ses premières applications sont apparues dans l'entreprise de fabrication et notre description s'inspirera de ce contexte.

L'objectif premier est l'élimination de tout gaspillage. En particulier, l'élimination totale des stocks à tous les stades du processus. Il faut pour cela éliminer les causes d'incertitude requérant un stock de sécurité. Ces causes sont reliées au produit ou au processus d'approvisionnement et d'acheminement.

Le fait d'éliminer le stock de réserve requiert d'abord essentiellement deux choses :

a) Un produit sans défauts

Le produit doit être sans défauts puisqu'il n'y en a pas en réserve pour le remplacer. On qualifie cette exigence de **zéro-défaut** et on l'associe avec l'objectif de **qualité totale** de l'entreprise.

L'inspection des produits arrivants et des produits finis ne permet qu'une découverte « après le fait » des défauts. Ils sont déjà là et ne peuvent être prévenus ; avec notre méthode, au contraire, on n'examine pas la qualité après le coup, on l'intègre au produit. Tout au long du processus on observe les symptômes, les défauts, les erreurs et on leur accorde de l'importance dès qu'ils se manifestent, afin de trouver leurs causes et d'apporter les correctifs immédiatement.

❖ À l'intérieur de l'entreprise.

Sur la ligne de production, chaque employé est conjointement responsable de la qualité du produit. La méthode japonaise dite **méthode judoka** consiste à arrêter la ligne de production dès qu'un problème se manifeste, dès qu'une défectuosité est détectée sur un produit.

L'employé, ses collègues immédiats, les techniciens et ingénieurs se concertent pour trouver une solution, avant de remettre la chaîne en marche. Les employés sont polyvalents et leurs suggestions sont recherchées et analysées au mérite.

Aucun produit défectueux ne se rend jusqu'au bout de la chaîne ; l'inspection se fait constamment, tout au long de la fabrication.

❖ Pour les produits provenant d'un fournisseur externe.

On s'assure que le produit qui arrivera à l'entreprise sera sans défauts lui aussi. Il faut donc établir un véritable partenariat avec le ou les fournisseurs. Pour ce faire l'entreprise acheteuse exigera de connaître les processus de contrôle de la qualité.

Elle pourra collaborer avec le fournisseur pour la mise en place de ces processus. L'inspection des produits se fera chez le fournisseur, avant leur expédition, plutôt qu'à l'arrivée chez l'acheteur.

Pour établir cette collaboration et s'assurer de la qualité habituelle d'un produit, il importe de limiter le nombre de fournisseurs. Moins il y a de sources, plus il est facile de contrôler la qualité du produit fourni par ces sources.

GESTION DES APPROVISIONNEMENTS ET DES STOCKS

b) Un processus d'acheminement et de fabrication qui évite toute attente

Les processus d'acheminement sont de deux types généraux :

Système à flux poussé et système à flux tiré.

1) SYSTÈME À FLUX POUSSÉ

Dans un système à flux poussé, *les prévisions sont établies et les échéances déterminées par la production*. Dès que les matières premières sont disponibles, le premier atelier les transforme et transmet le produit en cours à l'atelier suivant sans vérifier si celui-ci en a besoin. De même dès que cet atelier a complété les opérations à effectuer sur le produit il le transmet en aval.

La caractéristique d'un système pousseur c'est le fait que le débit du flux de matières d'un niveau à l'autre de la structure du produit est contrôlé ou déterminé par les niveaux inférieurs. On autorise, au point de départ, la production ou l'approvisionnement et on pousse ensuite les produits en cours vers les niveaux supérieurs de la structure.

Dans ce système on peut déterminer d'avance les quantités à commander et planifier le travail des divers ateliers. Par contre on peut se retrouver avec des stocks importants de produits finis pour lesquels on n'a pas de commande, ou encore, on peut retrouver des stocks de produits en cours à différents endroits dans l'usine, dès qu'un atelier reçoit plus de produits en cours qu'il n'est capable d'en transformer, que cette incapacité soit due à l'organisation de la fabrication ou à des circonstances imprévues.

L'amoncellement de stocks divers dans l'entreprise occasionne des coûts, prend de l'espace, ne permet pas un contrôle adéquat et peut perturber le cheminement normal des produits.

2) SYSTÈME À FLUX TIRÉ

Dans un système à flux tiré, *les commandes sont placées au niveau supérieur et le travail est tiré à travers les ateliers pour satisfaire à la demande du produit fini, de l'assemblage final*. Un produit en cours ne passe pas à l'atelier suivant tant que ce dernier n'en a pas besoin, c'est-à-dire tant qu'il ne l'a pas demandé.

La caractéristique d'un système à flux tiré c'est que le débit du flux des produits d'un niveau à l'autre est déterminé par les niveaux supérieurs.

Voici son mode de fonctionnement :

❖ Le contrôle de la production fixe le programme de fabrication de l'assemblage final.

❖ L'assemblage final obtient ses composants, en petites quantités, des centres de charge qui l'alimentent.

❖ Ces centres de charge fabriquent les composants pour remplacer ceux fournis à l'assemblage final.

❖ Pour ce faire, ces centres de charge, obtiennent les composants nécessaires des centres de charge situés en amont, qui les alimentent.

❖ Ces derniers centres de charge fonctionnent aussi de la même façon. Ainsi, toute la production est synchronisée avec l'assemblage final.

Ce système à flux tiré c'est la caractéristique première du système du juste-à-temps. La conséquence première d'un tel système est que l'entreprise ne produit ou n'achète que ce qui est demandé.

De même, l'entreprise ne dépend plus des prévisions qui comportent toujours une marge d'erreur.

Un système à flux tiré a cependant des exigences : le système de production doit être assez bien rodé pour qu'on puisse satisfaire rapidement toute demande et la communication entre un atelier et le(s) précédent(s) doit être efficace.

Examinons la figure 12.1 pour voir, schématiquement, un modèle idéal de système à flux tiré.

Figure 12.1

Système à flux tiré

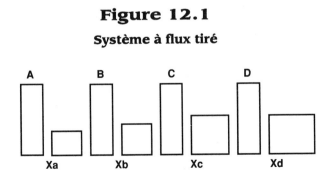

xd : assemblage final

Les postes de travail A, B, C et D sont situés dans cet ordre. Le poste D complète un produit s'il a une commande. Pour ce faire il prend le produit en cours Xc situé à la droite du poste C. L'employé du poste C ne prend le produit Xb à la droite du poste B pour y ajouter une plus-value que lorsqu'un employé du poste D a pris possession du produit Xc. L'employé du poste B fait de même et finalement l'employé du poste A ne prend la matière première nécessaire que lorsque l'employé du poste B a pris le produit Xa.

De cette façon il n'y a pas plus d'une unité de stock à la droite de chacun des postes de travail. On ne fabrique aucun produit tant que le poste suivant n'a pas pris le dernier produit que l'on a fabriqué.

La prise de possession par un poste, par exemple C, du produit fabriqué par le poste précédent, ici le poste B, constitue pour ce dernier une commande pour fabriquer un nouveau produit remplaçant le produit maintenant rendu au poste C.

On constate donc dans ce système, que le seul stock qui existe c'est l'unité qui a été fabriquée et qui attend d'être tirée vers le poste suivant.

Dans la réalité, ce stock au lieu d'être constitué d'une seule unité, pourra représenter un lot d'unités, ou encore un stock suffisant pour satisfaire à la demande pendant le temps de fabrication d'un autre lot de ce produit.

2. GRANDEUR D'UN LOT

Le juste-à-temps favorise les lots les plus petits. Ce système considère que le stock est du gaspillage et qu'il est donc indésirable. Les avantages reliés aux petits lots sont les suivants:

❖ Les articles sont utilisés rapidement et tout défaut apparaît alors assez tôt pour qu'on puisse le corriger et identifier les sources du problème.

❖ Cette façon de faire diminue les rebuts et le réusinage.

❖ Il y a peu d'espace requis pour le stockage des produits entre deux opérations et on peut alors rapprocher les outillages les uns des autres.

❖ Les travailleurs sont aussi plus rapprochés ce qui leur permet une connaissance mutuelle de leur travail et favorise l'esprit d'équipe.

❖ Les coûts de transport dans l'entreprise ainsi que les coûts de contrôle diminuent.

On peut aller jusqu'à fabriquer par lots de une unité, comme dans certaines entreprises de fabrication automobile japonaises. Généralement on choisit comme lot une fraction des besoins quotidiens de la chaîne d'assemblage. C'est cette quantité qui sera produite à chaque fois et qui sera tirée de la chaîne de production par le centre d'assemblage final.

> **Message:** Le juste-à-temps implique une réduction de la grosseur des lots de production afin d'augmenter la flexibilité du système et des équipements. Elle entraîne par conséquent une augmentation du nombre de changements de lots. Il faut donc réduire le temps de mise en course ce qui occasionne des coûts fixes d'ingénierie dont il faut tenir compte. L'idéal c'est que le temps de mise en course soit, à toutes fins utiles, nul.

3. LE KANBAN

a) Description

Le kanban est un moyen de gestion du système juste-à-temps. C'est la carte (ce mot veut justement dire carte) qui a été le premier outil permettant de faire fonctionner un système en juste-à-temps. Elle a fait son apparition chez Toyota au Japon.

Voici son fonctionnement :

Les produits complétés à l'atelier de fabrication sont placés dans un contenant. La capacité du contenant dépend du format de chaque lot ; elle dépend aussi, évidemment, de la grosseur du produit. Pour des cartes graphiques d'ordinateur, le contenant aura un volume restreint, pour des pelles à excavatrices il sera très volumineux.

On joint au contenant correspondant à chaque produit deux cartes, une carte de transport et une carte de production: ce sont les cartes kanban.

La **carte de transport** sert pour déplacer les composants des centres d'alimentation aux centres d'utilisation. La **carte de production** sert à autoriser la production de composants qui remplaceront ceux que l'on vient d'utiliser. Ces cartes sont préparées à la main. La carte de transport circule entre les centres de travail et les lieux d'utilisation; la carte de production demeure au centre de charge.

Voici comment s'effectue la circulation des cartes. Quand un centre d'assemblage, ou un centre de fabrication, a besoin du produit en cours X, un travailleur de ce centre prend la carte de transport correspondant au produit X et un contenant vide destiné à ce produit, puis se rend à l'aire de stockage de l'atelier X. À l'aide de la carte de transport il peut prendre possession du contenant X; dans ce contenant se trouve la carte de production de ce produit X. Il retire cette carte et la remet dans le contenant vide qu'il a apporté de son centre d'assemblage et qu'il laisse sur place.

La carte de production ainsi retirée du contenant plein, sert maintenant de commande ou d'autorisation pour la fabrication d'un autre lot de composants X.

Si un centre de charge n'a pas de cartes de production, il n'effectue aucun travail. On évite ainsi de produire uniquement pour tenir occupés les employés ou les machines.

Le stock de produits en cours est limité à un minimum.

C'est donc vraiment un système à flux tiré.

b) Le nombre de cartes kanban

Compte tenu du fait que la fabrication d'un composant ou d'un produit n'est pas instantanée, il pourra y avoir plus d'une carte kanban en circulation pour un même produit.

Voici une formule permettant de déterminer ce nombre de cartes de production:

$$n = \frac{D(Tf + Tp)(1+a)}{c}$$

n = nombre de cartes de production;

D = demande quotidienne en unités;

Tf = temps en file d'attente par lot exprimé en fraction de jour;

Tp = temps en production par lot exprimé en fraction de jour;

c = capacité du conteneur standard pour la pièce (on peut la limiter à 10 % de la demande quotidienne);

a = une variable institutionnelle qui tient compte de l'inefficacité de l'atelier de fabrication et aussi du stock de sécurité. (Limitée à 0,10 %).

Exemple: La demande quotidienne est de 500 unités. La capacité d'un conteneur est de 20 unités. La variable institutionnelle a été fixée à 8 %. Le temps d'attente est de 5 minutes et le temps de production de 55 minutes. Le quart de travail est de 8 heures (480 minutes). On obtient:

$$\text{Nombre de cartes} = \frac{500 \times (5/480 + 55/480) \times 1,08}{20} = 3,375$$

Soit: 4 cartes.

Au début la quantité de cartes émises tient compte des lacunes du système. L'entreprise visera, une fois le système en opération, à augmenter l'efficacité de l'atelier et à diminuer le stock de sécurité. Elle tentera aussi de réduire le temps en file d'attente.

La variable a doit diminuer avec le temps, de même que Tf et la proportion de Tp qui correspond au temps de mise en route.

Évidemment c ne doit pas être supérieur à D.

4. CONDITIONS D'IMPLANTATION

On doit implanter le JAT en production avant de le faire pour les achats. Rien ne sert d'obtenir des livraisons de petits lots si on ne fait que les accumuler en attendant d'en avoir assez pour justifier une production en grands lots.

Le système de production demandant la transparence pour mettre en évidence les erreurs dès qu'elles se produisent il faut, un peu comme pour la qualité totale, une conversion des esprits et une collaboration continue.

De plus, le flux continu exige une étude approfondie du chemine-ment des produits et l'élimination des goulots d'étranglement.

Pour que les coûts de livraison demeurent raisonnables, les livraisons peuvent être constituées de plusieurs articles plutôt que d'un seul. On peut aussi ramasser les pièces et composants chez plusieurs fournisseurs.

5. IMPACT DU JUSTE-À-TEMPS SUR L'APPROVISIONNEMENT

Le premier impact c'est la nécessité d'obtenir de la qualité à la source. Pour ce faire on vérifiera le système de contrôle de la qualité du four-nisseur. On collaborera avec lui pour établir les normes et faciliter l'inspection *a priori*. L'inspection à l'arrivée dans l'entreprise acheteuse sera réduite à sa plus simple expression. Il ne faut pas perdre du temps à ce niveau; il faut être sûr d'avance de la qualité que l'on obtient.

On s'imposera les mêmes normes et contrôles si on choisit de fabriquer certains composants plutôt que de les acheter.

Le deuxième impact qui s'inscrit dans la foulée du premier c'est la réduction du nombre de fournisseurs et l'augmentation des quantités commandées aux fournisseurs restants. Pour être assuré d'une qualité totale et constante, on doit avoir le moins de fournisseurs possible. De leur côté les fournisseurs qui doivent s'adapter à nos exigences, vont demander des contrats fermes et des quantités intéressantes. Les contrats seront à long terme, les prix seront négociés durement compte tenu des quantités et de la durée du contrat.

Dans de telles circonstances il devient difficile à un nouveau four-nisseur d'être agréé. L'entreprise devra quand même prévoir le renou-vellement de son bassin de fournisseurs. Elle pourra donc passer une petite commande à un fournisseur éventuel pour l'évaluer.

Le troisième impact se fait sentir sur les livraisons. Celles-ci seront plus fréquentes et de moindre envergure. Elles pourront être quoti-diennes, et même « pluriquotidiennes ». Cela suppose une réorganisa-tion importante du transport, impliquant, entre autres, le choix de véhicules plus petits. Les transporteurs publics seront délaissés au profit d'un flotte de transporteurs appartenant au fournisseur ou à l'acheteur.

L'impact se fera aussi sentir sur la localisation des fournisseurs qui auront tendance à s'installer près de leur client, lorsque celui-ci est important. On pense, par exemple, aux fournisseurs de manufacturiers automobiles. La disposition des postes de travail dans l'entreprise sera modifiée pour permettre une livraison directe audit poste.

B UNE DOUBLE INTÉGRATION

La gestion des approvisionnements et des stocks est passée depuis quelques années d'une place de parente pauvre de l'organisation à une place centrale, reliée à toutes les fonctions de l'entreprise et participant à la définition de la mission de celle-ci. Le service des approvisionnements fait de plus en plus corps d'une part, avec les autres services de l'entreprise, et d'autre part, avec les fournisseurs.

1. INTÉGRATION AVEC LES AUTRES FONCTIONS

Dans l'entreprise, le service des approvisionnements est partie prenante à la définition des objectifs généraux, à l'implantation de la qualité totale. Sa connaissance des produits offerts, de la situation des fournisseurs, aide à orienter les objectifs, à les conserver réalistes. Il peut aider le service de la production dans l'analyse de la valeur, la réduction des coûts, le recyclage ou la vente des rebuts, l'établissement de nouveaux processus, la mise sur pied du juste-à-temps.

Il interagit avec le marketing pour définir des niveaux de stocks permettant de satisfaire à la demande prévue sans obérer le budget. Il informe sur le degré de disponibilité des différents produits.

Chaque avancée dans l'utilisation de l'informatique, pour la tenue des fichiers, pour la planification, pour la production, intègre davantage tous les services de l'entreprise.

2. INTÉGRATION DES FOURNISSEURS

La tendance vers le zéro-défaut et le choix, si possible, d'un seul fournisseur pour un produit, ou pour une gamme de produits, poussent l'entreprise à établir une forme de partenariat avec ce fournisseur. C'est par l'approvisionnement que prend forme ce partenariat. Le service sera en communication constante avec le fournisseur, à partir de l'identification du besoin et de la description du produit, en passant par la vérification de la qualité à l'usine même du fournisseur, jusqu'à la prise de possession du produit.

La sécurité de l'approvisionnement pour l'entreprise acheteuse, la sécurité financière pour l'entreprise vendeuse, sont à la fois les causes et les garanties d'une collaboration mutuelle.

C LA RECHERCHE

La recherche est de plus en plus nécessaire pour développer des stratégies et pour rendre plus efficaces les opérations courantes de l'approvisionnement.

Toute recherche vise à recueillir et à colliger des informations, souvent aussi à les interpréter, afin d'aider à prendre des décisions éclairées.

On peut répartir les objets de recherche selon trois domaines :

1. L'ENVIRONNEMENT ÉCONOMIQUE, SOCIAL ET ÉCOLOGIQUE

Il faut connaître l'évolution de l'économie, du secteur dans lequel on œuvre, prévoir les fluctuations de prix, évaluer la demande probable, la situation de nos concurrents. Il faut de plus connaître les exigences du milieu tant au point de vue social, comme l'achat local, qu'au point de vue écologique, tels la protection de l'environnement, l'achat de produits non toxiques ou dont la production ne détruit pas la nature.

Recherche de produits qui respectent l'environnement. Recherche aussi de transporteurs qui respectent l'environnement : réduction des émanations de gaz, respect des règles de charge sur les routes, etc.

2. LE PRODUIT

Pour le produit, la priorité est l'analyse de la valeur. Il faut trouver les moyens de simplifier le produit, de réduire les coûts, de déterminer la fonction précise que l'on veut faire remplir par le produit ; l'entreprise doit identifier la qualité optimale qui répondra à ses objectifs généraux.

Ce domaine couvre aussi le développement de nouveaux produits, de nouveaux modes de fabrication ; la recherche sur les conditions favorisant l'achat ou la fabrication ; l'amélioration du cheminement du produit et de son entreposage.

3. LE FOURNISSEUR

On retrouve dans ce domaine, la recherche à long terme sur les changements industriels affectant les fournisseurs et leurs modes d'opérations.

À court terme, on s'intéressera à la certification des fournisseurs, à leur capacité de production, à leur degré de collaboration. Plus concrètement encore on dressera la liste des fournisseurs disponibles.

Quel que soit le domaine de recherche, les premières données à recueillir sont celles concernant l'entreprise elle-même ; on tiendra des statistiques sur le coût des produits, le nombre de commandes à temps, le nombre de commandes complètes, etc. On colligera ensuite des données sur les fournisseurs pour une bonne partie des mêmes sujets.

Certaines de ces recherches sont à la portée de tout acheteur ; on pense ici à la liste des fournisseurs disponibles. Pour d'autres, comme l'analyse de la valeur, l'acheteur collaborera efficacement avec les services compétents.

D'autres recherches sont hors de portée, à la fois de la compétence généralement exigée d'un acheteur, et du temps dont il peut disposer. On pense à plusieurs des recherches rattachées au premier domaine précité : l'évolution de l'économie ou des exigences environnementales de la société.

Dans ces cas il est préférable de faire appel à des agents de recherche spécialisés ou à des firmes de consultants. Le risque est grand qu'une recherche mal faite, faute de temps ou de compétence, cause plus de dommages que pas de recherche du tout.

Résumé

Le juste-à-temps est un système à flux tiré qui déclenche la production uniquement à partir de la demande finale d'assemblage. C'est la carte kanban qui détermine à la fois le signal de production et qui permet un contrôle de cette même production.

Cependant, le juste-à-temps est beaucoup plus qu'une méthode de production. Il est aussi une philosophie de production et d'approvisionnement : il requiert la qualité totale, la mise en évidence des erreurs et la participation de tous pour les corriger.

Ce système qui ne saurait être institué dans une seule partie de l'entreprise préfigure de plus en plus l'organisation de demain : une collaboration et une intégration de plus en plus poussées entre tous les services de l'entreprise, approvisionnement, production, marketing, finances ; ainsi qu'un partenariat avec les fournisseurs.

Pour mener à bien autant ce développement que les opérations courantes en approvisionnement la recherche est nécessaire. Elle se concentre sur trois domaines en particulier : l'environnement externe de l'entreprise sous ses aspects économique, social et écologique ; le produit et les fournisseurs.

QUESTIONS DE RÉVISION

1. Définissez le juste-à-temps et indiquez quel est son principal objectif.

2. Faites la distinction entre un système à flux poussé et un système à flux tiré.

3. Dites ce qu'est un kanban.

4. Nommez quatre résultats bénéfiques découlant de l'application du juste-à-temps.

5. Autour de quoi s'articule la collaboration entre les divers services de l'entreprise ?

6. Décrivez les modifications que nécessite l'introduction du juste-à-temps dans un service des approvisionnements.

7. Dites comment le juste-à-temps a un impact sur les relations acheteur-fournisseur.

CAS

Madame Monique Laliberté est responsable des approvisionnements chez LARIVIÈRE ET NIÈCES. Cette entreprise fabrique des aspirateurs et se procure des matières premières et des composants de différents fournisseurs. L'entreprise a décidé d'instaurer un processus de juste-à-temps dans sa fabrication et dans son approvisionnement.

Pour les principaux composants, le délai de livraison habituel a toujours été de deux semaines. Le point de commande a été établi en fonction de ce délai et le stock de sécurité correspondait à la consommation d'une autre semaine.

On a demandé au service de la production de faire connaître sa demande 8 jours d'avance. L'acheteur principal, Renaud Sirois, a fait des pieds et des mains pour obtenir de ses fournisseurs une livraison plus rapide et plus fiable. Le stock de sécurité a été réduit et les composants sont acheminés directement à l'atelier B3 qui les utilise.

Le système s'est mis en marche tant bien que mal depuis déjà quelques semaines. Ce vendredi-là, après une autre journée épuisante, Renaud Sirois a constaté en se promenant dans l'usine qu'un stock imposant de composants s'était amoncelé, un peu n'importe comment, à l'atelier B.

Le lundi suivant il a interrogé le superviseur de l'usine et a appris qu'il y avait des goulots d'étranglement dans le système et que les commandes qu'on transmettait à l'approvisionnement découlaient plus de l'habitude que des demandes réelles provenant de l'atelier d'assemblage final.

Convaincu d'avoir travaillé pour rien et d'avoir pressé ses fournisseurs inutilement, Renaud, frustré, s'est promis d'en parler à la première occasion à Monique Laliberté et, entre-temps, de reprendre l'ancienne façon de travailler.

a) Quel est le problème principal ?

b) Que diriez-vous à Renaud si vous étiez Monique Laliberté ?

INDEX

Achevé d'imprimer
en l'an mil neuf cent quatre-vingt-quinze
sur les presses des ateliers Guérin,
Montréal (Québec)